唯真唯实教育实践系列丛书　丛书主编◎仲尧明

真实教育，优雅人生

——素质教育实践

仲尧明　主编

河海大学出版社
HOHAI UNIVERSITY PRESS

·南京·

图书在版编目（CIP）数据

真实教育，优雅人生：素质教育实践 / 仲尧明主编.
—南京：河海大学出版社，2023.5
（唯真唯实教育实践系列丛书 / 仲尧明主编）
ISBN 978-7-5630-8226-1

Ⅰ.①真… Ⅱ.①仲… Ⅲ.①中学—办学经验—苏州
Ⅳ.①G639.285.33

中国国家版本馆 CIP 数据核字（2023）第 078544 号

书　　名/真实教育，优雅人生——素质教育实践
书　　号/ISBN 978-7-5630-8226-1
责任编辑/杜文渊
特约校对/李　浪　杜彩平
装帧设计/秦永诚
出版发行/河海大学出版社
地　　址/南京市西康路 1 号（邮编：210098）
电　　话/（025）83737852（总编室）　（025）83722833（营销部）
（025）83787763（编辑室）
经　　销/江苏省新华发行集团有限公司
排　　版/南京月叶图文制作有限公司
印　　刷/广东虎彩云印刷有限公司
开　　本/718 毫米×1000 毫米　1/16
印　　张/14.5
字　　数/240 千字
版　　次/2023 年 5 月第 1 版
印　　次/2023 年 5 月第 1 次印刷
定　　价/78.00 元

《真实教育，优雅人生——素质教育实践》

编委会

主　编　仲尧明

参编者

戚春志	马朱林	鄢国鹏
张　国	张文海	袁彩荣
张长松	丁宗国	张　圣
李　杰	帖步霞	李　慈
支　珍	赵睿英	章　晏
贺云仙	顾　金	陈咸达
邓　磊	丁益民	戴天竹
孔　彦	居　津	袁长如
冯润玉	孙小萍	施　臣
徐莉莉		

做有良心、有良知的教育

仲尧明

2016年，我提出办有良心的学校，做有良心的教育。

我所理解的“教育良心”，应该是我们对党的教育事业的忠诚，是对为党育人、为国育才的教育原则的坚守，是对祖国的花朵、社会主义接班人的关爱，是对教育使命的担当，是对千家万户托付的承诺，是对学校办学质量的追求，是对一方百姓、地域党政机关支持关心的回馈。

高中教育是基础教育的最高阶段，也是向社会展示教育成果的关键阶段。一所高中，肩负着家长和社会的重托，有责任、有义务让自己的学生在高考中考出理想的成绩，升入他们心仪的高校，这是我们的教育良心。但是，教育质量应该是人全面发展的质量，而不是简单的考试分数或升学率，在让学生能升入理想学校的同时，我们必须遵循“人”的发展规律，遵循教育的规律。学校工作必须牢固树立以人为中心的理念，始终把学生放在学校工作的中心位置。我们不能以任何借口去影响学生的个性发展、多样发展。尽可能为学生提供更好、更多的教育选择，让学生健康成长，走向多层次、多渠道、特色化的成才之路，这更是教育的良心。

2015年9月，我开始主持苏州实验中学的工作。在1994—2014年的20年里，苏州实验中学承蒙各级领导、社会各界的关心与支持，从创办到崛起，走过了从市重点、省重点到国家级示范高中的快速发展之路，用优异的高考成绩打造了苏州市高中教育的优质品牌。面对教学效益走到顶峰、初创教育红利渐渐消退的现象，我开始思考的问题主要有两个：一是如何让学校在保证教学质量的基础上从创建期平稳过渡到持续发展期；二是如何让学校在保证教学质量的基础上加强文化建设、提升教育内涵。

新时代教育的首要目的不再是灌输知识、消除文盲，而是充分保护学生的天性、发展学生的特长、促进学生的成长，启发孩子对生命的敬畏、对自由与美的热爱。人类有兽性的一面，也有天使的一面。教育的目的是使人的灵魂得到锻炼，克服兽性而转向天使的一面。教育之“育”应该从敬畏生命开始，使人性向善，使人胸襟开阔，使人唤起自身美好的“善根”，所以，光有个性还不够，我们还要帮助学生成长为有人性的人。只有使我们的孩子成长为有人性的人，他所学到的知识、掌握的技能才有价值。

教育是人的灵魂的教育，而非单纯的理性、知识的堆积和智力的开发与启迪。教育还应该让学生发现良知、保持良知，进而知行合一，即王阳明提倡的“致良知”。这是教育久远而宏大的终极指向。否则，你拥有的知识愈多，对人类、对生命的危害愈大。鲍鹏山教授说：“知识就是力量，但我要告诉大家，良知才是方向。我们常常说落后就要挨打，我还要告诉大家，野蛮也会招打。”时下，我们的学校教育往往忽略了学生基本人格、基本道德、基本情感的养成，以至于有些学生对生命、对世事愈来愈冷淡、冷漠甚至冷酷。对人的尊重，对宇宙的敬畏，最基本的就是敬畏生命的存在，知晓生命的神圣性、不可重复性。否则，学生会视生命如草芥，给鲜花以蹂躏，即使其知能评分很高，也失去了人的生命价值。北京大学钱理群教授在谈到中国当代教育情况时说，我们的一些大学，正在培养一些“精致的利己主义者”，他们高智商、世俗、老到、善于表演，懂得配合，更善于利用体制达到自己的目的。这种人一旦掌握权力，比一般的贪官污吏危害更大。人类总以高高在上的视角去傲视自然、挑战自然，手握所谓的“低级生命”生杀予夺的权力，却时常忘记自己其实也是自然的一个部分。一个对外部世界冷漠无情的人，是没有希望的人；一个由许多对生活、对生命无动于衷的人组成的民族，是没有希望的民族。所以，我们要培养学生“面对一丛野菊花而怦然心动的情怀”。

所以，我们还需要做有良知的教育。

我所理解的有良知的教育，是教师以良知为教育旨归，用自己的良知去引导学生开启知己、知人、知万物，顺应自然、敬畏生命之旅；学生以良知为方向，用自己的行动在践行良知中成长；学校以良知为底线，创设温馨宽松的学习生活氛围来强化学生对良知的内化。

当前，为深入贯彻全国教育大会精神，加快建立健全教育评价制度，促进普通高中教育内涵发展和质量提升，中共中央、国务院印发了《深化新时代教育评价改革总体方案》和《国务院办公厅关于新时代推进普通高中育人方式改革的指导意见》，教育部于2021年12月31日颁发了《普通高中学校办学质量评价指南》。国家颁布这些重要文件的目的在于扭转不科学的教育评价导向、引领全社会树立科学的教育理念，为中小学全面实施素质教育营造良好环境，促进学生全面发展、健康成长。

在遵循教育规律和人才成长规律、加快发展素质教育的进程中，每一位教育人都应反思自己的教育观念与教育行为是否存在偏差。

鉴于当前的教育形势，作为区域高中教育的龙头校，实验中学也亟须发挥好领头作用。在经历了二十五周年的快速发展之后，超常规办学的初创红利正在消退，实验中学的教育发展正进入平稳发展的深水区。静水流深，行稳致远，过去的快速发展经验值得我们好好汲取，新形势下的各种挑战也亟待我们在前进中好好应对。对过往进行一个系统的回顾总结、思考规整，对未来进行一个前瞻的展望擘画，这也算是编写这本书的初衷与用意吧。

在新时代的大变局里，实验中学应成为一个“致良知”的地方，我们应用真实的教育，成就优雅的人生。这应是苏式教育中最美丽的“风景”。

是为序。

编者

2022年仲春

目录 CONTENTS

第一章

教育情怀：唯真唯实

第一节 实验办学历程的“真实”追求

苏州高新区，这是一片神奇的土地。它，有山，有水，东依具有 2 500 多年历史的苏州古城，西临烟波浩渺的万顷太湖。它，是全国首批国家级高新区，自 1992 年建区以来，这块浸润在古城绿水青山间的璞玉，以炽热耀眼的新区姿态，绽放异彩，成为苏州现代化都市的有机组成和崇文重教的一方热土。求强思变，兴学育才。苏州高新区建区以来，实施科教兴区战略，率先推进配套学校建设、将优先发展教育事业作为“先手棋”，1993 年，新区管委会投资 5 000 万，以高起点、高质量创办即将冉冉升起的苏州普通高中教育名校——江苏省苏州实验中学。

建校伊始，实验中学就在成长的基因里注入了“真实”的精神内核。

“真”，即真理、真知、规律、本质，是一切事物的本来面目；“真”还是一个过程，即坚持科学精神，探求事物本质，探索、追求真相的过程。陶行知说：“千教万教教人求真，千学万学学做真人。”“真”是教育发生的基础，也是教育现代化的起点。“真”强调教育的真实基础、教育的真实发生与教学的真实情境。

“实”，即朴实、实效、大巧若拙、实事求是、扎实真干、务实奋进。基础教育的重要意义是奠定学生人生底色，教育需要一步一个脚印地踏实前行，来不得半点虚浮，更不能形式化。苏州实验中学仅用短短的二十多年，靠扎实的教育努力，迅速成为苏州优质的教育品牌。

一、办学历程中的“真实”筑基

（一）筚路蓝缕，以“真实”拓启山林

学校建设分三期完成，1993 年底开始动工，1994 年 9 月份完成第一期工程建设并正式招生，之后陆续完成了第二期、第三期建设，建校规模和电脑房、体育馆、科技馆等硬件设备在当时的苏州算得上一流。为了推动这所新学校的快速发展，高新区管委会和第一批校级领导班子本着务实求真的态度，在人事、管理等方面大胆改革，理清办学思路、明确办学目标，

致力于把教育质量搞上去，把教科研成果也搞上去，一手抓教育质量，一手抓科研成果，两手抓，两手硬，开启了苏州实验中学追求“真实”的探索之旅：

1. 立足“三个建设”

班子建设是关键，队伍建设是重点，“三风”建设是保证。具体包括：迅速搭建学校领导班子；通过对外招聘优秀在职教师和努力培养年轻教师，保障教师队伍迅速成长；制定“三风”建设的具体内容并落实到教育教学管理的每一个环节之中，迅速形成了苏州实验中学克难奋进、艰苦创业的精神风貌。

2. 明确“办学目标”

根据苏州高新区管委会和市教育局的要求，自办学之日起五年之内要把苏州实验中学办成苏州市内一所真正的高质量、高起点、名副其实的名校。围绕这个目标，学校内挖潜力，外找动力，大胆提出了“136 工程”：一年办成苏州市窗口学校；三年通过江苏省重点中学验收；六年成为国家级示范高中。

3. 寻找“发展捷径”

一所新学校的飞速发展，离不开创新思维和大胆实践作为“助力器”。1995 年，苏州高新区与南京大学达成合作办学、携手共建的共识，在人才培养、科学研究、成果转让、新区开发、产业发展、科技管理等方面进行全面的合作。苏州实验中学紧紧抓住这一发展契机，与南京大学开展深度合作对接，涵养求实创新人文传统，砥砺鲜明精神品格，忠实履行教育使命，与高新区教育事业共呼吸，与高新区发展同步伐。1996 年 5 月，南京大学苏州附属中学正式挂牌，至此，南京大学“诚朴雄伟、励学敦行”的办学理念厚植于苏州实验中学这一冉冉升起的教育新星，并持续绽放光芒！

（二）精业发展，以“真实”提升质量

质量，是一所学校的生命线。一所开发区新建的普通中学之所以能够迅速成为高质量名校的代表，是因为我们做到了以质量为抓手，真抓实干，真才实学，并以此为基础凝聚成全体实验人的事业追求。这也是实验中学顺利成长的写照，更是学校继往开来、创造新的辉煌的基本保证！回归教育的朴实、本真，让学生成长为各有特长、身心健康、积极向上、能为社会建设起积极作用的人，并帮助他们在高考中取得理想的成绩，升入他们心仪的高校，成为苏州实验中学办学历程中不断走向成功的关键。

1. 以“真实”促进教师队伍的高质量

师资队伍是高质量办学的前提。建设结构合理、素质优秀的教师队伍，是提升办学水准的关键。回首苏州实验中学办学历程，我们正由从全国各地重点引进骨干教师、与高校合作培养青年教师，逐步走向以自主培养为主、引进为辅的师资建设之路。青年教师的培养已成为学校工作的重要内容，学校成立学术委员会，引领教师的发展方向。良好的教师成长机制正在形成。我们教师队伍建设追求的是让优秀教师能进得来，让青年教师能长得快，让名特优教师能吃得开。

学校推行“教师职业生涯规划”工程，让教师的专业成长有目标；制定《三层九级教师梯队建设方案》，为学校全体教师精心搭建了一条专业上升的阶梯，将个人的专业发展与学校的整体发展进行了有机的整合，增强了教师的职业荣誉感和历史使命感。学校不断创新和完善管理机制，制定《江苏省苏州实验中学教育科研奖励条例》，激励广大教师加强教学研究和提升专业层次，激发了青年教师专业发展的内驱力，形成了教师“我要发展”的良好氛围。用教育实践锻炼教师压担子能力，学校创设条件吸引教师担任班主任工作、上公开课、开设党员示范课等，帮助教师在实践中增长才干。青年教师校内基本功比赛、优质课评比活动常态化、制度化，有力地促进了教师创优争先，精益求精。一大批青年教师从校内的赛课中脱颖而出，并相继获得市、省教学基本功大赛一等奖。

2. 以“真实”促进课堂教学的高质量

分层教学，因人施教，回归教学本真，关注学生知识获得，让学生充分发展自己的特长，个性化地成长，这是我校在发展和探索实践中不断清晰的教学理念。学校经过精心提炼，提出构建“原味·灵动·高效”课堂。“原味”即立足于学科的基本任务，明确各学科课程的定位，展现学科基本特点。例如，学校着力打造了语文和英语学科的课本剧课程、诗文吟诵课程，物理、化学、生物学科的探究实验课程等，学生积极参与，兴趣盎然。“灵动”要求打造“生本课堂”，注重对学生的激励性评价，引导学生发现问题和质疑求新，通过思想的感悟、思维的碰撞，激发智慧的火花，强化课堂的效果。“高效”则是强化有效教学的理念，突出分层教学的导向，如开设奥赛兴趣班，为有能力参加学科奥赛的同学提供了机会，培养大批学生获得了学科竞赛一等奖。探究兴趣班，让学生各展其长，在全国科学金钥匙比赛、全国创新作文大赛等各项赛事中都摘取了包括全国特等奖在内的多项大奖。分层教学，实施走班化管理，从学生学习特点出发实施定制化教学，实现了课堂教学效率最大化，实现了课堂知识容量、有效信息交互量和思维活动容量的最大化，实现了学生发展的最大化。

3. 以“真实”促进个性培养的高质量

学校十分重视和支持学生自主组织的社团活动，借助社团活动培养和挖掘学生的兴趣爱好，发展学生个性特长，全面提升素质教育质量。社团涉及法律、文学、艺术、体育、劳动、社交、辩论等多个领域，如江枫文学社自1995年成立，伴随苏州实验中学一起成长，现已成为华东地区影响最大、最成功的文学社团之一，先后获“第六届新作文杯全国高中学生作文大赛优秀组织奖”和“全国优秀文学社团”称号，《江枫文学》杂志被评为“全国第四届优秀校办报刊一等奖”、“银瑞杯”江苏省首届中学优秀校报校刊评选特等奖。在鼓励个性培养、倡导社团建设的机制激励下，模拟联合国、模拟政协、“根与芽”、银石艺术团、潇漫工作室、行摄人生等社团如雨后春笋般建立发展起来，这些社团经常举办大型活动，均由学生自己策划、组织活动内容和评价活动效果。不同风格的社团组织，丰富多彩的活动，为学生提供了锻炼自我、展示自我、提升自我的舞台，也给学校文化建设带来了生机和活力，形成了学校民主的思想环境、健康的文化气息、蓬勃的创造氛围，使学校素质教育再上新台阶。在苏州大学承办的第四届全国“模拟联合国”大会上，作为唯一的一所中学代表团，我校高一学生组成的中文代表队获得团体“最佳表现奖”，英文代表队队员获个人“最佳立场阐述奖”。“根与芽”社团和模拟政协获苏州市“高中生十佳优秀社团”荣誉称号。我校学生辩论队参加苏州市第三届、第四届“看我72辩”中学生系列辩论赛，分别获得总决赛冠军、亚军。在由江苏省文明办、省教育厅主办，江苏教育报刊总社承办的江苏省中小学“校园心理剧”优秀剧目征集评选活动中，我校选送作品多次获得省一等奖、特等奖，同时我校被授予“江苏省校园心理剧创作示范学校”荣誉称号。

（三）培师铸魂，以“真实”塑造品牌

时代在快速发展，经济在飞速增长，教育在与时俱进。2015年，经同济大学设计，学校进行了原地重建。新校舍的启用，对校园内涵建设、文化底蕴提升提出了更高的要求。仲尧明校长治校以来，学校以 2016 年原址重建、回迁新校为契机，遵照国家“十三五”规划纲要的要求，自我加压，挖掘特色，打造亮点，加速教育现代化的办学进程。学校以狮山之麓为切入点，挖掘地域传统文化，打造特色教育，形成了以“唯真唯实”的校训为核心的特色校园文化——“狮山文化”，将“雄狮精神”贯穿于学生成长、教师发展的全过程。

我校设学于苏州高新区核心区域狮子山之麓。苏州高新区狮子山有着非常悠久的历史和十分丰富的文化底蕴，狮子文化更是两千年来中华文化的象征。面对得天独厚的人文资源，我们自然要守望这方水土，延续千年的文化光华。因地制宜，充分挖掘和利用包括狮山文化在内的狮子文化精髓，研究和弘扬雄狮精神，这不仅能更好地彰显我校办学特色，也是激发广大师生的爱国主义等民族精神、促进我们伟大的中华民族永远屹立于世界民族之林的有效举措。

传统狮子文化中的积极内涵包括了自信勇敢、忠贞不渝、敏锐开放、包容合作等元素，而有关苏州狮子山的“狮子回头看虎丘”和“志士招国魂处”等传说和历史典故又蕴含了正义、爱国等精神特质。我校重视顶层设计，围绕雄狮精神和狮山文化，不断明晰和完善办学理念，形成学校特有的传统优势，彰显了多元开放、合作协调、追求卓越的办学特色，塑造了特色鲜明的品牌形象。

1. 培育“雄狮”团队，打造以“进取开放、包容合作”为特质的队伍

进取开放和包容合作是“狮子精神”的两个重要特征。针对我校师资队伍的实际状况，在师资的管理和培养方面，我校既尊重教师的教育教学个性，又十分强调团队的合作和协调。

我校自 1994 年起，秉持高起点建校理念，实行教师全国招聘，建校以来一大批来自全国各地重点中学的优秀教师相继加盟我校，“招贤纳士”已成为我校发展的强劲动力。目前我校有党员教师 161 人，省人民教育家培养对象 1 人，省 333 高层次人才培养对象 5 人，江苏省教育名师 2 人，正高级教师 10 人，省特级教师 7 人，苏州市名教师、大市级骨干教师 49 人，硕士研究生学历者占比达 45%，中高级职称教师占比达 86%以上，形成了由教授级高级教师、特级教师、省市名教师领衔，大市学科带头人引领，区学科带头人、优秀青年教师为中坚的“雄狮先锋”“四有”好教师培育团队，师资力量雄厚，其中相当一批教师在加盟我校之前就已经是原先所在学校或地区的骨干教师，甚至是名师或领导，他们中不少人已经有相当丰富的教学成就，拥有独特的教学风格，带来了各学校各地区的成功经验，他们都具有较强的“单兵独斗”的能力，是我校发展的宝贵财富。但是，我们也必须承认，这样的师资群体虽具有较强的个体实力，但也会造成思想观念、教育理念和方法等的差异化现象。怎样整合经历不同、地域不同的教师资源，创设江苏省苏州实验中学所应有的校园文化，从而形成鲜明而合适的教育教学特色培师铸魂，是我校发展进程中不可回避的问题。

以仲尧明校长为核心的管理团队从学校管理、团队建设、学科发展等各个层面入手，带领全体教职工进行研讨，认真学习“雄狮精神”中的进取开放、包容合作的精神，明确提出了学校管理上既充分尊重教师个性、又十分强调团队协作的原则，充分体现我校校园文化的内涵，增强全体教师的进取意识、团队合作意识，使学校始终充满活力。多年来，我校实行“以领导班子为核心、教职工为主体、全体学生共同参与”的全员管理模式，推行教职工聘用制，真正做到了“能者上，平者让，庸者下”，有效地帮助教师克服职业倦怠，超越自我，加强团结协作，最大程度地激发了教师的工作热情和潜力。不仅如此，学校还十分重视全体教师的专业化个性化发展，积极鼓励教师在自身原有基础上向更高层次迈进。以实施“实验中学三层九级”师资发展规划为抓手，分层次归类并设定每位教师的个人发展目标，引领教师走以教科研为统领的专业成长之路，促进了教师的专业发展，推动了“教风”建设。将“教”与“学”方式的改革列入学校发展规划，把教学改革列为重中之重。在课堂教学中，学校一方面充分尊重教师的教学个性和风格，在教育教学管理、教科研、校本课程、课程基地、学生学科等各类竞赛、特长生培养等方面充分发挥每一位教师的特长，让大家都能找到“用武之地”，形成宽松和谐、“百花齐放”的教学生态；另一方面在长期的课堂教学探索和改革的基础上，积极围绕课堂教学，认真落实“学为主体，教为主导，疑为主轴，动为主线”的教学思想，倡导教师通过集体备课、教学观摩、经验介绍等校本研究活动，相互学习、取长补短、包容整合、传承经验，并结合本校实际，明确提出构建“原味·灵动·高效课堂”的教学要求，组织教师在实践中进一步加以探索，在理论上挖掘其内涵，从而形成和积淀了属于江苏省苏州实验中学的教学传统和品牌特色。

2. 开辟“狮山讲堂”，创新以“雄狮精神”为特色的德育机制

我校在德育工作中，十分注重以狮子山深厚的历史文化为底蕴，以丰富的人文资源为依托，充分挖掘和利用狮山文化的德育价值，提炼“雄狮精神”中富有正能量的因子。为此，我校依托社会资源，以开放的心态创设育人大环境，着力开发以“狮山文化”为主题的德育校本课程，开发寓德育于其中的拓展性课程，开辟“狮山讲堂”，通过“讲堂”的系列活动渗透德育教育，构建德育选修课程体系，丰富学生的德育体验；开展开放性主题活动，寓德育于综合实践活动等拓展性课程之中。

我校德育活动包含以下主题：弘扬雄狮精神，学习雄狮自信勇敢、勇于争先、追求卓越的精神；学习传说中的青狮见义勇为、为民除害、不怕牺牲的正义品格；学习“志士招国魂”的壮士们心怀天下、自尊自强、忠贞不渝的爱国精神；培养学生练就像雄狮一样的大气魄、大情怀，敢于争先，敢于成就王者风范。

我校的德育建设重视以班主任为核心的团队培育。在德育工作实践中，我校逐渐摸索出年级组选聘班主任、班主任自主选聘任课教师的模式，极大地调动了班主任的积极性，加强了班级管理和班主任团队建设的凝聚力，让“向德育要质量”不再是一句空话，而是转化为实实在在的发展动力。

3. 涵养“雄狮精神”，创设富有教育内涵的校园文化环境

自原址重建以来，我校以新校建设为契机，在校园文化环境的创设方面紧紧围绕“狮山文化”和“雄狮精神”做文章，突出“育人为本、德育为先、教学为纲”的办学思路，凝练苏州实验中学办学精神，突出特色，争创一流；体现国际化办学特色，加强跨文化交流，营造校园开放氛围，培养学生的国际视野，建成了环境优美、设施完善、功能齐全、特色突出的校园自然风景和人文环境，取得了初步成效。在整体建筑、道路、绿化、文化景点等设计中，体现了较鲜明的个性特点和较高的文化品位，以雄狮精神特质为灵感，凸显了校园对外规范大气的整体形象和对内朝气蓬勃、和谐健康、积极向上的教育氛围。

校园文化建设和学校布局紧密结合。我校校徽采用了雄狮盾牌的图案，学校行政楼的主题为“雄狮之史”“雄狮风采”“雄狮成果”，庭院的主题为“雄狮之路”“雄狮之志”“雄狮之梦”“雄狮之韵”，连廊的主题为“雄狮风采”“雄狮智慧”“雄狮活力”，实验楼主题为“雄狮之旅”“雄狮之智”“雄狮之魂”“雄狮之语”。在浓郁的狮山文化氛围中，实验人正向着更高的目标出发——“汇聚狮山之麓，成就光荣与梦想”。

鲜明的办学特色成就了我校良好的社会声誉。近年来，社会各界给予我校很高的评价：实验中学的管理科学严谨，宽严适度；实验中学的老师业务精湛，师德高尚；实验中学的学生学风纯正，勇于争先。

二、办学历程中的“真实”凝聚

创办特色教育是教育现代化的终极目标。一所学校，再坚固的校舍历存也不过百年，再优秀的队伍也免不了新老更迭，而能推动教育不断走向现代化、使教育质量持久不衰的，唯有其特色的校园文化。因此，挖掘校园文化内涵，加强特色文化建设，培育独特的精神气质，铸造师德校魂，从而达到以文化人、立德树人的办学目标，是每一所学校的应然追求。

江苏省苏州实验中学作为南京大学附属中学，牢记南京大学“诚朴雄伟、励学敦行”的校训，厚植南大基因，努力擦亮附中品牌，提炼以“唯真唯实”的校训为核心的特色校园文化——“狮山文化”，将“雄狮精神”贯穿于学生成长、教师发展的全过程，把“立德树人、为党育人、为国育才”作为教育的根本任务，致力于培养德智体美劳全面发展的社会主义建设者和接班人。因此，实验中学树立“使优秀成为实验人的习惯，使高雅成为实验人的举止”的教育标准，把“汇聚狮山之麓，成就光荣与梦想”提炼为实验人共同的目标追求。

1. 个性化素养培育的学程设计

江苏省苏州实验中学以“狮山文化”为统领，一贯坚持“全面发展，突出个性”的办学理念。通过分析学生个性素养的组成要素，整合国家课程与校本课程，设计出以国家课程为主线、以校本课程为辅助、旨在发展学生个性素养的学程。保质保量地实施国家课程，重在标准性、基础性；校本课程体现自主性、个性化，主要由个性选修、实践活动、德育课程、名师工作室四部分组成。个性选修主要以奥赛课程与兴趣课程为主，解决国家课程“吃不饱”的问题；实践活动由探究性学习与社会活动组成，重点培养个性素养的行动自信；德育课程由三部分组成：知识性德育课程、活动性德育课程和隐性德育课程，通过一系列的德育课程提升学生的个性人文素养。

学程经周密设计、构建后，在教学设计中，应以课程统整为手段，优化整合教学要素，确立优化的教学过程，构建优化的课堂教学策略，为各科教师的教学设计提供基本流程的参考，使设计改进后的教学过程能最大限度地促进学生个性化素养的发展。

经过打磨检验，学校已收获喜人的成果，多项省市级相关课题结题；学生个性素养发展的成果得到有力的验证，已有几十名学生因特长发展被我国清华大学、北京大学和美国圣约翰大学、波士顿大学、迈阿密大学等知名院校录取；兄弟学校在推广实施这一成果后均受益非浅，升学成绩连年攀升、学生个性化发展更具特色；学校还利用本课题成果帮助结对帮扶的苏北学校，并助力他们获得省优秀教学成果评比二等奖。

2. 原味、灵动、高效的课堂文化

在“唯真唯实”校训的指引下，实验中学在长期的课堂教学探索和改革的基础上，打造出了“原味·灵动·高效”的课堂教学特色，并在学理上深挖内涵，在实践中印证改进，获得了突出的成效。

“原味”是教学的情境性、真实性和自主性的体现，它强调了在课堂教学中要突出学生的感知、体验和积累，强化其基础知识和基本技能的学习和训练，积极引导学生自主品尝“原汁原味”的知识盛宴，这也是我校“唯真唯实”校训在教学上的体现。在当今各种教育教学理论“乱花渐欲迷人眼”的环境下，“原味”教学提醒我们要保持一种清醒和理性，保持教学的本真和本色，要认真上好常态的课、真实的课，甚至是平实的课。在学科教学中，我校基于“原味”的课堂教学理念，着力打造了语文和英语学科的阅览课程、吟诵训练、文学创作、课本剧演绎等活动；物理、化学、生物等学科的动手探究实验，以省级课程基地“资源循环和环境保护”为实践平台，展开丰富多彩的研究性学习活动。这些都有效地促进了课堂教学，全面提高了学生的综合素质。

“灵动”更多的是强调激发学生的学习兴趣，培养学生的创新思维，打造“生命化课堂”，倡导学生运用“自主、合作、探究”的学习方式。在课堂教学上，强化课堂结构的“生成性”。“课”不完全是预先设计好的，在课堂中有教师和学生情感的、智慧的、思维的和能力的投入，有互动的过程，课堂气氛活跃；在这个过程中，既有教学资源的生成，又有过程状态的生成；师生应享受教学作为一个创造过程的欢乐和智慧；应强化师生互动和生生互动，课堂独特的价值在于它是公共的空间，能够产生语言的讨论和思维的碰撞，在这个过程中，师生之间也产生了许多新的认识。

“高效”是指教师应该上“有意义”的课，即学生收获了新知识，锻炼了能力，有良好的、积极的情感体验，产生深层次学习的强烈要求；学生上课之后有所变化，“进来以前和出去的时候有了变化”，得到“有效教学”的课、有效率的课、充实的课、扎实的课、有“浓度”的课、有“密度”的课。“高效”要求课堂教学要突出核心素养，要实现“课堂知识容量最大化、有效信息交互量最大化、思维活动容量最大化”，并能体现“学生发展最大化”。

3. 家国情怀、领袖气质的学生品格提升工程

江苏省苏州实验中学全面落实“立德树人、为党育人、为国育才”的根本任务，以狮山文化为主线，坚持以育人为中心、努力提升学生品格的内涵发展。一百多年前，朱梁任以天下为己任组织志士举行狮子山招国魂的壮举，吾辈至今铭记于心，苏州实验中学地处狮子山之麓，学校以狮山文化为统领，打造雄狮精神，既注重涵养敢于担当责任的家国情怀，又着力培养独立、自信、果敢、争先的品格。

学校以社团活动为阵地，打造德育系列品牌活动，提升实验学子的内在品格气质，放手支持学生开展系列活动，开阔视野、锻炼能力，内化知识、提升素养。如狮山大讲堂、致青春系列、艺术节、运动会等活动，鼓励学生自主成立社团，自主开展活动，银石社、绿联社每年都筹集善款捐助西部地区的孩子们；模拟联合国、模拟政协等社团在省内外颇有影响，他们开展的社团活动培养了学生深入社会关心民生的情怀和组织领导能力。学校与海外国际名校广泛开展合作，借此机会，开阔学生的国际视野，提升学生的审美情趣。

4.“雄狮教育”品牌建设成就高原筑峰

在追求教育“真实”的精神引领下，我校教育质量始终名列苏州大市第一方阵前列，品牌影响力持续扩大。2013 届周缘和张思婕同学分别获苏州大市文科第一名和第三名，双双获得“李政道奖学金”（苏州大市每年仅六人获此殊荣），分别被清华大学和复旦大学录取；2015 届王刘琴同学获江苏省文科第八名，并成为继周缘之后又一位苏州大市文科第一名并被北京大学录取；2016届沈宁同学获得江苏省第六名，苏州大市第二名，苏州市区文科第一名，也被北京大学录取，短短28年办学时间，有30多人被“清北”录取，“985院校”录取率近20%，“双一流”大学录取率超过50%。学校获得江苏省教育工作先进集体、江苏省德育工作先进集体、江苏省基础教育课程改革先进学校、江苏省文明单位、江苏省军事训练工作先进集体、江苏省体育工作先进集体、江苏省健康教育促进学校等10多项省级荣誉；获得的苏州市级以上荣誉多达40多项。

在新高考模式下，学校主动向上对接高校，深入开展与南京大学、科研院所的合作，积极探索创新拔尖人才培养新模式。2019年，苏州实验中学与中科苏州地理科学与技术研究院合作创办了“中科创新实验班”；2021年，与南京大学合作创办了“南京大学软件工程实验班”，在课程建设、教学模式、评价方式等方面进行改革实验，全面开启提升拔尖创新人才培养水平的品牌发展之路。学校向下积极推进“实验中学教育联盟”建设，主动引领实验教育链、科技城教育链、南大附属学校教育链三条高品质教育链的发展，遵循人才成长发展规律，实现跨学段融合，对学生的创新潜质、学科特长开展贯通式、个性化培养，在基础教育领域积极担当作为，力争打造“十二年一盘棋”特色育人新路径。“雄狮教育”品牌建设和内涵发展持续聚集洪荒伟力。

5. 集团化办学推动优质教育资源横向辐射

2016年起，江苏省苏州实验中学迎来了新的发展节点。学校着手推动实施集团化办学，2017年9月在苏州科技城核心区域成立了江苏省苏州实验中学科技城校。2018年9月新校区正式启用，同年11月江苏省苏州实验中学教育集团正式挂牌，正式形成了“一校两区”的集团化办学新格局。

实验中学教育集团以创建高品质示范高中为引领，以全面提升教育教学质量为抓手，秉持“一种底色、两处花开”的发展思路，在摸索中不断成长，在引领中不断进步，已经形成了具有鲜明特色和较大影响力的优质教育品牌，摸索出了一条富有实验特色的集团化办学发展之路。通过放大优质教育资源，促进集团化办学高质量发展，推动区域教育均衡发展，同时，坚持理念统一、资源共享、优势互补、错位发展、各具特色、共同提升的集团发展理念，提升区域教育现代化发展水平，努力办好人民满意的教育，满足人民群众日益增长的优质教育需求，扩大优质教育资源覆盖面，为推动区域教育事业优质、均衡、高质量发展，贡献实验力量！

第二节 教育之真

《说文解字》对“真”的解释是：“仙人变形而登天也”。“真人”的本义指存养本性或修真得道的人。“真”作为一个哲学范畴的概念，与道家思想有着密切的关系，老子认为，“真”就是复归于婴儿、复归于朴素无为的自然状态。庄子也认为，“真在内者，神动于外”“真者，所以受于天也，自然不可易也”。在古人看来，掌握事物的规律是“真”，所以现实世界存在“真理”，即客观事物及其规律在人的头脑中的正确反映，而真理的反义词是谬误，“真”的反义词有时并不是“伪”。

一、何为“本真”的教育

“所谓教育，不过是人对人的主体间灵肉交流活动（尤其是老一代对年轻一代），包括知识内容的传授、生命内涵的领悟、意志行为的规范，并通过文化传递功能，将文化遗产教给年轻一代，使他们自由地生成，并启迪其自由天性。”雅斯贝尔斯在《什么是教育》开篇即揭示了本真教育的内涵。教育的原初含义是“引出”，是把个体内在的天赋本性引发出来，从自然性引向社会性，从个体性引向总体性，从单一性引向普遍性，从现实性引向历史性，把人的心灵、精神从低处引向高处，从黑暗、潮湿引向光明、温暖。

柏拉图说：“教育实际上并不像某些人在自己的职业中所宣称的那样，他们能把灵魂里原来没有的知识灌输到灵魂里去，好像他们能把视力放进瞎子的眼睛里去似的。”真正的教育是促使灵魂的转向，教育的根本目的就是通过不断将新的一代人带入人类优秀文化精神中，让他们在完备的精神中生活、工作和交往。因此，本真的教育是精神性的，而非物质性的；是人的灵魂的教育，而非知识和认识的堆积。

人的精神特质说明：人不是出自天性而成了其应是的人。人需要教育的滋养。教育从根本上来说是精神发展的要求，它使人从“自在”转向“自为”，教育意味着精神的变革与发展。正如植物的生长需要阳光一样，人性的生长需要教育的照料。这种照料只有通过对学生的生命关怀，通过体察学生的内心生活，通过师生在爱的理解中达成精神的交流与分享，才能促使学生发生灵魂的转向，精神命运必然决定教育的内涵。教育的神圣性正在于它不是对外在价值规范的皈依，而是基于精神的创造性活动所产生的自我超越、自我提升的坚定信念。

教育对精神的引导并不是凭空展开的，教育与客观精神并不分离。教育最根本的目的就是以人生的普遍性也就是人类的精神为基础，促使个体的人的“自然”“自在”达到人所具有的普遍性。普遍性的提升并不是消灭了个体的特性，而是在精神的运动中借助教育的力量使人脱离旧我，成为一个有着睿智内涵和宽广视野的新人。

教育之所以能够促使精神的建构和回归，是因为教育是一种意义生成活动，即在教育中发生着意义的交流。在每个人的成长过程中都会面临两个世界，一是物质世界，一是意义世界。人的意义世界是他所把握的应有的存在方式。这个意义世界是他按照他所认同的方式自己创造、建构起来的。教育对人的意义世界的引导、启发、促进，需要与建构物质世界完全不同的教育理念与方法。学生不仅仅把它作为客观对象去认识，获得关于它的知识，更要与它进行对话，站在自身的人生经验和时间中理解它，把它看作是与人生相关的东西，用它来教化自己，从而不断地理解人生，理解世界，使它作为精神的存在不断地走向新的可能性。

因此，这种教育需要的是自我的反思，人与人之间情感的理解，主客体经验的交融，用雅斯贝尔斯的话来解释，这是一种“陶冶”。在陶冶过程中，知识的占有成为习得精神内容的代名词，教育教学活动只是达到精神目标的手段，研究和专业教育都具有精神的陶冶价值，教师在对学生精神予以帮助的同时在他心中播下智慧的种子并贯穿他一生的成长，而学校则必须为每一个人创建智力和精神发展的氛围与环境。

二、实验之真

狮山之麓，大运河畔，枫桥街旁，坐落着南京城外的唯一一所南京大学附属中学——江苏省苏州实验中学。

（一）实验教学之真

教育质量是人的全面发展的质量，而不是简单的考试分数或升学率，我们必须遵循人的发展规律，遵循学校教育规律。学校工作必须牢固树立以人为中心的理念，始终把学生放在学校工作的中心位置。

“质量是教育改革发展的永恒主题，坚定不移抓好办学质量是底线。一所高中有责任、有义务让学生在高考中取得理想的成绩，升入他们心仪的高校。”分层教学，因人施教，让学生充分发展自己的特长，个性化地成长，这是我校秉持的教学理念。

学校着力打造“原味·灵动·高效”课堂，努力践行“唯真唯实”的校训。“原味”即要求课堂教学立足于学科的基本任务，明确各学科课程的定位，体现学科基本特点。教学风格上，它呈现的是唯真唯实，质朴纯正，不作秀，不旁逸，让学生品味到原汁原味的学科精华。学校着力打造了语文和英语学科的阅读课、吟诵课、经典鉴赏课、文学创作课、课本剧展演等系列精品课程，物理、化学、生物等学科开发了动手探究实验课程、围绕省级课程基地实践平台的研究性学习课程等等。“灵动”要求打造“生本课堂”，注重对学生的激励性评价，实现师生、生生互动，使课堂教学的重心落在引导学生发现问题和质疑求新上，通过思想的感悟、思维的碰撞，激发智慧的火花，获得美的享受，达到教学的和谐境界。课堂教学上，“灵动”主要体现在强化课堂结构的“生成性”，包括资源和过程状态的生成。“高效”则是强化有效教学的理念，最大化地提高课堂教学效率。要求教师应该上有“意义”的课，即学生学到了知识，锻炼了能力，有良好的、积极的情感体验，产生进一步学习的强烈意愿。课堂教学要突出核心素养，要实现课堂知识容量、有效信息交互量和思维活动容量的最大化，体现学生发展最大化。

学校深入改革教学评价，融入课改理念，提升课堂教学质量。传统的教学评价制度往往是过程查教案、结果比分数，把复杂的工程简单化了，把人文的内涵数字化了，丢失了教育中最有意义、最根本的内容——人文的发展。苏州实验中学结合课改理念，将教学“六认真”创新为教学设计、课堂教学、作业与检测评价、学生辅导、实践活动和教学研究六个方面。与传统“六认真”相比，学校将备课、上课更新为教学设计、课堂教学，将作业与考试考查合并为作业与检测评价，将课外活动更新为实践活动。

这就将课改理念融入到了教学管理的每一环节，落实在每位教师的教学行为中，促进了教学质量的提升。以省级课题为抓手，做好学校课程的优化统整，通过课程设置的优化、校本课程的开发，来满足学生个性化的发展需求。这两年我校有十余位教师的课程获得教育部优秀课奖，我校还开发了三十多门贴近生活、深得学生喜爱的校本课程。在教学上，教师们应经常反思警醒，作为教师，切不能因为出发久了、从事教育时间长了，就忘了当初的目的：教育是为了人的发展，一切都应以学生发展为本。这是我们的教学之真，更是我们园丁的初心，也是习近平总书记所强调的“让每个人都有人生出彩的机会”。

教师团队的建设决定着学校的教育质量。重视教师团队的建设，才能保证学生的利益。重视教师团队的培养与发展也是在保障教师的利益。

学校高度重视师资队伍建设，启动了“三层九级”教师培养机制。要想保证“生命线”——教学质量，就离不开一支师德高尚、业务精湛的教师队伍。随着学校发展受限、教师年龄结构失衡问题日渐显现，青年教师培养已成为当务之急。学校尊重客观事实，崇尚科学真理是教育之真的核心价值所在。学校先后采用教师聘任制、以赛代训制、成长激励制等措施促进教师快速成长。通过层层聘任机制，打造以班主任为核心的班级任课教师团队和以备课组长为中心的学科教学团队。学校注重发挥名特优教师引领、示范作用，成立学术委员会，营造教育科研氛围，引导教师专业成长。近两年，学校教师获省市级大奖人数大幅增加，每个教师的获奖背后都有一个团队的力量与智慧在支撑。现如今，有层次性、梯级性的教师团队正满怀着积极、向上的正能量向更高的平台发展。教师作为知识与文化的传承者，具有暂时的文化优势，对学生的成长负有道义上的责任，通过引导教师队伍的高质量成长，进而引导学生的价值选择，促进学生的健康成长。

（二）实验教育之真

作为苏州高品质高中的代表之一，苏州实验中学一直是苏城学子向往的高中。学校本着“全面发展，突出个性”的办学理念，以办成“高质量、现代化、开放性、实验性的全国名校”为办学目标，成就了一批又一批学生。学校开发了三十多门贴近生活、深得学生喜爱的校本课程，努力搭建多样化的成长平台。即使面对统一的高考试卷，也坚持让学生全面而有个性地发展。今天的教育需要我们给学生更多的平台，去发展他们的沟通能力、领导气质和组织才干，既让学生获得成长的锻炼，又展示了学生的才华，让校园充满了活力。

我们要经常反思警醒，作为教师，我们切不能因为出发久了、从事教育时间长了，就忘了教育的初心——教育是为了人的发展，一切都应以学生发展为本。当今教育，升学的压力、排名的竞争，让学生总是迷失在紧皱的眉头里，“学海无涯”让学生看不到希望，而“苦学作舟”又让多少学生失去了本有的学习乐趣，我们在异化的教育之路上越走越远。为此，实验中学努力改变“苦读”的片面观点，尽可能提供给学生适合的教育，让学生体会到“学而时习之，不亦说乎”的幸福感。

学校十分重视和支持学生自主组织的社团活动，希望学生在社团活动中发现学习的乐趣，找到自己的发展方向，为自己的将来奠定人生的底色。社团涉及法律、文学、艺术、体育、劳动、社交、辩论等多个领域，有江枫文学社、模拟联合国、根与芽、银石艺术团、动漫工作室、行摄人生、cosplay 等社团，这些社团经常举办大型活动，不仅在校内影响广泛，还与兄弟学校有密切的横向联系，常常开展跨区社团活动，活动由学生自己策划组织和开展。不同风格的社团组织、丰富多彩的创意活动，为学生提供了展示自我、丰富自我、提升自我的舞台，在社团活动中，我们看到的是学生忙碌且快乐的身影、积极探究的姿态和幸福活动的神情。这些社团活动的开展，也给学校文化建设带来了生机和活力，形成了学校浓郁的民主的人文环境、健康的文化气息、蓬勃的创造氛围。

实验中学的江枫文学社先后获得第六届“新作文杯全国高中学生作文大赛优秀组织奖”和“全国优秀文学社团”称号，《江枫文学》杂志被评为“全国第四届优秀校办报刊一等奖”、“银瑞杯”江苏省首届中学优秀校报校刊评选特等奖，该社已经成为华东地区影响最大、最成功的文学社团之一。分别获得 2013 年和 2015 年苏州大市文科第一名的周缘、王刘琴同学就是该社的骨干成员。2016 年 8 月，在由东吴模拟联合国大会组委会主办、我校承办的 2016 年东吴模拟联合国大会上，来自全国 20 多个省市的 200 多位代表怀着对国际政治的热情相聚于此，参加了为期五天的比赛，活动取得了圆满成功，作为唯一的一所中学代表团，苏州实验中学高一学生组成的中文代表队获得团体“最佳表现奖”，英文代表队队员获个人“最佳立场阐述奖”。

2018年2月我校又成功承办了苏州市“长枫”模联大会。根与芽、模联社团获苏州市“高中生十佳优秀社团”荣誉称号。2017年，在江苏省文明办、江苏省教育厅主办的江苏省中小学“校园心理剧”优秀剧目征集评选活动中，实验学生自编自导自演的作品《岁月神偷》荣获省特等奖，这是我校连续三年荣获一等奖以上的奖项。2016年、2017年，实验辩论队参加苏州市“看我72辩”中学生系列辩论赛，连获总决赛冠亚军。2017年文学社选送的经典诗文朗诵节目《把栏干拍遍》获得苏州市经典诗文诵读大赛的特等奖第一名。而可喜的是，这些参加社团活动并获大奖的孩子们都是利用业余时间来筹备活动的，他们非但没有耽误学习的时间，反而在活动中提升了自信，增强了学习的能力，提高了学习的成绩，获得了满满的幸福感！泰戈尔说：“不是槌的打击，而是水的载歌载舞，使卵石臻于完美。”同样，教育不是冷冰冰的铁链，而是温润如水的引导。苏霍姆林斯基认为：在教学大纲和教科书中，规定了给予学生的各种知识，但却没有给予学生最宝贵的东西，这就是幸福。温馨的人文氛围、有温度的教育才可以滋养出平凡生活中的幸福体验，让人感受到教育的幸福。我们在尝试着去做，也初步获得了可喜的成果。

2018年11月江苏省苏州实验中学教育集团正式挂牌，开启了集团化办学之路。集团化办学的要义是以优带新，推动区域教育的快速发展，在目前情况下，金山路校区与科技城校区学生各有特点。因此根据两校区特定情势，找准定位，突出校区个性化和错位发展，各自打造教育亮点，方是教育的规律所在。具体表现在，金山路校区强化教学的高分段要求，科技城校区突出中档生定位；金山路校区重视五大学科的奥赛辅导，科技城校区重点关注特长生培养工作。我校还依据各校区现有的师资力量，继续从学科上进行校区错位发展的打造，力争把金山路校区的语文、数学学科，科技城校区的化学、体艺学科，各自打造成区域教育高地，真正实现“一种底色，两处花开”。

在两校区错位发展的同时，我们强调集团内部的良性切磋竞争。作为教育集团，我们管理上确保两校一家、文化统一、底蕴相同，突出实验品牌的底色印记；两校区管理统一、理念一致，师资共培、课程共享、教研共进、活动同步。集团青年教师成长沙龙、平时教研组的活动、教学检查评比、学校对外开放周教学展示等等，都是两校区统一行动，同台展示。

让教育人也能深切感受到学校内涵的统一。

在各界领导的支持和关心下，2019 年我校中科创新班获批招生，2020 年我校南大班获批招生，两次招生为我们提供很好的发展契机。站在新时代的节点上，我校思考着未来的发展目标与方向，借鉴国内外高中的办学理念，坚守教学之真、教育之真，秉承适合个体、成就个性的教育理念，以学生为中心，着力培养其发展，为党和国家培育人才奠定良好基础。

第三节 教育之实

“实”，是实验之“实”，既含探索创新之精神，又有实事求是、扎实真干、务求实效之气质。教育，不仅是匡正个体的标尺，更是奠基国家的坚石。教育决定着人类的今天，也决定着人类的未来。人类社会需要通过教育不断培养社会需要的人才，需要通过教育来传授已知、更新旧知、开掘新知、探索未知，从而使人们能够更好地认识世界和改造世界、更好地创造人类的美好未来。习近平总书记在主持召开教育文化卫生体育领域专家代表座谈会时指出，教育是国之大计、党之大计。要坚持社会主义办学方向，把立德树人作为教育的根本任务，发挥教育在培育和践行社会主义核心价值观中的重要作用，深化学校思想政治理论课改革创新，加强和改进学校体育美育，广泛开展劳动教育，发展素质教育，推进教育公平，促进学生德智体美劳全面发展，培养学生爱国情怀、社会责任感、创新精神、实践能力。要优化同新发展格局相适应的教育结构、学科专业结构、人才培养结构，要完善全民终身学习推进机制。

一、何为“实验”的教育

基础教育的重要意义是奠定人生底色，高中阶段的教育在人才培养中起着承上启下的关键作用。2017 年新修订的《普通高中课程方案》进一步明确了普通高中教育的定位、优化了课程结构、强化了课程有效实施的制度建设。相较于长期以来存在的片面追求升学率的倾向，更强调普通高中教育是在义务教育基础上进一步提高国民素质、面向大众的基础教育，不只是为升大学做准备，还要为学生适应社会生活和职业发展做准备，为学生的终身发展奠定基础。同时，新课程方案和课程标准还研制了学业质量标准，明确了学业质量是对学生多方面发展状况的综合衡量，建立了新的质量观，因此，学校应改变过去单纯看知识、技能的掌握程度的评价观念，引导教学实践更加关注育人目的，才能把立德树人根本任务落到实处。

苏州实验中学自创办以来，注重吸收传统教育思想精髓，顺应教育发展潮流，不断更新教育理念，形成了“全面发展，突出个性”的办学理念，培育“独立性格，自信果敢，勇于争先，王者风范”的雄狮精神，升华出文化引领学校发展的新境界。这与我国著名教育家叶圣陶先生注重能力培养和个性独创之精神的教育思想是一致的。“教育是附丽于人而后显出它的作用的，离开了人，也就没有教育了。”叶圣陶先生追求人的自由、平等、尊严和人的发展的权利。注重培养人的创新精神和创新性思维、批判性思维等能力，在叶圣陶的教育思想中是贯穿始终的内容。那种事事钻研，样样追求个为什么，样样能自己想出办法来实验的精神。这种精神是创造发明的动力。在社会主义建设的新时代，谁都需要有这种精神。“学生要学的，不光是课本上的知识，更重要的是在各科的学习中自己寻求知识和解决问题的本领。”“阅读固然要认真，但是尤其重要的是要抱着批判的态度，要区分哪些是应该接受的，哪些是不应该接受的，不能‘照单全收’。不加区分的‘照单全收’绝对不是妥当的读书方法，也不能提高自己的识别力。”

费孝通是我国著名社会学家、人类学家和民族学家，人类学的精神源于人类学的传统，就是本着实事求是的态度，深入实地做研究的客观精神，以及学问为民、志在富民的人文精神。费孝通先生一生秉持“从实求知”精神，长期深入各地进行实地研究。他将教育作为文化的组成部分，用人类学理论和方法解读教育。他关注人与人之间如何相处的问题，并提出树立文化自觉理念、进行和平共处的教育、加强道德秩序的确立等方法。苏州实验中学的“唯实”校训秉承费孝通先生的教育理念：实事求是、扎实真干、务求实效。校训“唯真唯实”就是学校的“文化名片”，是学校后续发展的根基，也是教师专业成长与学生精神成长的箴言。

高中教育是基础教育的最后一站，是通向高等教育的出口与衔接点，是学生成人的最后加油站。教育需要一步一个脚印地踏实前行，来不得半点虚浮，更不能形式化。江苏省苏州实验中学历经短短的二十多年，迅速成为苏州优质的教育品牌，就是靠扎实的教育努力获得的。1994 年初，苏州高新区管委会投资 5 000 万，以高起点、高质量的要求创建苏州实验中学，规模和投资力度在苏州市引起轰动，电脑房、体育馆、科技馆等配套设备在当时的苏州算得上一流。学校拥有如此好的硬件条件，为了让这所新校成为名副其实的高质量名校，高新区管委会、教育局对学校提出了新的要求，学校领导班子要创新方法，把教育质量搞上去，把教科研成果也搞上去，一手抓教育质量，一手抓科研成果，要“出成绩、出成果、出经验”。新一届校级领导班子内挖潜力，外找资源，1996 年江苏省苏州实验中学正式挂牌“南京大学苏州附属中学”，成为南京大学在南京市以外的唯一附中。南京大学的专家帮助我校领导班子把“软件”抓上去、管理抓上去、教育质量提上去、把科研成果拿出来。学校在顺利完成“136 工程”，即一年成为苏州市窗口学校，三年成为省重点中学，六年成为国家级示范高中的基础上，实施“三名工程”——培养名学生、多出名教师、办社会公认的名校。2016 年，学校以新校启用为契机，结合对已有办学经验的提炼，打造了以“雄狮精神”为核心的狮山文化。在这一核心文化引领下，学校践行“全面发展，突出个性”的办学理念，广聚教育资源，深化教育改革，与时俱进，守正创新，创建受社会广泛认可的“大实验”品牌。2021 年 5 月，“南京大学软件工程实验班”正式开班招生，我校在推动高校与高中“双高”教育合作、探索育人模式新变革方面实现新突破。地方政府的重视，社会各界的关爱，让我们从建校伊始就立足于高起点，后又依靠全体实验人努力拼搏、开拓创新、敬业奉献，使学校在短期内得到了高速度的发展。今天我们已经跃居较高平台，只有继续坚守“唯真唯实”之校训，围绕“拓展增长空间，打造品牌特色，建设高质量、现代化且具有实验性、开放性、示范性的全国名校”的办学目标，继往开来，奋勇争先，才能延续我校的高质量发展。

二、教育之实结硕果

十年树木，是要树扎实地在原地向下扎根汲取营养，向上抽枝吸取光照；百年树人，就是要以务实的态度让每一位学生在每一个瞬间都有触动，在人生的每一处拐角都有指引，让学校的每一个细节都有动人的风景。

我校 2006 届毕业生李麟青，出生时因窒息导致小脑发育受到影响，四肢协调能力不是很好，1 岁时被正式确诊为脑瘫。值得庆幸的是，李麟青仅是小脑发育受到影响，致使四肢无法正常协调运动，但智商没有受到任何影响。高中就读苏州实验中学后，时任班主任、语文老师卢强，数学老师王慎战，英语老师张广激，物理老师王志江，化学老师章志勇，给予他学习和生活上全面的关心与帮助，让他能够在实验中学温暖的大家庭中快乐、自如地学习和成长。参加高考时，李麟青被分到了没有电梯的四楼考场，高考期间，都是我校体育教师臧湘江老师背着他跑上跑下。李麟青说："当时高考不像现在这么灵活化，可以更改教室，延长残障人士的答题时间。但那时遇到的困难，更让我体会到了温暖。"他最终以高出一本线 40 多分的优异成绩考入苏州大学，之后继续深造，现已取得人工智能方向博士学位。即便身体坐在轮椅上，李麟青的心里生长着理想的翅膀。他凭三个能动的手指研发出无障碍地图，给众多残障人士带来出行便利。通过这款无障碍地图，使用者可以查询南京、苏州、上海多地的 1 万多个无障碍设施、交通信息、路径规划，极大地方便了残障人士出行。目前，在国内全景无障碍地图研发领域，李麟青的创业团队走在了前列。李麟青也被《人民日报》评价为了不起的"脑瘫博士"。

我校 2013 届毕业生周缘考入清华大学后回忆道："临近高考，为了营造迎考氛围，班主任鄢国鹏老师安排同学们轮流给黑板旁边的高考倒计时日历'揭牌'，我撕到的那张是 2013 年 5 月 28 日，星期二，距离高考倒计时 10 天。那天在学校上晚自习，晚上 9 点半，操场上满是跑步的同学，带起一阵阵夏夜的凉风，形成了一种特别的气场，为身处其中的每个人注入坚定、向上的力量。"她在《关于实验的记忆拼图》一文中引用了一段林清玄的话作结尾："那些岁月虽在我们的流年中消逝，但借着非常微小的事物，往往一勾就是一大片，仿佛是草原里的小红花，先是看到了那朵红花，然后发现了一整片大草原，红花可能凋落，而草原却成为一个大的背景，我们就在那背景里成长起来。"

让每一朵花都开出最美的样子，让每一位学生都成长为最优秀的自己，这就是教育的质量！也是实验中学实事求是、务求实效的追求和表现。

三、教育之实展风貌

学校以狮山文化为特色的校园环境建设，处处体现"实"。学校坐落在狮子山下，狮子山有着悠久的历史和丰厚的文化底蕴，狮子文化更是两千年中华文化的象征。学校在守望这方山水、延续千年文脉的过程中因地制宜，充分挖掘狮山文化的精髓，建设与之相配套的课程体系，弘扬“雄狮精神”，彰显办学特色，激发广大师生爱国情感和民族精神。我们以学校重建和分校初建为契机，让“汇聚狮山之麓，成就光荣与梦想”的口号深入每一位学生心中；校园中心文化墙雕刻，以“石”喻实，以“真”“实”两字为主体，突出强化了“唯实”的学校氛围。

教育教学中处处体现“实”。如果说苏州实验中学追求的“原味·灵动·高效”的课堂中“原味”是校训“唯真”的要求，那么，“灵动”则是校训“唯实”的表现形式。在苏州实验中学判断一堂好课没有绝对的标准，但“原味·灵动·高效”的课堂至少应该达到充实、扎实、丰实、平实和真实。充实是指一堂好课应是一堂有意义的课，至少能让学生有所收获，并激发学生继续学习的热情；扎实是指一堂好课应是一堂有效率的课，能让学生在课堂上及时掌握所学知识；丰实是指一堂好课应该是有生成性的课，应该是学生和教师智慧的互动；平实是指一堂好课应是常态下的课，不求热闹，不求形式；真实是指一堂好课应是切合教学实际的课，扎实有效，而不是表演作秀的课。“灵动”课堂追求的是“生成性”，突出核心素养的生成，实现课堂知识容量、有效信息交互量和思维活动容量的最大化，最终实现学生发展的最大化。多年来，尽管学校录取的新生中尖子生群体单薄甚至缺失，但全校师生发扬“知其不可而为之”的精神，正视现实，振奋精神，勇于拼搏，力攀高峰，多年来学校培养了大批德才兼备的优秀学生，学生的特长培养、个性发展也同样取得了优异的成绩。

第二章

教育基础：让教师养成“真实”的自觉

第一节 立德树人的真实育人追求

立德树人是我们党的育人初心，党的十八大以来，习近平总书记反复强调立德树人的重要作用。所谓立德，即立大德、功德、私德，要求“明大德、守公德、严私德”；所谓树人，即“培养德智体美劳全面发展的社会主义建设者和接班人”。习近平总书记提出“六个下功夫”要求，即在坚定理想信念上下功夫、在厚植爱国主义情怀上下功夫、在加强品德修养上下功夫、在增长知识见识上下功夫、在培养奋斗精神上下功夫、在增强综合素质上下功夫。“六个下功夫”明确了新时代学生的基本素质和精神状态，为学校教育落实“立德树人”根本任务，做好新时代的人才培养工作提供了行动指南，是新时代人才培养的着力点和落脚点。

我校秉承“唯真唯实”的校训和“全面发展，突出个性”的育人理念，坚持党对学校工作的领导，坚持社会主义办学方向，切实把立德树人根本任务落实到教育教学的各个过程和环节之中。坚持全面推进社会主义核心价值观内化于心、外化于行，深入开展理想信念教育、以爱国主义为核心的民族精神和以改革创新为核心的时代精神教育、道德与法制教育、社会责任感教育，加强中华优秀传统文化和革命文化、社会主义先进文化教育。健全全员育人、全过程育人、全方位育人的体制机制，构建理论与实践、育德与育心、课内与课外相结合并富有特色的学校德育体系。强化实践育人，开发实践课程，广泛组织社会实践活动，发挥学校党团组织、学生社团的育人功能。建立学校教育、家庭教育、社会教育协同育人的机制，深入实施中小学生品格提升工程，并取得创造性经验和成效。坚持育人为本、德育为先，把立德树人作为教育的根本任务，努力培养“德智体美劳”全面发展的社会主义建设者和接班人。

一、课程育人：系列化的德育校本课程体系

我校一直把立德树人融入教育教学的各个环节和各个领域，学科教学和教材的体系设计皆围绕着立德树人的这个目标进行。立德树人是教育的

根本任务，学生在学校生活中的各种正式的或非正式的经历和体验是影响其人格发展的重要因素。我校认真审视学生在学校生活中接受的所有教育影响，用整合的观点来系统规划这些影响，从课程开发的视角对学校德育进行整体规划。

校本德育课程开发成为校本课程开发的重要组成部分，纳入学校整体的课程结构，形成以“基础性课程、拓展性课程、荣誉性课程”三类课程为路径的“金字塔式”的立体课程模式，保证了校本德育课程内容的一贯性和稳定性。基础性课程是学校课程的主体部分，包括了经过校本化改造的国家课程和地方课程。基础性课程中的德育课程包括传统的德育学科课程和国家课程计划规定的社会实践活动课程。拓展性课程既包括了面向全体学生的拓展性必修课程，也包括了全体学生自主选择的拓展性选修课程。拓展性必修课程包括主题教育课程、校园节日课程和学术讲座课程三个系列，拓展性选修课程包括学科选修课程、社团活动课程和社会行动课程三个系列。拓展性课程中主题教育课程、校园节日课程、社团活动课程和社会行动课程属于校本德育课程的范畴，也是我校进行校本德育课程开发的四个重点领域。荣誉性课程的目标是发展学生的爱好和特长，为学有余力的学生提供更多的机会和更高的平台，引领学生卓越发展，为拔尖创新人才的早期培养奠定基础。目前学校开设的荣誉性课程主要包括模拟联合国课程、理科竞赛课程和国内外大学先修课程等，这些课程中都包含着丰富的德育元素。

基于学校的校本德育课程体系，我们把校本德育课程开发的重点放在了五个领域，即主题教育课程、校园节日课程、社团活动课程、社会行动课程和德育隐性课程。

（一）主题教育课程

主题教育的内容，突出系统性，围绕“立德树人的真实育人追求”设计教育主题，如每学期初精心确定学校各年级整个学期的班会主题，每次主题班会要求班主任老师精心备课，拓展内容和形式，并及时整理和反馈教学反思。主题教育的对象，突出阶段性，构建主题教育的阶梯，重视学生道德思维能力的培养。主题教育的形式，突出自主性，创造尽可能多的机会让学生走到台前，让主题教育的过程变成学生综合素质全面发展的过程。在主题教育中，我们注重把价值引领和学生生活紧密结合，如每周一期的“国旗下讲话”，除了一些规范性的内容，学校还会结合学生生活实际，拟定契合的教育主题，选择我校优秀的学生作为代表发言，起到了非常好的引领作用。

（二）校园节日课程

“学生会竞选、环城远足、心理节、艺术节、体育节、科技周、读书节、狮山之春、社团嘉年华”等九大节日活动分布在全学年，成为学生在苏州实验中学学习经历中不可缺少和难以忘记的一部分。每个节日都突出以下特点：一是主题鲜明，如艺术节的“致青春系列”“声动实验”等主题，体育节的“强体健魄”“强国有我”等主题；二是全员参与，每个节日由一系列活动构成，让所有学生都能够参与其间；三是突出自主，主题的确定、方案的制订和活动的组织都由学生自主决定，让学生真正成为活动的主角。

（三）社团活动课程

我校学生社团门类多，种类全，现有学生社团 56 个，涉及科技学术、文娱艺术、体育竞技、公益慈善、文艺创作和时政研究等门类。我校努力让学生社团成为学生自主管理、自主教育、自主发展的学习者社区。社团活动的管理，突出自主性，学生自发组建、自行组织活动；突出社会性，社团活动的内容关注社会现实、反映社会情感、把握社会脉搏、体现社会责任，与知识的学习形成互补；突出合作性，让学生在自发组织社团的过程中提升合作能力。

（四）社会行动课程

社会行动课程是我校实现培养现代人的目标、发展学生现代人格和社会行动力的重要途径，旨在鼓励学生参与校内外公共事务、强化学生的社会责任感，提升学生的社会行动能力。我校从四个方面构建学校社会行动课程，简称为“四组行动”，分别是：志愿者行动、爱心行动、文明行动和诚信行动。学校围绕“四组行动”建立了一大批校外教育基地，开发了一大批校内外活动项目。

（五）德育隐性课程

尽管隐性课程的影响是间接的、内隐的，通过学生的无意识心理活动发生作用，但对教育者来说，隐性课程是在有意识的教育活动中实施的。因此，我们仍需有自觉意识，对德育隐性课程进行一定程度的事先设计。

我们从学校环境、学校制度、学校精神和学科德育四个方面加强德育隐性课程建设，努力让学校成为学生的世界，让学生成为校园的主角。

丰富的校本德育课程为学生提供了多样化的学习经历和高品质的学校生活，成为学生核心素养，尤其是跨学科素养发展的沃土，促进了学生的全面发展和个性发展。

二、文化育人：渗透式的学校德育文化体系

何谓德育文化？概括地说，是由全校师生共同创造、长期积累发展而来的价值信念、生活规范、做事的方法与态度，所形成的一切有形及无形的学校特质，是在德育实践中形成并得以流传的德育思想、内容和方法的总和。德育文化环境是影响学校德育实效性的重要因素，影响着学校德育内容的实施和德育目标的实现。道德教育在学校中的实施不是空喊的口号，必须借助一定的载体。一定意义上，教育作为一种文化存在，其功能之一就是实现文化的传承与发展。文化既可作为教育的内容，其在不同时代背景下的不同内涵又会影响到教育的变革和发展。学校是传播文化的地方，本身就是一种文化的存在，对道德教育具有举足轻重的积极意义。要在传承与创新学校的文化基础上进行立德树人的落地与实施。我校通过挖掘地域传统文化，形成了以“雄狮精神”为核心的校园“狮山文化”，将“雄狮精神”贯穿于学生成长、教师发展的全过程。学校设计了高中学生个性化素养培育的教学方案，形成了“原味·灵动·高效”的教学特色，通过“雄狮先锋”品格提升工程建设，着力培养学生的家国情怀和民族担当意识。

（一）校园文化建设

一所学校的文化对人的影响是潜在的、间接的，文化是学校精神的整体化展现，通过学校文化的建设可以向师生传达学校的理念，同时也在社会上形成一种文化的传播。学校特色的校园文化是发挥学校育人价值的重要组成部分，是社会主义核心价值观融入学校的重要载体。我校校园文化从以下两方面进行建设：一方面是学校的物质文化建设。将文化借助物质性的载体呈现出来，如在学校的宣传栏中展示社会主义核心价值观内容，学校的校史馆、文化长廊处处彰显“狮山文化”，在学校的图书馆中分类摆放适合学生身心健康发展的各类书籍，同时启用 24 小时自助图书馆，让学生根据需要随时可以借阅到心仪的书籍。通过器物的形式，学生能够潜移默

化地通过生活体验获得教育。另一方面是学校的精神文化建设，通过隐性的精神文化间接向学生传递价值观念，如通过榜样的示范作用间接带领学生主动地向其学习，通过学校开展的讲座活动等，让学生在亲身感悟中，感受社会主义核心价值观的本质内涵和精神力量，从根本上提升个体的价值认同。总体而言，在校园文化建设中注重社会主义核心价值观的渗入，既是落实立德树人根本任务的必然要求，也是学校特色发展的内在诉求。

（二）教学文化建设

学校教育中任何目标的实现都需要借助教学，它不仅是教育理念贯彻落实的现实手段，也是实现教育宗旨的重要依托。教学文化建构的内在动力是教学文化的特色性、师生对该文化的认同度以及教学文化对教学实践的意义。教学的有效性总是和体系化的教学文化相伴相生，这种文化并不是固定不变的，会随着实践的发展不断推陈出新，最终成为一种制度文化，保障教学的持续良性发展。“制度文化这个重要的着力点为核心价值观的培育和践行提供制度保障、文化氛围和载体支撑。”社会主义核心价值观是一种价值理念，其被学生接受需要经历认识、理解、认同的过程，而教学是实现这种转化的直接形式。我校将社会主义核心价值观渗透到教学的每个方面，形成具有社会主义核心价值观魂魄和精神的教学文化，使学生的思想政治素质和道德品质符合社会发展要求。

（三）隐性文化建设

学校是一个文化场域，不仅包括课程与教学、实践活动、教师等显性文化的影响，还会受到隐性文化的熏陶，处在其中的每一个个体都会潜移默化地受到文化的熏陶与浸润。相比于显性文化，隐性文化以内隐的形式，向学生渗透思想、精神等，更加具有陶冶作用，润物细无声地影响学生的价值观念。社会主义核心价值观并不是作为某个知识点传授给学生，而是要以文化的形式去陶冶人心，使学生对文化认同感的获得是主动的、发自内心的，只有学生对文化有认同才能够主动的践行。因此，为了让学生将社会主义核心价值观牢记于心，隐性文化对社会主义核心价值观融入学校教育来说，具有不可替代的意义。我校通过对学校环境、人际关系等隐性文化的挖掘，使二者之间相互吻合，让整个校园萦绕着社会主义核心价值观的气息。在学校场域中，营造学校隐性文化是增强师生对社会核心主义价值观认同感的重要手段。

三、活动育人：主体性德育活动体系

德育活动，包括教育者的意识活动、教育者的实践活动、德育对象的意识活动、德育对象的实践活动四个紧密相联的环节，构成了学校德育体系的基本要素。不同性质、不同种类、不同程度的德育活动，如课堂教学所蕴含的德育活动、组织与制度建设或执行中所蕴含的德育活动、校园文化中所蕴含的德育活动等，构成了学校德育体系要素的多样化形态。随着我国特色社会主义进入新时代，不断深化改革开放，经济发展步伐加快，学生越来越需要高品质、有内涵的精神文化活动。我校通过为学生提供高质量、实时、有效的课程内容来满足学生发展的需要。着力实现“需求侧”和“供给侧”协同联动，首先是站在学生的立场去理解学生的兴趣点，把社会中的热点问题、现实问题作为活动素材以提高学生解决问题的能力；其次是聚焦生活与学习去了解学生“需要什么”，提高供给能力，准确的满足学生发展的需求。

校园文化活动是学校校园文化建设的有力抓手，也是学校立德树人的重要载体。通过丰富的、积极的科学技术和文化娱乐活动，实现德智体美劳在活动中结合，通过不同活动的多样呈现实现教育的发展。我校持续推进校园文化建设，打造系列化、高质量、特色化的校园文化风貌，从思想发展、科学技术、文化娱乐、公益爱心等领域设计学生喜欢的德育活动，在活动中学习，在学习中活动，充分发挥活动课程对学科课程的补充与拓展作用。充分发挥狮山讲堂、传统文化研习基地、国学研究与实践中心、文化素质教育基地等文化项目的教育熏陶作用，联系苏州的各级各类博物馆、文化馆、纪念馆、枫桥景区等开展各式各样的专题德育教育活动。同时组织学生在校开展朗诵诗文、猜灯谜等具有传统文化特色的活动，以多种形式共同育人。和区域之间的学校做好共建共享、联动发展、协同创新，建设区域性学校文化。

在活动的形式与方法方面，坚持以学习为中心，调整教与学、师与生的关系。首先，提供转换的情境，在举办具体的校园文化活动时，教师和学生要针对学生行为表现进行交流，探讨哪些因素会影响学生知行的转换以及面对相同的问题，学生如何能做出更加合理的价值判断和选择，从而产生合乎规范的行为。其次，在课堂文化氛围方面，通过轻松的环境使学生快乐地学习，形成教师与学生、学生与学生之间的多向交流。教师营造和谐宽松的课堂环境，尊重每个学生交流的权利，尽可能地鼓励学生表达自己，竭力改善教学方式，引导学生理解运用知识。教师把更多的自主学习时间还给学生，帮助学生在课堂的教学活动中深入理解知识经验的意义和实际用途。在活动中，学生的收获都是基于个体自我的经验积累，其既表现在对政治的认识以及所具备的政治能力方面，也体现在道德精神追求和道德的自觉行动方面。

四、实践育人：多样化综合实践活动体系

中央批准的共青团、少先队改革方案中清晰明确地规定，团队工作要“落实立德树人根本任务”，构建富有学校特色的实践育人模式，呼应培养“德智体美劳”全面发展的社会主义建设者和接班人的任务，提出“五育并举”的一体化育人样态。实践活动是人发展的根本方式，是道德能够内化于心、外化于行的关键所在。我校积极开展多种校内教育活动，在活动的准备过程中，注意选择主题明确、内容新颖、形式丰富的活动。同时，实践活动不会仅仅局限于校内，还会引导学生将社会作为大的教育场所，广泛开展实践活动，了解社会的热点现象，利用学习知识的方式去解决现实存在的问题，不断增强学生的社会责任感。

综合实践活动与综合实践活动课紧密结合，如在研学课程中，采用多种活动形式将参观旅游变成学生发挥主体性特点，主动学习获得经验的课程，把学生的体验场域转化为德育场域，进而培养学生自主自立的意识和能力，在活动中互相扶持，培养团队合作的意识，发扬顽强拼搏、艰苦奋斗的精神。为了将实践与思想政治课程相融合，我校开展社会公益活动、社区深度体验、公益服务。我校还与校外教育基地合作，开展各类主题实践活动，通过农业劳作、职业体验、社区实习等活动形式，不仅关注劳动技能的学习，还关注热爱劳动、辛勤劳动、诚实劳动的劳动价值观的树立，引导学生弘扬勤劳、奉献、勤俭的劳动精神。动员学生参加家务劳动，组织学生参加生产劳动，通过社群模拟、志愿服务等公益活动形式，有效地引导学生把个人历练和服务社会结合起来，既满足了自身的成长需要，也服务了社会，树立社会责任担当意识。

学校是一个系统，学生是教育的主体，综合实践活动要从整体组织设计上将为学生发展服务的理念贯穿到各个方面，渗透于各个环节。我校各系统、部门加强合作，互联互通，协同育人，建立了以人为本的民主科学的管理体制，弘扬民主精神，鼓励学生积极参与实践。强化实践育人的责任意识，建立全员育人的岗位责任制度，提高实践育人的工作效果和辐射效应。

五、管理育人："五育并举"的综合素质评价体系

五育并举，求真求实；和谐发展，求美求新。教育的根本任务是立德树人，德智体美劳全面发展是立德树人的具体要求，是人才培养的战略布局，只有德智体美劳全面发展了，"立德树人"目标才能真正实现。在实践层面，德智体美劳五方面既有各自的内涵和边界，互相之间也相互制约、彼此支持，在人的全面发展中，缺一不可。"德"是其他四个方面的基础，是方向，所有的培养方向都要以"立德"为根本；"智育"既指专业知识，又指各种可迁移技能，为其他各项提供知识基础和智力基础；"体育"为其他各项提供身体基础的同时，也能够提升能力，促进身心健康；"美育"可以帮助学生陶冶情操、提升品格，促进德育、智育的发展；"劳育"是落脚点，要使学生知行合一，促进行动，以劳动为美，创造人生价值。我校关注学生"五育"的全面发展，分别从以下五方面进行综合素质评价。

（一）德育评价方面

加强对人才培养的理想信念、爱国主义、核心价值观等方面的考察，聚焦于总体情况和各个学段的发展状况。学校建立检验立德树人成果的评价方案，采用教师反馈、问卷调查、学生自评、档案袋等多种形式进行主观和客观地评价。同时，做好对学生思想政治情况的追踪，既随时考察学生校内的思想政治情况和发展状况，又通过回访、问卷调查的形式，对德育效果进行检验。

（二）智育评价方面

对学生知识技能、创新能力和批判精神的情况以及取得的成果进行考察，聚焦于总体质量和各个学段的发展状况。智育评价并不等同于考试的纸笔测验，也关注学生的元认知能力、创新能力、合作探究能力、问题解

决能力、自立自理能力等等。

（三）体育评价方面

加强对学生的健康教育意识、体质增强、人格健全、意志坚毅的现状和成长变化情况的关注。在课程教授的过程中以及课程结束后分别对学生进行评价，以标准化的指标进行衡量，通过具体实例的形式呈现体育效果，对在校期间以及升学后的身体健康状况进行追踪。

（四）美育评价方面

关注审美素养的养成，其聚焦点在于学生的美育素养获得情况以及综合素质的提升情况，根据学生对课程的态度对课程进行评价，通过对比在课程前后取得的成就，来检验课程实施的效果。在评价的全过程中实时监测，通过过程性评价检验学生学习课程后的成效。

（五）劳动教育评价方面

考察学生劳动行为、劳动观念、劳动精神、劳动能力等劳动素养，考察学生的社会劳动实践经历、创造性劳动成果等。通过对在校生、毕业生开展问卷调查等方式，以及通过培养过程监测和具体实例来呈现劳动教育成效。

德育、智育、体育、美育以及劳动教育的五个方面并不是孤立的，它们共同作用于人才培养：一方面，人发展的客观规律决定五育之间是具有内在联系的；另一方面，五育之间存在多种组合关系，任何两者或者三者的组合都可以实现整体大于部分相加的效果。但是，五育的地位并不是完全一样的，“德育”作为人才培养的根本居于统领地位，贯穿联系其他四个方面。

六、协同育人：多要素协同育人体系

立德树人是一项系统工程，需要学校内部的多部门、多主体、多领域的参与，相互协调，资源整合。要努力打破学校与社会、学校与家庭之间的藩篱，将课堂教学融入现实的生活环境之中，将真实问题变成课堂教学的素材。2018 年，在全国教育大会上，习近平总书记指出：“办好教育事业，家庭、学校、政府、社会都有责任。”立德树人根本任务的实现并不是学校的单打独斗，需要各个部门、各个主体、社会与学校之间进行全程、全域的协同育人。

(一) 合理整合与构建立德树人的外部协同育人机制

能够综合各种教育利益主体的需求或诉求，综合不同类型、层次的教育体制机制的特殊要求，化为相对整合统一的价值追求和实践轨道。这一层次的社会教育力分析单位是系统：组成社会的不同系统和社会全系统，其责任主体是系统的责任人系列，社会的教育责任要由家庭、企事业单位和公共领域等共同分担，共同实施。在这一过程中，必须倡导社会的参与，吸收社会各种力量，多途径、多方式地积极、真正构建学校、家庭、社会相互协调的共同育人机制，使立德树人机制在教育系统内外发挥整体育人功能。

1. 优化家校关系与合作机制

教育是一种有目的的、持续性的培养过程。学生在学校中接受到系统的有目的的教育，该教育在学生成长的过程中，占据着大半的时间，对学生青少年时期的成长起着主要的作用，然而学校教育只是作为其中的一部分存在，还有家庭和社会在学生成长过程中的处于辅助地位但又不可或缺的教育。因此，立德树人的过程中家庭教育不能缺位。通过优化家校关系与建立双方合作机制，切实发挥家庭教育的重要育人功能。

一方面，应积极发挥家风家教的育人作用。通过生命教育、文明礼仪教养、感恩教育等引导孩子健康成长成才。另一方面，应建立家校沟通合作机制。家庭是一切教育的第一场所，并在这方面负责情感和认识之间的联系及价值观和准则的传授……家长与教师之间必须开展有效的交流和沟通，通过二者之间的相互补充实现儿童的全面协调发展。因此，要在基于平等信任的基础上，使教师与家长之间的对话能够真正发生，保证家校合作的顺利实现。

2. 构建政府主导、多方参与的社会共同育人格局

一方面，各方应共建协同育人基地（平台）。发挥基地（平台）的引导和聚集作用，充分利用现有各类资源和条件，广泛吸纳社会多方面的支持和投入参与，突破学校内部与外部的机制壁垒。另一方面，需要拓宽社会力量参与立德树人的渠道。鼓励社会力量进入教育领域，开放社会组织参与立德树人的渠道，依法对参与各种形式人才培养的社会力量进行监督和管理，形成社会力量参与立德树人的体制性保障。如探索校企校地合作新

方式，完善多样化及多层次（个人、企业、机构等）的社会捐赠激励与合作方式，广泛吸纳来自慈善机构、社会团体和民营企业等各种社会力量捐赠的资金；吸引民间教育机构的有效参与，制定对民间教育的鼓励和扶持政策，完善政府统筹协调和监管机制；并加强和完善“社会监督与约束”体系，在将立德树人系统的各个要素统筹组织起来，形成育人合力的同时，保障个体发展的权利与约束规范个人行为，形成有效的社会道德约束力。

（二）探索建设彰显主流价值观、主导学生健康成长的新型全媒体育人生态系统

全媒体时代带来了挑战，也带来了机遇。学校不可回避的一项紧迫课题是如何运用“互联网+”思维提升育人成效。基于“正能量是总要求，管得住是硬道理，用得好是真本事”总体思路，进一步应对网络时代的新挑战，推动德育工作传统优势同信息技术高度融合，构建“全媒体育人生态系统”。

1. 贯通传播平台，充分挖掘矩阵聚合的育人效应

具体措施：其一，打造校园中枢智慧系统。从内容上深入挖掘新时代的新特征与新使命，深化传统媒体的改革，展示学校立德树人的生动案例，既坚持以讲故事、接地气的方式讲好新时代党和国家发生的故事，又保证权威性、导向性。其二，组建协同传播的校园媒体矩阵。全媒体具有实时传播、无缝衔接的特点，将网络新媒体嵌入学生生活的微时间或“碎片化”时间，充分发挥新媒体以文化人的功能。其三，尝试开发校园育人云系统。组织班主任老师和学生社团组建QQ群、微信群、网络社区，推动在媒体融合发展中，整体构建课内与课外、校内和校外、入学前到毕业后的网络育人互动空间，打造“资源通融、内容兼融、宣传互融、利益共融”的教育模式。

2. 优化内容供给，扩大主流价值影响力

根据学校的办学特色，以及社会当前关注的热点，从贴近学生生活世界的素材中寻找新鲜题材，用全过程的关注来辅助学生的成长指导，把网络虚拟世界与学生现实生活的世界打通，线上便捷沟通，线下无缝对接。运用传统美德故事、历史英雄人物、古代优秀文化等深入浅出的优秀素材滋养学生生命成长，提升主题教育的吸引力和生命力，让学生在润物无声的参与中达成认同和共鸣。

3. 建立社会化媒体传播与引导机制，保证德智体美劳五育的一体化

将教育目标、内容、途径、方法与评价等要素结合，搭建完整的课程体系，实现知识目标到评价指标之间的贯通，形成一个良性的不断完善的循环体系，加强社会化管理和引导，努力改变移动互联网生态环境的“无序”状态，使全媒体生态有序清朗，让主流价值观回归。教育的根本问题是“培养什么样的人”，而要解决这一根本问题，首先要厘清“为谁培养人”的问题。我们要为社会主义培养人才，使学生能够成为社会主义事业的建设者和接班人，为此要坚持党对教育事业的全面领导，坚持社会主义办学方向，自觉在政治立场、方向、原则、道路上同党中央保持高度一致。其次再解决“培养什么样的人”的问题，要培养德智体美劳全面发展的人，全面发展是对社会主义建设者和接班人的素质要求。这和立德树人在根本追求上具有一致性，“德”是指具有正确的道德品质和理想信念，树的“人”是指有理想、有道德、有文化、有纪律的德智体美劳全面发展的社会主义建设者和接班人。因此，要落实立德树人根本任务，培养社会主义建设者和接班人，就要努力构建德智体美劳全面培养的“五育”教育体系。

第二节 “原味·灵动·高效”的课堂行动

近年来，在“唯真唯实”校训的指引下，苏州实验中学全体老师在课程探索和改革的基础上，一直致力于课堂教学探索，打造出了“原味·灵动·高效”的课堂教学特色，并在学理上深挖内涵，在实践中印证改进，获得了突出的成效，彰显了我校的教学特色和风格。

一、明晰目标内涵 确立前行方向

“原味”是教学的情境性、真实性和自主性的体现，它强调了在课堂教学中要突出学生的感知、体验和积累，强化其基础知识和基本技能的学习和训练，积极引导学生自主品尝“原汁原味”的知识盛宴，它也是我校“唯真唯实”校训在教学上的体现。在当今各种教育教学理论“乱花渐欲迷人眼”的环境下，“原味”教学提醒我们要保持一种清醒和理性，保持教学的本真和本色，要认真上好常态的课、真实的课，甚至是平实的课。在学科教学中，我校基于“原味”的课堂教学理念，着力打造了语文和英语学科的阅览课程，吟诵训练，文学创作，课本剧演绎等活动；理化生等学科的动手探究实验，以省级课程基地“资源循环和环境保护”为实践平台，展开丰富多彩的研究性学习活动。这些都有效地促进了课堂教学，全面提高了学生的综合素质。

“灵动”强调激发学生的学习兴趣，培养学生的创新思维，打造“生命化课堂”，充分倡导“自主、合作、探究”的学习方式。在课堂教学上，强化课堂结构的“生成性”。课不完全是预先设计好的，在课堂中有教师和学生情感的、智慧的、思维的和能力的投入，有互动的过程，课堂气氛活跃；在这个过程中，既有资源的生成，又有过程状态的生成；师生应享受教学作为一个创造过程的欢乐和智慧的体验；要强化师生互动和生生互动，课堂独特的价值在于它是公共的空间，能够产生语言的讨论和思维的碰撞，在这个过程中，师生之间能够生成许多新的认识。

“高效”是指教师应该上“有意义”的课。即学生收获了新知识，锻炼了能力，有良好的、积极的情感体验，产生进一步学习的强烈要求；学生上课之后有收获，“进来以前和出去的时候有了变化”，体现“有效教学”的课、有效率的课、充实的课、扎实的课、有“浓度”的课、有“密度”的课。“高效”要求课堂教学要突出核心素养，要实现“课堂知识容量最大化、有效信息交互量最大化、思维活动容量最大化”，并能体现“学生发展最大化”。

语文学科：原味在于以语言为中心。在于“是语文课，有语文味”，保持原生态，清水出芙蓉；在于“听、说、读、写”持之以恒，“字、词、句、章、语、修、言、逻”熟能生巧；在于汉字一笔一画认真写，文章一篇一篇认真读；在于与时俱进，知识一点一点厚积，能力一项一项增强，思想水平、道德境界和审美情操一天一天提高。

灵动在于以学生为中心。“水尝无华，相荡乃成涟漪；石本无火，对击始发灵光”，呈现师生心灵激荡、智慧碰撞的自然妙境；“不愤不启，不悱不发，举一隅不以三隅反，则不复也”，层次目标高引，生动情境激发，高质问题较量，展现共生、共情、共造、共享的佳境。

高效在于以素养为中心。头脑、双手、嘴巴、眼睛等全解放，齐上阵，都投入；品读有温度，探究有深度，表达有美度，交流有维度；知识得以拓展，技能得以熟练，能力得以提升，思维得以强化，情感有陶冶，灵魂有洗礼，成长有助力！

数学学科：从培养学生数学学科核心素养上看，引导学生经历概念的形成过程，发展直观想象、数学抽象、数学建模等素养；引导学生重视理解和掌握数学本质，提高逻辑推理、数学运算、数据分析等素养；引导学生学会反思自己的学习过程和学习行为，培养他们的理性思维和批判思维。数学教学的“原味”体现在数学学科在培养学生的思维能力上，倡导以学生的认知基础为起点，在学生的最近发展区内进行教学设计，坚持营造让学生自觉发问、自主建构、自发探究的教学场域，积极培养学生的数学思维；教学方法重在因生而变，因材施教，重在教学方法的优化统整，体现数学教学的灵动性；教学过程力求去除表面的繁华，重在教学效果的达成，全力打造“重学生参与、重知识建构、重思维活动”的本真数学课堂。

英语学科：原味、灵动、高效不是相互割裂，而是互相融合的，应贯彻在课堂教学全过程。英语教学在立足学生个性特点和现实的基础上，为学生的未来发展奠基；从兴趣、情感和思维入手，增强学生学习英语的内驱力，使学生主动自觉地与英语学习融为一体；让学生感受英语的魅力，体验英语学习的成功与快乐，促进学生个体的健康成长和可持续发展。教学注重把握英语学科特点，突出其科学价值、美学价值和人文价值，发挥英语学科应有的、独特的育人功能，重视英语学习的环境局限性和语言文化差异性，注重情境创设和挖掘语言背后的文化意义；恰当地把握输入与输出的关系，输入为输出服务，通过输出方式产生成果来体现教学目标的达成。教学注重学习活动设计，以情境性、交互式的学习活动构建学生理解、尝试和运用语言表达的学习过程；通过活动塑造学生的主体地位，优化学习策略，发展多元思维，培养高阶思维品质；聚焦语言形式的学习与操练，使学生在活动中获得英语知识并内化为英语学科素养。

物理学科：在义务教育的基础上，引导学生从物理学的视角认识自然，理解自然，构建关于自然界的物理图景；引导学生经历科学探究过程，体会科学研究方法，养成科学思维习惯，增强创新意识和实践能力；引导学生认识物理学科的本质和“科学·技术·社会·环境（STSE）”的关系，形成科学态度、科学世界观，提升学生物理学科核心素养。物理学科的

"原味"，即提升学生的物理观念，发展学生的科学思维。让学生通过运用学习的物理概念、物理规律等解决真实问题的方式，将物理知识进行系统的反思和应用，并在此过程中发展学生的建模能力、解决问题能力和迁移能力。物理学科的"灵动"，即提升学生的科学探究素养。要激发学生的物理学习兴趣，让学生在体验和观察中培养和发展实验能力。物理学科将探究能力的培养渗透到教学的整个过程，并重视学生科学态度与责任感的培养，从而发展学生的发散思维和创新能力。物理学科的"高效"，即提升学生的学习力。通过类比、演绎、归纳、概括等方式让学生学会学习，变"浅层学习"为"深度学习"，提升学生物理学习的思维品质，培养学生的学习能力、批判性思维能力和反思能力。

化学学科：化学教学应该围绕化学学科的五大核心素养"宏观辨识与微观探析""变化观念与平衡思想""证据推理与模型认知""科学探究与创新意识""科学精神与社会责任"展开，注重培养学生化学学科的关键能力。化学学科课堂教学的"灵动"是指能够针对学科中不同知识专题的特征，采取灵活多变的教学手段和方法，真正落实"实验探究""逻辑推理""类比迁移"等教与学的方法。充分调动学生学习过程中的积极性和参与度，激发学生讨论、知识唤醒、内部转化的欲望，提升学生在教学过程中的"自主性"。教师注重创设科学合理的"问题情景"和"项目化情景"，进行"真实的""有价值的"化学学科的教学。化学学科教学的"高效"是指遵循教育教学的基本规律，采取行之有效的教学手段，既重视教师的"理性讲授"，更要强化学生"自主构建知识网络"的能力，提升学生的逻辑思维能力和观察力、查阅力、记忆力、想象力和表达力，培养学生崇实、求真、创新、存疑的精神。

生物学科：从培养学生的生物学科核心素养的目标来看，要强化生物学科的育人功能，培养学生的社会责任感；关注生命观念的培养，将结构功能观、稳态平衡观等生命观念融入教学的每个环节；发展科学思维与科学探究能力，教学中强化科学思维方法训练，从验证实验到自主探究实验，培养学生的科学探究能力；关注每个学生的发展，让学生养成自主学习的习惯。生物学科教学的"原味"体现在生物学科的实验性、科学性和思维性，重视实验在教学中的功能，结合实验与科学史，在教学中培养学生的科学思维与探究能力，结合我国的科学研究成果，渗透爱国主义教育，加强育人功能；在教学中根据学生实际，因材施教，优化教学策略，提升学生的学习力，让学生通过小组讨论、互相学习，实现共同进步，让每个学生都能得到发展，体现灵动性；教学过程中，在掌握学情的基础上，搭建合理的知识桥梁，突破重难点，让学生提出问题、自发探究、自主建构、自我反思，引导学生深度学习，发展高阶思维，体现生物课堂的高效性，使生物学科课堂成为“重视育人、加强实验、提升思维、人人发展”的平台。

政治学科：“原味”之思政课堂，遵循的逻辑是“谁在学，学什么，怎么学”。聚焦立德树人根本任务，以人为本，注重发挥学生在学习中的主体作用，着眼于生命个体的道德品质、思想政治素养的提高，思政课堂要引领学生读原著，悟原理，即马克思主义基本原理，特别是马克思主义中国化的最新成果。通过理论宣讲、案例探究、社会实践活动体悟，引导学生了解新时代中国特色社会主义经济、政治、文化、社会、生态建设和党的建设进程，培育政治认同、科学精神、法治意识和公共参与等核心素养。反对花架子。“灵动”之思政课堂，就是围绕个体生命质量的提高，让思政课堂充满生命气息、生活气息和生机与活力，实现个体道德品质和思想政治素养的升华。这需要课堂教学贴近课程标准内容，提供真实情境，贴近学生生活实际，回应社会关切，把时政教学融入教学，以文化人、以文育人，让学科素养润人细无声。反对呆板教学。“高效”之思政课堂，就是通过适切的教学方法促进学生在对教学内容的理解、德性的养成和政治觉悟的提高的过程中，效果要好、效率要高、效益要大。反对缺乏政治味道的只剩下机械记忆的知识型的思政课。

历史学科：从培养学生历史学科核心素养上看，引导学生了解唯物史观基本观点，体会唯物史观的科学性，理解不同时空条件下历史的延续、变迁与发展；引导学生学习史实实证的基本方法，在此基础上正确解释历史；引导学生深化对中华民族多元一体发展趋势的认识，认同中华优秀传统文化和社会主义核心价值观，了解世界历史发展的多样性，理解和尊重世界各国各地区的文化传统，拓宽国际视野，形成开放的世界意识。历史学科的“原味”，体现在教学内容的呈现上，通过讲述历史故事，传递历史细节，让学生神入历史现场，从而还原历史本真。在尊重学生天性的前提下，让学生触摸鲜活生动的原生态历史，激发探究欲望，在共情、共鸣、共振中自由成长。历史学科的“灵动”，体现在教学任务的设计上，既注重理性思考，更要指向人的灵魂，唤醒学生的深度情感。通过多元任务情境，构建问题共同体，让学生的思维“动”起来，让学生的情感“活”起来。历史学科的“高效”，体现在教、学、评的一致性上，通过前置测量要求，立足课程标准，渗透高阶思维，注重回标巩固，实现教学与测评相结合，高效培养核心素养，达到历史教学与立德树人的有机统一。

地理学科：地理教学的改革和探索立足于学生地理学科核心素养的提升，突出区域认识、综合思维、人地关系和地理实践力的培养，打造具有现代地理视野、可持续发展思想的一代新人，这是地理教学的“原味”。以学生为主体，利用社会生产、生活场景，自然景观等资料，营造学生自主学习情境，激发学生学习积极性，调动学生积极思考，鼓励批判性思维。让学生在地理课堂上成为一个个智慧加油站，相互激发，让分析解决地理问题的思绪活跃、韵律激荡，这是地理教学的“灵动”。整合多种教材内容，以及自然和社会生产生活热点问题，把握地理课程标准，围绕地理学科素养这个核心，促进学生深入学习，努力提高地理课堂教学效率，这是地理教学的“高效”。

信息学科：信息技术学科的课堂紧紧围绕提升学生的信息核心素养展开，让学生在每一节信息技术课堂中都有所收获。具体表现在：在日常的课堂教学中，教师通过丰富的、贴近现实生活的案例提高学生对信息的敏感度和对信息价值的判断力；创造真实的问题情境，引导学生运用计算机科学领域的思想方法，采用计算机可以处理的方式界定问题、抽象特征、建立结构模型、合理组织数据，通过判断、分析与综合各种信息资源，在形成问题解决方案的过程中提升学生的计算思维；提倡学生使用多种类型的数字化资源与工具，创造性地解决问题，形成创新作品的能力；并将提升学生在文化修养、道德规范和行为自律等方面应尽的责任贯穿在整个信息技术的教学中。信息技术课堂追求“生成性”，突出核心素养的生成，实现课堂知识容量、有效信息交互量和思维活动容量的最大化，最终实现学生发展的最大化。

体育学科：体育学科是以身体练习为主要手段，以体育与健康知识、技能和方法为主要学习内容，以培养高中学生的体育学科核心素养和增进高中学生身心健康为主要目标的课程。体育学科课堂教学的“原味”是指体育教学围绕体育核心素养“运动认知能力”“健身实践能力”和“社会适应能力”等方面展开和探索。我们尊重学生的学习需求，培养学生对运动的喜爱，注重学生运动专长的培养和终身体育运动意识的养成。我们尝试开展选项教学，满足各阶段学生体育锻炼的需求，让学生热爱运动、享受运动。体育学科课堂教学的“灵动”是指在体育教学中根据学生运动基础，因材施教，分层教学，优化教学策略，层层递进，提升学生的积极性，组织引导学生通过分组交流，互相学习，实现共同进步，让每个学生都能得到发展。体育学科课堂教学的“高效”是指体育教学中，在掌握学生学情的基础上，通过传帮带、小组探究、分层教学等方式，让学生发现问题并组织小组探究，引导学生不断尝试，提高学习的效率。我们在体育课程上建立多元学习评价体系，激励学生更好地学习和发展。体育教学中要做到教会、勤练和常赛，帮助学生在竞赛活动中潜移默化地发展运动能力、健康行为和体育品德等体育学科核心素养。

艺术学科：艺术是一种表达内在情感的声音符号，是人们思想的载体之一。艺术对于社会而言，具有审美、认识、教育以及娱乐的功能。在教育教学中，艺术的美育作用逐渐凸显出来，我们的课堂为了学生核心素养的培养和有效教学的推进进行了以下几个方面的探索：首先是原味，根据学生年龄特点，选用教育意义浓厚、难度适中的作品教学。教师课前要做好功课，对作品有清晰、准确的认知，了解作品的时代意义，使得学生在学习中能够体会和把握作品的精髓、内在情感和深远影响。其次是灵动，在原有教学大纲要求的教学进度下，灵活安排教学内容，可将教学内容编排模块化，勿贪多求快，充分调动学生的积极性。最后达到高效，艺术作品中，大都是非常优秀的经典的历史场景，比如《保卫黄河》，在排成情景剧过程中让学生体会战争中的中华儿女在最艰难的历史时刻，毅然决然地挺身而出、报效祖国的英雄精神，从而让参加表演的学生将历史事件牢牢地印记在脑海中，也让观看情景剧的学生理解、记住了民族音乐作品，更好地激发学生们心中的民族凝聚力。这种教学方法改变了原有传统课堂的授课模式，学生可以自己掌握学习节奏，真正成为学习的主体，教师作为引导者，可以更好地关注学生在学习过程中的表现。通过视听结合的方式，更好地刻画音画形象，帮助学生进行理解，让学生参与其中，真实地去感受作品情绪的变化，使得教学过程更加立体，教学方法更加个性化，真正让学生有所收获。

二、细化过程评价 规范教学行为

课堂教学评价的目的不仅仅是对教师的课堂教学效果进行评价，它更是激励教师有目的性、有针对性地不断学习、改进、提高的手段。我们认为课堂教学评价应具有导向功能，能够促进课堂教学改革；课堂教学评价应具有激励功能，可以加强教师之间的相互交流，课堂教学评价是促进教师专业发展的重要途径；课堂教学评价应具有决策和鉴定功能，是学校管理工作的重要组成部分。课堂教学评价是对一个教师的肯定，是对学生的责任所在。在长期的教学探索中，苏州实验中学制定了符合校情和学情的课堂教学评价量表。

三、严格教学管理 提升教学质量

教学管理是学校的生命线，是学校存在和发展的最有力保障。教学质量的提高，离不开教学工作的管理和加强。因此，切实抓好教学工作，努力提高教学质量是学校首要职责、头等大事。苏州实验中学在日常的教学管理中，主要抓好三支队伍建设。一是以班主任为龙头的任课教师团队建设；二是以教研组长为龙头的全校学科组建设；三是以备课组长为龙头的年级学科组建设。为了保证课堂教学的有效开展，学校历来非常重视教研组和备课组建设。

（一）健全制度推动教学研讨

教研组和备课组是学校教学活动的重要组织，是教师间“有效互动”“合作共进”的最有效组织。对组员来说，教研活动的有效开展，能让自己在交流中提高，在研究中成长。对学校来说，教研组备课组是冲锋在一线的连队，统领着学科的教学与研究，把握着学科教学质量的好坏。实验中学通过制度化措施，保证教研活动开展的常态化、主题化、系列化、特色化，不断提升精品意识和合作意识，为学校的高质量发展奠定了坚实的基础。

经常性的开展教学研究，是提高教师业务水平、提高教学质量的有效途径。各学科组应经常组织教师开展教研活动，不断总结教学经验及实训工作经验，探讨教学理论和科学知识，改进教学方法，提高教学水平。为保证教研活动的经常化、制度化，我们制定了教研活动制度。

（二）明确要求确保集备质量

为促进我校备课组集体备课正常开展，推进集体备课步入制度化、规范化、实效化轨道，不断提升我校教师专业发展水平，全面提高我校教育教学质量，特制定备课组集体备课管理细则。

1. 备课组集体备课的组织和实施

（1）备课组集体备课每周一次，每次活动时间为两节课，由备课组长负责召集。语、数、外每周四下午三、四节课，其他学科每周五下午三、四节课，语、数、外、理、化按备课组活动，政、史、地、生、信息先按教研组活动一节课，后分备课组活动一节课。

（2）备课组活动前，备课组长事先确定好研讨内容，安排好主讲人。主讲人要围绕集体备课研讨内容做好充分的准备（供讨论的教学案、课后作业、教学专题等系列材料），其他老师对研讨内容也要进行深度思考，备好教学方案或教学问题，做好集体研讨的准备。任课教师应准时参加本年级本学科的备课组活动，有事应请假，经备课组长同意后可不参加。活动过程中，每位教师应积极参与交流研讨，不得做与研讨活动无关的事，以提高集中研讨活动的效果。

（3）每次集中研讨，备课组长要在活动记载表上做好各项记录，凡请假不参加活动的要注明具体原因，凡没有请假而缺席的按旷会记载，以备教师的教学、教研考核之用。

2. 备课组集体备课的内容和要求

（1）听课和评课

备课组每周开展听课、评课活动。备课组长（教研组长）每周安排一名老师上研究课。上课老师要做好充分的准备，备课组（教研组）的其他老师要调整好课务确保准时参加听课，认真做好听课笔记和填写课堂教学评价表，备课组长（教研组长）在下课时收齐课堂教学评价表并及时统计备案。每次集中研讨，备课组首先对本周研究课进行评议，上课老师先谈教学设计和上课后的体会，由备课组长（教研组长）安排的两位老师作重点发言，其他老师积极发表自己的见解。备课组如实做好评课记录，上课老师认真撰写教学反思，通过学校网络平台发布交流。

（2）集体备课和二次备课

备课组每周开展集体备课、二次备课活动。备课组长主持集体备课活动，具体内容包括：对上一周完成的教学任务情况、学生学习情况进行分析和总结；对下一周教学内容进行交流研讨，主讲人先就自己准备好的教学材料进行解读，其内容包括：教学内容整合、教学进度安排、课标解读、教材分析、知识点梳理、教学重点难点突破、课堂教学设计（教学过程）、教学媒体使用、作业选择以及需要关注的重要问题等，同时注意班级尖子生培养、学困生转化应关注的问题，其他老师做补充发言，备课组长做总结、提要求。研讨过程中提倡畅所欲言、各抒己见，发挥集体智慧，集思广益，在充分体现教师个性基础上达成共识，主讲老师进一步修改和完善教学案、课后作业等材料。在集体备课之后，每个老师进行二次备课，要根据本班学生实际，结合自身特点对集体备课形成的教学案加以整合、完善，形成个性化的教学案。备课组在实施教学的过程中要坚持教学进度统一、教学内容统一、课标把握统一、作业布置统一、阶段测试统一，以保证教学质量整体提高。

3. 备课组集体备课的督查和考核

（1）集体备课的督查

学校组织教务处、年级组对备课组集体备课活动进行指导和检查，检查内容包括：每周在规定的时间各备课组是否组织集体备课活动，是否按程序、按要求进行，全组老师是否共同参与；主讲老师是否事先准备好教学案、课后作业等相关材料；研讨之后每个老师是否形成个性化的教学案；是否填写备课组教研活动记载表。学校督查人员应认真做好记录。

（2）备课组活动的考核

学校在学期末开展优秀备课组评选活动，评选依据三个方面：①学校督查记载表；②备课组教研活动记载表；③学科成绩（县、市学期统测）。学校对优秀备课组给予一定的奖励。教师个人参加集体备课的考核，主要依据为集体备课出席情况、主讲人材料准备情况、开课听课情况、教学反思交流情况等，教师个人的考核情况纳入教师教科研工作考核。

（三）制定细则强化精细教学

以《苏州市教育局、教育工会教学“七认真”工作考核参考细则》为指导思想，结合我校的教学实际，全面落实教学“七认真”工作的具体要求，切实加强对教学“七认真”工作的推进，有效建立教学“七认真”工作的保障机制。立足人本、致力发展，将过程性考核与形成性考核结合起来，体现考核工作的诊断性、激励性和导向性作用，为科学和谐地提高教学质量提供重要保证。

1. 认真备课

（1）坚持独立备课和集体备课相结合，备课组每周至少活动一次，活动时组内教师要各抒己见，形成初稿、修改意见和修改稿。

（2）备课内容坚持做到“四定”（定时间、定地点、定内容、定主备人）、“三研究”（研究教材、研究学生、研究教法），做到“五说”（以详细说课的形式，说课堂重点、说难点、说学生的能力发展点、说教学程序、说教法与学法）。

（3）要把培养学生良好的心理素质和健康的审美情趣列入教学目标，备课过程中要充分关注学生情智状态、学习过程和正确的价值观念。

（4）备课要有教学后记和课后反思环节。备课组成员要经常总结教学得失，经常集体研讨教学方案和反馈教学情况。三年以内新教师要求课课有反思，三年到十年的教师课后反思不得少于 50%，十年以上的教师每单元至少有一次教学反思。

2. 认真上课

（1）严格执行新课程计划，各学科教师严格按课表上好课，严禁随意调课，避免挤占现象，各学科保质保量完成教学计划。教师因病假、外出学习时间较长等需要别的老师代课，由代课老师向学生说明，避免学生产生挪用课时的误会。被教务处安排代课的老师，必须认真地履行代课的职责，绝不能敷衍了事。

（2）坚决杜绝听到铃声不进教室、坐着上课、上课接听手机、拖课、言行不文明等现象。

（3）课堂教学体现新课改的理念，抓住课堂教学改革这个中心环节，认真处理好学、教、练三者的关系，着重培养学生的问题意识、探究精神和科学态度。

（4）上课时帮助和指导学生建立适合自己特点的学习方式，鼓励合作学习、探究学习，促进师生之间相互交流、相互沟通、共同发展，尊重学生人格，帮助学生养成良好学习习惯。

（5）课堂教学要求做到“四个一点”，即“微笑和激励多一点；发展智力和培养能力的要求实一点；让学生施展才能的面广一点；给学生灵活安排的时间有一点”，力求在45分钟时间内达到最高的效率。

3. 认真布置与批改作业

(1) 科学合理地布置作业，把握作业的量，追求作业的质。除了配套的练习和备课组统一使用的资料外，一律不得再使用其他资料。

(2) 布置与批改做到“五必”，即有发必收，有收必改，有错必纠，有练必评，学生作业教师必先想先做。

(3) 习题训练做到一是“精选”——针对学生实际、学科特点及不同年级的具体要求，体现针对性、典型性、挑战性、活动性；二是“精讲”——根据作业情况，对共性问题及时讲评和分析，对典型习题讲清思路和解题方法。

4. 认真辅导和组织课外活动

(1) 及时了解掌握学生情况，对不同类型学生作好切实可行的辅导。

(2) 对学困生要充满爱心，利用课余时间，耐心细致地予以辅导。加强家校联系，了解学困生在家学习状况及思想动态，商讨辅导计划，取得家长支持和配合。

(3) 各科教师都必须主动做好学校布置的有关课外活动的辅导任务，认真做好活动记载，争取在各级各类学生竞赛中取得好成绩。

5. 认真组织考试

(1) 每位教师均要承担平时的单元练习或复习练习命题工作。每份练习必须注明命题人、校对人、审核人姓名。命题总体要求是：“加强基础、训练能力、难易适当、符合实际”，难易程度比例一般控制为1∶3∶6。

(2) 对于统一测试，教务处统一组织、备课组流水阅卷、集体进行试卷分析。

(3) 监考教师在考前15分钟到指定地点领试卷，提前5分钟进入考场。考试期间除特殊情况外不得在教室内来回走动，监考期间面向考生，原则上站立，监考教师不看书报杂志，不批改作业，不解答试卷，不擅自离开考场，考试期间监考教师的手机等通信工具一律不带入考场。

(4) 各备课组根据考试成绩及时进行教学质量分析，找出差距，正确归因，制定合理的整改措施，并做好跟踪调研。

(5) 考试前教师要指导学生系统地复习，加深对知识的系统理解，做到查漏补缺，温故知新，不能“考什么复习什么”，更不能以单纯的练习代替复习。

6. 认真指导学生自学

（1）全体老师高度重视学生自学能力的培养，应当花大力气指导学生做好课前准备。所有学科教案要求有“自主学习指导”项，全体老师要精心设计课前自学内容、明确自学目标、提示自学方法。课前、课后要有“自主学习”作业练习，并做好指导。

（2）全体教师要根据本学科的特点，结合学生学情，对指导学生自学提出针对性措施，并落实到位，学校、学生及家长对指导学生自学的效果要评价到位。

7. 认真听课和评课

（1）参与“师徒结对”的教师，徒弟每周听师傅的课不得少于 2 节，每次听课都要有听课记录。

（2）学校组织的各类公开课，同教研组老师均应调好课，集体参与听课。一般教师每周听课不少于 1 节，每学期听课不得少于 20 节；工作未满 3 年的教师每周听课不少于 2 节，每学期听课不得少于 40 节，听课后要认真参与评课。

（3）区学科带头人、教学能手、教坛新秀、教研组长、备课组长等骨干教师每周听课不少于 1 节，每学期听课不得少于 20 节。听课后要积极主动组织教师评课。

（4）学校中层以上干部每周听课不少于 2 节（其中推门听课 1 节），每学期听课不得少于 40 节。听课后要及时向教师反馈。

（四）开放课堂展示研究成果

为加强校际交流与合作，深化课堂教学改革，促进教师教学行为和学生学习方式的转变，打造充满活力的课堂，我校每年在 12 月份都会举办主题为“原味 · 灵动 · 高效”的对外公开教学活动，展示我校的教学研究成果。

对外公开教学的开展更好地推动了我校课堂教学改革，加强了与兄弟学校的深入合作，提升了我校的教育教学水准，让我们在致力于打造高品质课堂的道路上永不止步，向争创高品质示范学校阔步迈进！自从创校以来，我们的教育教学质量一路攀升，本一率即将跨进 90% 的大关，一批学生被清华大学、北京大学、南京大学等重点院校录取，李缘、王刘琴分别夺得 2012 年、2015 年苏州市高考文科状元，周缘、张思婕、嵇肖潇获得

"李政道奖学金"。

（五）汇报课促进青教成长

青年教师是学校的新鲜血液，也是学校的主力军，他们肩负着学校未来教育教学工作的重任，为了提高新教师的课堂教学组织能力，让新生的花蕾能在明天艳丽地绽放，我校通过"青蓝工程"师徒结对，指导年轻教师的日常教育教学工作，每学期会定期开展年轻教师汇报课，以期帮助他们尽快适应新的岗位，促进新教师快速成长。

学校定期开展的汇报课制度为青年教师提供了磨练基本功、展示自我的机会，同时也促进了学校教研组的学科交流，为青年教师发展提供了良好的平台。青年教师的成长丰富了学校的课堂文化，并直接促进学生的学习和进步，体现了教学相长的教育理念。实验中学的老师们以精彩赛课成长，以课堂文化育根。以近两年成果为例，邓磊、居津老师获得江苏省物理优质课评比一等奖，戴天竹、贺云仙老师获得江苏省数学、信息基本功竞赛一等奖，杨柳、祁梦老师获得江苏省化学实验创新大赛一等奖，孙志亚、江美新老师获得江苏省体育、数学优质课评比二等奖，曾令源老师获得江苏省地理基本功竞赛二等奖。

（六）名师引领助力全员提升

学校的根本在于老师，要想办名校就要有名师。苏州实验中学通过引进和自己培养，形成了一支业务精湛、师德高尚、结构合理、充满活力的名特优教师队伍。学校现有江苏省人民教育家培养对象 1 人，江苏省 333 高层次人才培养对象 5 人，江苏省教学名师 2 人，正高级教师 10 人，省特级教师 8 人，苏州市名校长名教师 9 人。

为了充分发挥名师辐射带动作用，展现名师教育思想，学校定期举办名师示范课或讲座，通过实践活动让所有老师走近名师、走进名师，感悟名师课堂教学真谛，从而推动全体教师的专业发展。

在名师的带领下，全体实验人以成为名师为奋斗目标，以个人兴趣和专长为发展方向，实现"名师引领、团队合作、全员提高、资源共享、均衡互补"的教师专业发展战略。近两年来有 3 人被评为姑苏教育拔尖人才，11 人被评为苏州市学科带头人，1 人被评为苏州市教坛新秀，13 人被评为区学科带头人，使学校成为骨干教师交流的舞台、青年教师成长的摇篮。

同时，学校还成立了钱宁、杨宇学、仲尧明、张长松、王弟成、王希俭、章青、范志国、马朱林等省、市、区名师工作室，充分发挥示范、引领、辐射作用，为推进苏州市乃至江苏省的教育发展作出了积极贡献。

四、共享典型案例　提供研究范本

在长期的教学实践中，我校教师在认真践行“原味·灵动·高效”课堂教学理念的同时，积极反思，努力朝着理想的目标课堂迈进。学校鼓励教师开展教育叙事，分享教育教学案例，利用教研沙龙、考试质量分析会等场合组织教师相互研讨，相互切磋，相互启发。

第三节　以身垂范的真实四有情怀

2020 年 9 月，习近平总书记在全国教育大会上指出，要坚持把教师队伍建设作为基础工作。这体现了以习近平同志为核心的党中央对教师队伍建设的高度重视。为全面贯彻习近平总书记关于教育的重要论述和全国教育大会精神，深入落实《中共中央国务院关于全面深化新时代教师队伍建设改革的意见》，教育部等七部门出台了《关于加强和改进新时代师德师风建设的意见》。根据《教育部关于在教育系统开展师德专题教育的通知》要求，学校开展了师德师风专题教育系列活动，组织全体教师强化学习新时代师德师风规范文件、集中开展师德警示教育，进一步引导广大教师坚定理想信念、厚植爱国情怀、涵养高尚师德。

一、党建引领，落实师德师风教育

为党育人，为国育才，是我们教育的宗旨。教师立德树人的首要之义，是培养有理想、有担当、讲奉献的社会主义新人。只有教师有坚定的理想信念，才能真正承担起培育青年学生理想信念之重任。教师是一个特殊的行业。教书育人，就是教师用自身的行为去影响人、引导人成长的过程。教师的理想信念植根于哪里呢？显然，立足本职岗位、让学生快乐成长成才是教师理想信念的基础所在。不好高骛远，不脱离本行，干一行，爱一行；爱一行，专一行。努力让自己成为教书育人的行家里手、专家学者，把育人当作崇高有为的事业去做。有这样理想信念的人，就是有理想信念的好教师，我们就是要通过榜样的激励、专业的引领、模范的带头，让教师的信念得到内化，理想得到实现。

学校党建的核心要义是立德树人，着眼于“培养什么人、怎样培养人、为谁培养人”的根本问题。以“担当、自信、霸气”为内涵的“雄狮精神”，是校党委坚持习近平新时代中国特色社会主义思想持续优质发展的强大“核驱动”。多年来，学校坚持依靠党建推动教育教学改革发展，形成了优良的作风学风。集团内学校紧盯建强基层党组织不放松，确保教育教学发展到哪里，党建就跟进到哪里、党支部的战斗堡垒作用就体现在哪里，着力建设坚如磐石、充满活力、战斗力强的基层党组织。

学校为强化党建的引领作用，校党委书记坚持带头学习党的理论，带头讲党课，以普通党员身份参加所在支部组织生活、接受党课教育，以上率下、树标立规。加强以党支部建设为核心的基层建设，始终保持基层党组织健全率和党员受教育率“两个100%”。坚持和运用好“三会一课”制度，认真开展民主生活会、组织生活会和民主评议党员活动，推进“两学一做”学习教育制度化常态化，使每一名党员教师都能经常接受新思想、新知识，增长新本领，成为教师群体里的表率。

同时，校党委还丰富完善党建工作载体，深化党支部标准化规范化建设，创建“名师先锋”工作室、“雄狮教育”党建品牌工作站、“园丁先锋”示范点等，来引导教师坚定理想信念。比如，常年开展“关键岗位有党员，困难面前有党员，突击攻关有党员”活动，把每一名党员都打造成一面旗帜，带动全体教师共同发展。再如，“雄狮教育党员群”线上线下同时活跃，在交流共享中对标找差，携手共进。学校建设了“实验之路”党群服务联站，党建特色推动集团化办学展品牌、结硕果，聚焦政治引领，强化价值导向，不断增强党组织的号召力、凝聚力、战斗力和创造力，让党建红色成为校园的精神底色。用“雄狮精神”扛起干事创业政治责任，把党旗作为引领教师队伍发展的先锋坐标。

在党建过程中，学校坚持在行为规范上深化“雄狮精神”，发挥优秀党员教师示范引领作用，以典型示范深挖“雄狮教育”品牌内涵，不断深化铁心跟党走的政治自觉。

党员教师们发挥模范引领作用，创新理论学习模式，开设固定课堂、流动课堂、掌上课堂，提升理论层次和业务水平。日常教学中，党员教师们带头开设研讨示范课，努力打造高效课堂；启动“青蓝工程”，以老带新、以带促学、以学促长，促进教学质量进一步提升：办社会满意的教育。

“木樨花思政课堂”为苏州高新区教育工委书记项目，取木樨花沁人心脾、清雅高洁之意。借助这一有力抓手，校党委持续深化“雄狮教育”党建品牌的思想内涵，将思想政治教育与党、团建设有机融合，全面推进习近平新时代中国特色社会主义思想进校园、进课堂、进学生头脑。

“思政星播客”中，高校专家、科技创新人才、公检法专业人士及各行各业的学生家长等进校开讲，带来既有高度又接地气的思政课堂；“微宣讲”里，校长带领党员干部轮番亮相，向青少年学生讲述时代与人的故事，传递真善美正能量；“狮山大讲堂”上，科技、人文、艺术、职业规划等子系列依次开展，探索助力学生提升核心素养的多样途径，成为课堂的有益延伸。在“四史”学习教育中融入立德树人全过程，纳入支部达标晋级内容，倾心打造校园“狮山文化”，营造浓郁的德育氛围，全面提高学生的思想道德素质，认真践行“为党育人，为国育才”。党员班主任们发挥创意，打造出了“26℃班队课”，将思政课与班队课有机融合，运用学生喜爱并接受的方式，营造26℃般舒适的教育氛围和空间，引领学生勤学上进、明理笃行、担当奉献、健康生活，切实让“有意义”的课堂“有意思”。

二、开展活动，涵养教师道德情操

一代代党和国家领导人都极其关心教师的道德情操。毛泽东在烽火连天的时代，给老师徐特立写信，称赞他有“革命第一，工作第一，他人第一”的政治理想、道德情操和人格魅力。党中央第二代领导集体的核心邓小平在20世纪80年代提出要培养有理想、有道德、有文化、有纪律的“四有”新人。进入新时代，2021年3月6日，习近平总书记在看望参加全国政协十三届四次会议的医药卫生界、教育界委员时指出：“要把师德师风建设摆在首要位置，引导广大教师继承发扬老一辈教育工作者‘捧着一颗心来，不带半根草去’的精神，以赤诚之心、奉献之心、仁爱之心投身教育事业。”可见涵养道德情操，是教师的立身之本，为师之要，是为师之始首先要扣好的第一粒纽扣。

对于新进教师，学校开展一系列相关活动，进行师德教育，让青年教师在工作之始就树立为师的要领、师德的标杆和努力的方向。我们首先进行校史教育，通过参观校史室、荣誉室，让新教师了解前辈们为学校发展作出的艰苦努力，把校史学习教育作为入职培训的重要内容。此外，邀请学校功勋教师开展讲座，讲述他们成长的励志经历，鼓励新教师立足岗位，加强师德修养，努力奉献，成长自己、成就事业。

（一）结对帮扶提升自我

学校作为苏州市区的优秀高中教育品牌，在自身持续优化的进程中还不忘自己的辐射作用，肩负起以优带新，以优扶弱的重任。在帮扶支教的过程中，教师团队自身也受到了启迪、获得了教育、提升了道德情操。

学校与贵州铜仁万山区民族中学结为友好学校。每年学校都要派人前往万山进行支教活动。万山民族学校每年都派同行来我校跟岗培训。两所学校地区不同、理念不同、基础不同，但都有一颗为党育人、为国育才的心，在协作中不断提升认知水平，陶冶情操。

学校教师积极报名去新疆支教，前往支教的老师在艰苦的环境中感悟到美好生活得来不易，优良教学条件来之不易，在工作中获得了磨练，获得了成长。

学校与区域内的吴县中学结为教育共同体，互派教师交流学习，让教师在不同的教学环境中得到了锻炼。

（二）开展师德师风教育，强化师德意识

学校通过师德师风研讨、签订“拒绝有偿家教承诺书”、制定学校师德师风负面清单等系列活动，引导广大教职工认清职业的神圣使命，强化师德素养的认同。学校制定了教师行为负面清单，并通过教代会形成决议，目的是规范教师的行为，弘扬正气，让广大教职工对标自查，自我警醒，避免出现负面清单上的行为。

三、组建“四有”好教师团队，引领教师队伍发展

在新时代，如何才能把教师队伍建设好呢？习近平总书记早在 2014 年

和北师大师生代表座谈时就提出，人民教师，要做“四有”好老师，要有理想信念、道德情操、扎实学识、仁爱之心。培育“四有”好老师是加强教师队伍建设的重中之重。与此同时，习近平总书记还深情地表达了对教师的敬重：“一个人遇到好老师是人生的幸运，一个学校拥有好老师是学校的光荣，一个民族源源不断涌现出一批又一批好老师则是民族的希望。”这一重要表述，指明了教师队伍建设的方向。

知识是人类文明进步的阶梯。有扎实的学识是教师安身立命的基础。在知识经济时代，知识的功用远远超过历史上任何一个时代。这给教师提出了新的挑战：如何拥有扎实的学识，如何传授新的知识，如何提升掌握知识的能力等。

有扎实的学识是成为教师的基本条件。陶行知先生说：“学高为师，身正为范。”北京师范大学的校训是：“学为人师、行为世范。”两句话都强调了学识的重要性，只有学识渊博的人才能成为老师。而教师的知识结构不是固定不变的，“学高为师”还提醒教师，人的知识结构是要不断更新的，要不断地丰富自己的学识，才能不负于“师”之称谓。古今中外的名师，无一不是学富五车、满腹经纶而又谦虚善学的人。孔子为问礼而历经长途跋涉去师事老子，为考证编订《春秋》而广读史书遍访诸国。他正是因为周游列国、谦恭好学，才成为学高之人，才培养出代代贤人，而被尊为万世师表。“世事洞明皆学问，人情练达即文章”，社会在飞速发展，生活处处有学问知识，在知识更新速度加快的时代，对我们教师不断更新知识的要求更高。唯有谦恭求知，才不会被时代摒弃。

所以，“学高为师”的含义是教师的知识结构与学识涵养始终与时俱进，一直处于远高于学生的层次，才能成为教育过程中合格的教育者、真正的教学能手。这是新时代学生对教师的需求，也是“四有”之中“有扎实学识”的基本要义。我们创建“四有”好教师团队，目的就是以高学识标准为要求，形成一个不断更新知识技能的先锋榜样团队，引领带动学校整体师资队伍不断提升。

为师要有仁爱之心。仁爱精神是中华传统文化最为宝贵的遗产。具有“爱满天下”博大胸怀的陶行知创立了“生活教育”理论，提出了“生活即教育”“社会即学校”“教学做合一”三大主张，他一生用“学做真人”的严谨作风办教育，用自己的实际行动去影响学生，用仁爱感化学生。正是因为他心有大爱，才能达到“为了苦孩，甘为骆驼；于人有益，牛马也做”的崇高境界。他倡导一切从实际出发，求真务实，爱育人才，“国家有一块未开化的土地，有一个未受教育的人民，都是由于我们没尽到责任。”这种以天下教育为己任的大爱胸怀让人感动，令人振奋。他们这些前辈，既是我们学识上的楷模，更是我们道德品质上的典范，值得我们去终生追随和学习。

2020 年 3 月苏州市启动“四有”好教师团队的申报工作。我校深入解读“四有”好教师团队建设的相关文件，从建设主题及依据、建设目标、建设思路和重点举措几方面入手，组建“雄狮先锋”好教师团队。

（一）建设主题

以“原味·灵动·高效”教育促“雄狮先锋”四有好教师团队建设。

（二）理论依据

习近平总书记强调，“落实立德树人的根本任务，发展素质教育”必须建设高素质专业化创新型教师队伍，必须积极开展学科教学、教学育人、综合育人的深度探索，着力构建学科育人的人才培养模式。

（三）校本依据

1. 学校着力建设“原味·灵动·高效”的课堂文化。

2. 学校有省级名师工作室主持人 1 名，市级名师工作室主持人 1 名，区级名师工作室主持人 6 名，区兼职教研员 3 名，具有团队建设的领导力。

3. 学校有特级教师 6 名，正高级教师 8 名，老中青教师梯队合理，青年教师发展迅速。

4. 学校建有三层九级教师培训体系，教师团队培训晋级常态化。

（四）建设目标

1. 搭建名师引领、梯队发展、结构合理的“四有”好教师团队建设组织架构，构建基于课程开发与建设的教师学习、发展与管理方式。

2. 以新课标为指针，突出教学以生为本的教育原味、以学科为本的教学原味，形成突出生本位让学生成为主角、找准生活坐标让教学亲近生活、抓住生成特色从解构走向建构的“原味”教学理念，从而达到学生积极主动、师生形成互动、课堂氛围生动的“灵动”教学效果。

3. 建成学科覆盖面广的“雄狮先锋”四有好教师团队，形成教师成长梯级层次，创新育人方式，提高育人质量。将团队建设成为“学科育人的先锋、创新发展的榜样、团队引领的标兵”，以团队的示范标杆和文化价值，推动全校教师成为“先进思想文化的传播者，党执政的坚定支持者、学生健康成长的指导者”，使团队在省内外具有较大影响。

4. 健全系统的教育科研体系，形成广泛参与的科研氛围，强化科研兴校、强校战略，产生在省内外有较大影响的教育科研成果。

5. 发挥辐射作用，带动帮扶学校形成自己的优秀“四有”教师团队。

（五）建设思路

以名校长、名教师（省特级、正高）为团队领衔人，教师发展中心、名师工作室、课程中心三处室联动，从管理到实施，构建从优秀青年教师到优秀骨干教师到名教师的发展梯队，构建基于课程开发与建设的教师学习、发展与管理方式，以此带动我校教师的团队建设。

结合学校实际，围绕坚持师德为首、探索综合育人、促进城乡一体、创新协同机制、建设团队文化、加强引领辐射等六个方面建设重点开展工作。

（六）重点举措

1. 以“三个工程”明确教师发展方向

学校为教师发展提供两条途径：一是以骨干教师学科带头人、名教师、省特级教师、正高级教师等为抓手的学术荣誉和职称晋升路径；二是从班主任到教研组长、年级组长、中层干部等序列的管理岗位发展。学校因校制宜，实施了“青蓝工程”“名师工程”“再燃烧工程”三个工程，给老中青三代教师都提供了发展机会。学校建构了“三层九级”的教师发展序列，引领教师对照三个工程，制定个人发展规划。学校统筹提供发展机会，搭台子，压担子，给方子，健全教师发展激励制度，激励教师逐层晋级，让教师发展可观照、可比较、可触摸、可衡量。三个工程指明了全体教师发展之路，点燃了三个层次教师的人生梦想，教师形成了“比、学、赶、帮、超”的发展氛围。

2. 以“三个机制”保持教师发展强劲动力

学校首先从顶层设计上制定了科学的管理机制。一是成立学校学术委员会。由省人民教育家培养对象、正高级教师、特级教师、名教师、大市学科带头人等专业水平最高、师德最优的一批老师组成学术委员会，负责学校教师的专业评估。二是成立集团教师发展中心。着力解决因学校办学规模快速扩大带来的师资培养的紧急问题，把教师队伍建设作为行政推动的强有力抓手。三是分配制度改革。既让教师享受“多劳多得”的分配红利，也体现“优劳优得”的创新激励。这些创新举措体现了学校在教师发展上的前瞻眼光与科学规划。

具体措施如下：

(1) 以我校师德师风管理实施的具体纲要为目标，通过团队成员修身立德，形成优秀的团队风范。发挥学生评教、家长评教和社会评教的监督机制的作用，确保团队教师健康发展。

(2) 从校本出发，积极开展学科教学、学科育人、综合育人的深度探索，着力构建新时期学科育人的人才培养模式，突出“人本”原味，推进教学与教育方式的变革。

以推门听课与网上问卷等为手段，督促团队教师做好“四个坚持”。即坚持教书和育人相统一，坚持言传和身教相统一，坚持潜心问道和关注社会相统一，坚持学术自由和学术规范相统一。

以课题研究成果为导向，加强新高考背景下的学科建设、跨科学习、学科融通。我校“十二五”规划期间省级课题《基于核心素养的普通高中学校课程优化统整的研究》，重视情境体验和实践动手能力，开发多种资源，开展各类综合实践活动，在强化综合素质培养上下功夫、见成效。

以狮山文化为主题的系列研修活动为抓手，做好“雄狮先锋团队”建设的“原味教育”培训工作。拟开展的活动有每半年一次的学科、德育案例评比与教学展示，每学期一次的“原味·灵动·高效”课堂教学观摩，每月一次的与帮扶学校的线上研讨。

(3) 抓好团队的帮扶建设，在团队对口帮扶中相互提升。通过校间教师的研讨备课、研修培训、学术交流、教学观摩等方式，建立两校区教师的在线连接方式，加强深度教研的交流和互动，实现教学研究的深度融合，实现教师专业发展和育人质量的提升，使之成为城乡一体的重要抓手和品牌举措。

以名校带新校，结对发展，以我校集团化办学为契机，充分体现“一种底色，两处花开”集团办学理念，做到以老带新的同频共振，共同发展，本部的“四有”教师团队与科技城校教师团队成员结对帮扶，共同提升。

对口帮扶贵州铜仁万山民族中学的教师团队建设。定期开展线上教学研讨；制定一对一帮扶计划，在教学修订、论文撰写上互相切磋；利用跟岗培训、送培到校的方式做好帮扶工作。

(4) 团队建设将保持与南京大学、东北师范大学、苏州大学、苏州科技大学等校建立的合作互动关系，搭建我校与师范院校之间联结的平台。在开展开放课堂教学、接受学生见习实习、参与师范教育等方面有新举措新效果，有效促进教师教科研能力的提升。

作为南京大学苏州附属中学，团队将充分利用南京大学苏州校区资源，做好团队培训。

继续利用参加东北师范大学教育创新实验区的机会，进行新课程新评价新育人模式的实验研究工作。

利用与苏州大学的地缘优势，在名师工作室活动、教师高层次研修上深度合作。

作为苏州科技大学的教育实践基地，利用其理科高端实验设备及科研水平提升教师学科素养。

(5) 团队建设中将以“狮山文化”为团队文化建设的基本出发点，以“雄狮精神”为教育教学实施的文化切口，坚持立德树人、教书育人理念，回归育人根本，实现知行合一。在此基础上，注重实践效果，构建行之有效且适合我校校情的育人模式，最终形成师生共长、和谐健康、充满活力、特色鲜明的团队育人文化。

(6) 团队将以我校现有的区名师工作室和校内名师工作室两级名师工作室为团队建设的主体，发挥其在区域内引领的辐射性，先行、先试，形成从团员到团队、从团队到全校、从一校到他校的“蝴蝶效应”，引导和带动区域内的教师以德立身、以德立学、以德施教，从而发挥我校在区内的示范带头作用。另外，进一步挖掘和提炼我校教育教学工作卓有成效的独有经验和成功范式，向区域内其他学校进行推广与实践。

(七) 预期成果

1. 在建设期内，一批教师晋升高层次骨干称号，形成具有地区影响力的“雄狮先锋四有好教师”团队，提高学校的教育教学水平，助力学校高品质发展。

2. 形成“原味·灵动·高效”的育人模式，培养出一批在教书育人方面表现突出的先进教师，提高育人质量。

3. 通过团队建设，提升教师教科研水平，提高教学质量，促进教师的个体发展。

4. 建成运行有序的教师培养机制，加快青年教师群体的发展步伐，形成骨干教师的晋升梯队，激励资深教师发挥引领作用，青春再燃烧，总结出具有推广价值的若干经验。

5. 帮扶校的教师团队整体进步明显，见效显著，在教育教学过程中起到引领的带头作用，能为帮扶学校发展建设助力，并帮助他们在所在地域有广泛影响。

经过一年的团队建设与引领，学校教师团队发展形势良好，成果喜人，被认定为“苏州市教师发展基地校”。

第四节 课题研究的务实行为

学校发展目标是建设成一所“高质量、现代化、有开放性、有实验性”的省内外名校。其中“高质量、实验性”是建立在教科研基础之上，科研兴校，科研强校。

学校发展离不开教育科研，学校的实力不仅在于硬实力，更在于软实力。软实力就是教育科研，是立校之本。尤其是学校经过多年发展已经奠定较强的地位的时候，需要软实力来证明自己。这就需要通过教育科研总结研究自己成功的经验，反思不成功的地方，在研究中寻找成功的教育经验背后的科学依据，用科学的教育理论验证自己的教育行为，并将成功的经验和失败的教训总结形成稳定的、具有指导性的学校教育理念，指导学校稳定地进一步发展，从而形成学校独特的教育风格。在学校管理策略中有一条是“向课堂要质量”，这条策略的核心是要求教师通过教育科研提高教育教学质量，以科研兴教达到科研兴校。建校以来，我校坚持围绕“唯真唯实”的办学理念，将学校高位发展、争省内名校目标定位在科研品位上，力争做出具有“实验”特色的校本科研品牌。

教科室在各级教科研专业部门的指导下，以课题为抓手，推动学校的课程统整、教师发展和学生发展。“十二五”规划以来，我校有省、市、区级课题30多个，教科室多次聘请专家指导研究，各课题均顺利开题、结题，为学校教育科学发展迈出了强有力的步伐。每年都有数十篇课题相关论文发表在省级以上期刊，一批有发展之志的青年骨干教师深度参与到课题研究之中，对教科研骨干队伍的发展大有裨益。

由此，我们坚信从教学实际入手，剖析教学问题，选准研究课题，下移研究重心，立足常态研究，走课题小型化、实用性的研究路径是我校进行课题研究的务实之举。

一、让课题研究成为教师职业生活的助手

当下，教育教学理念日新月异，更新迭代速度非常之快，这就要求教育工作者静下心来反思教学实践与当前理念是否存在着落差，能否在新背景下进行教学研究。那么，课题研究就是贯通理念层面与实践层面的重要方式，但一些教师仍觉得课题研究有神秘感，存在恐惧心理，甚至认为课题研究对教育教学品质提升的作用不大。反思现状，我们因校制宜，内部潜挖，着力机制保障，引领教师步入课题研究的职业发展之路。

（一）机制铺路

由于历史的原因，在“十二五”规划之前，我校教科研工作处在低洼，主要体现在教师教科研意识薄弱，教科研普及性不高，教科研专业深度不够，教科研工作的规范化、制度化和常态化亦不够等方面。为了解决这些问题，教科室在校长室领导下，从完善教科研制度入手，逐步建立相关教科研制度，保障教科研工作的有序开展。

为此，教科室先后制定了《江苏省苏州实验中学课题管理制度》《江苏省苏州实验中学教育教学年度论文评比制度》《江苏省苏州实验中学年度教科研先进评选方案》《青年教师研修培训制度》《江苏省苏州实验中学“青蓝工程”暨教师发展方案》《“青蓝工程”考核评比条例》等，形成了常态化运行机制。教科室依据学校发展规划，结合当下教育改革方向和热点，组织教师积极申报各级各类课题，基本形成了“教研组+年级组+课题组”相融合的课题管理运行网格，采取“月度检查+学期汇报+年度评价”三制一体的方式进行督查，确保课题严谨规范化、制度化，有效督促各课题

的有序开展与有向推进。同时，在课题研究保障上，学校每年专设教科研经费供课题研究，一方面用于“请进来”，邀请专家来校指导课题研究，另一方面用于“奖成果”，对课题研究中获得丰硕成果的教师进行奖励。层级明晰的管理体系，科学规范的运行机制，以及可靠合规的研究保障，为课题研究提供了强有力的支撑。

(二) 学习引路

随着新课程改革的不断深入，教师需要从习惯性教学走向研究性教学，从单纯的教学实践者转变为教学研究者，这一角色的转变充分体现了新时代下“四有”好教师的标准。然而，课题研究不能闭门造车，需要有最前沿的教育教学理念作支撑，需要有最深刻的理论方法作导引。作为研究者，教师要不断进行理论学习，始终站在科研的最前端，紧抓当前教育教学研究的最热点，才能真正发挥科研在学校教育教学实践中的价值。

在课题研究中，教师往往会感到自己的理论水平和专业素养达不到开展研究的要求，主观上迫切想要提升自己的专业理论水平。基于此，学校教科室先是创造一切有利条件，为教师的理论学习提供各种机会或资源。通过购买专业书籍、订阅期刊杂志、定期编印和发放相关热点汇编（如“深度学习”“单元整体教学”“跨学科教学”）等方式为教师提供学习的通道。组织各教研组、课题组进行集中学习，开展读书交流活动，理论学习沙龙与论坛，让教师们畅谈学习体会，交流学习心得也是行之有效的办法。除此之外，我们还定期邀请省内外知名学者与专家为教师们进行理论讲学和专业报告，组织教师参加各级各类科研活动，等等。

(三) 骨干带路

由于我校教师年龄结构差异较大，研究意识和研究能力上也存在着不同。结合学校教师培养“三大工程”的目标，对不同年龄层次的教师提出了因人制宜的科研要求。对于一部分教师，我们的重心是“抓学习、开眼界、提素养”，而对于中青年骨干教师，学校有计划地选派他们参加各类科研培训，鼓励和指导他们申报各类课题，让他们承担学校课题的主要任务或担任课题组组长，给他们“压担子、寻路子”，让他们成为学校课题研究的核心力量。对青年教师而言，要求他们在科研骨干教师的引领下，共同学习，相互研讨，一起实践，让他们从微研究做起，在研究的初始阶段，不求“高大上”，力忌“假大空”，让他们在微研究中熟悉并掌握规范研究的流程。

二、让课题研究成为课堂教学创新的基石

过去的科研要么关注一般意义上的课题研究，要么关注以教师为中心的教学方法研究，而忽视以学生为主体的学习方式的研究。要做到正确把握课题研究的方向，需要我们转变思路，更新举措。我们始终认为课题研究与实际教学实践相结合才是最有价值的。因此，在教学实践中寻找研究课题是选择研究点的最基本也是最可靠的路径之一，可以从课程、教学、学生、教师、评价等方面进行遴选。当然，课题选题也可以在教师的学习反思中产生，通过学习与反思可以获得值得研究的点（如对教学行为的反思、对某一教学方法的理解等），进而采取有效策略改进或优化教学实践，提升自身教学智慧。总之，课题研究务必要结合学校实际，与教学实践相契合，真正服务于教育教学质量的提升。

我校承担的江苏省重点课题《“整合、优选、发展”教学实践策略研究》（“十二五”）、《基于核心素养的普通高中学校课程优化统整的研究》（“十三五”）均成功结题，此外，《深度学习视域下高中数学单元教学设计与实践研究》等 10 项省级课题、18 项市级课题，均属验证性和应用性研究，与教学实际联系紧密，教师参与率极高。在课题研究中，我们以问题科研、行动科研、生本科研和全员科研为重点，以课堂教学创新为中心，聚焦课堂，使我们的课堂逐步向生本的课堂、生活的讲堂、生命的殿堂迈进。

（一）问题科研

在课题选题中，我们提倡教师以教学中遇到的问题为切入口进行课题研究，解决教学中的问题是为了切实解决“采用何种教学路径和方法让学生获取必备品格与关键能力”这一核心问题。我们希望教师善于捕捉教学中的困惑之点、教学成功之举、教学失败之处，从教学行为和教学实施中发现问题，以教学实践中的“教学问题”和“教学冲突”为主要研究内容，坚持问题科研导向。如为了解决教学中“碎片化、浅层化”的教学问题，就需要从教学设计方面进行分析与研究，可以结合所教学科的特性选择某一部分内容或者某一主题进行单元式或者主题式教学设计研究，可以从学科分析、教材分析、课标分析、目标分析、重难点分析、教学方式分析、

教学流程设计、教学反思等方面展开深度研究；为了解决教学实施合理的问题，可以从创设情境、活动安排、资源利用、语言表达、教学手段等方面进行探索与尝试，特别要关注教学实施中问题的选择、设计以及与此相关活动的开展、反思等。一旦教师形成了在教学中善于发现问题的意识，产生了改进教学的源动力，就会用研究的思维、方法去剖析问题产生的内因，寻找解决问题的途径和方法。让教师有发现问题的意识，进而去研究问题和分析问题，才会真正实现将"问题意识"转化为"问题科研"。

（二）行动科研

新课改中教师不仅是教学的亲历者与实施者，更是教学的研究者与反思者。可以结合教师自身教学行为开展相关的研究，如青年教师与成熟教师教学行为的对比分析研究，各教研组开展教研活动的策略研究，聚焦于教师说课、议课、研课、磨课等行为价值的研究等。还可关注教师的学习行为研究，教师的学习主要依赖于阅读专业书籍与期刊、获取网络资源中的信息以及在教学实践的过程中学习。在这些学习行为中可以发现一些值得研究的课题，特别是在学习与反思的过程中对发现的"观点""漏洞""错误"及时梳理，收集素材，凝练问题，进而开展对教与学问题的系统研究，重要的是在学习前人研究成果的基础上进行纵横双向拓展，形成自己进一步探索的问题，进而形成自己对诸如教学的目的、内容、过程、方法、评价以及师生关系等一系列重要问题的思考和重新审视。引导教师养成反思总结的习惯，定期征集他们的反思心得和研究素材编辑整理在我校教科研专刊《狮山论坛》上，供其他教师学习借鉴，达到资源共享的目的。

（三）生本科研

学生是学校发展中的能动体，他们不仅接受教育，而且参与教育过程。学生也是课题研究中的主体，我们必须把精神生命发展的主动权还给学生，才能充分显现课题研究的活力与价值。学生是学校教育教学的中心，也是教学研究的主体。一切教学实践的出发点和归宿点都是为了学生的发展。因此，学生层面的相关问题研究就是课题研究的重要领域，我们应该从学生的视角去发现教学中存在的问题。可以从学生的行为、学生的心路、学生的评价等多个方面去研究。例如，研究学生学习的心理状态、学习动机、学习兴趣以及学习焦虑、情感情绪；学生学习的方式、作业情况、自我成效感、生涯规划意识以及学生的培养策略、家校合作的策略、环境育人的策略等，都是很好的研究课题。课题研究只有更多地关注学生的发展、关注师生的协同发展，才能有效地拓展研究的空间，研究才会更有意义，才能焕发出科研的真正魅力。

三、让课题研究成为学校高位发展的导航

为了加强对研究过程的指导和研究效果的评估，结合我校强大的师资资源（10名正高级教师，8名特级教师，数十名市级学科带头人），我们给课题组聘校内一到两位专家，通过专家蹲点及时掌握研究信息，指导解决研究中的问题，为每位研究教师建立跟踪记载卡，依照《课题研究机制》进行目标量化；建立“课题研究记录袋”定期展示课题研究工作并开展互评；对工作落实不到位的课题组，灵活采取各种方式督促整改。如我校“十三五”规划期间重点课题“基于核心素养的普通高中学校课程优化统整的研究”是这样研究的：

（一）确立课题研究的思路与过程

1. 研究思路

围绕研究中的几个重要问题展开，通过课题会议、案例分析、专题研讨、成果展示等活动，发动广大师生积极参与其中，以此架构学校基础课程的特色；通过学校、教师与课程互动实现学校三级课程的优化调整和学科课程的整合，建设有校本化特色的学校课程体系，促进学生核心素养的形成，同时打造一支专业化、高品质的课程研究与实施团队；通过课题研究，在学校课程高位发展的基础上，力求在理论层面有所提升与创新，提升我校课程实施的水平；通过研究成果的转化，扩大学校在课程建设方面的影响，进一步带动区域内高中课程改革的顺利开展。

2. 研究过程

第一阶段（2016年6月至2016年8月）：动员准备阶段。成立课题组，确定课题组成员，分设研究小组。组织教师学习有关文献与资料，认真填写课题申报评审书与评审活页。

2016年8月29日，课题组开展课题研究动员工作，组织了与课题研究相关的全校教师校本培训活动，聆听了赵士祥教授的《普通高中特色化体系的构建与教学案有效性的着力点》和朱开群教授的《从“深度学习”走

向“深度教学”：基于核心素养的教与学的方式的转变》两场专题讲座，为课题研究做铺垫。

第二阶段（2016年9月至2016年10月）：实施预设阶段。研究相关文献资料，完成课题研究综述、课题开题。

苏州高新区高中学段江苏省教育科学“十三五”规划2016年开题论证会于2016年9月30日下午在江苏省苏州实验中学举行。我校“基于核心素养的普通高中学校课程优化统整的研究”由杨宇学主任做开题报告，分别从选题由来、核心概念、研究现状、研究目标、研究思路（方法）、创新之处等多个维度阐述了课题的框架结构与研究规划。开题论证后，经过重新调整和完善，课题组确定了四个子课题：①基于学生素质结构的学校课程设计与研究；②狮山文化系列课程设计与实践研究；③高中课堂学科活动的组织与实施研究；④指向学科素养的深度学习的形态研究。随后开展进一步的研究。

第三阶段（2016年11月至2017年11月）：实施推进阶段。各研究小组根据确立的研究内容展开研究。此阶段将定期进行课题汇报与展示，并且在此期间根据研究进展情况拟写论文或研究报告。

2016年11月16日，为推动课题研究，深入探索基于发展学生“核心素养”背景下的课程改革，江苏省苏州实验中学围绕课题，会同苏州新区第一中学、江苏省吴县中学和苏州外国语学校的部分优秀教师，在江苏省苏州实验中学举行了围绕课题研究展开的教学实践研讨活动。

2016年12月1日，我校围绕“基于核心素养的普通高中学校课程优化统整的研究”开展子课题“狮山文化系列课程”研究实践活动，活动在学校礼堂举行，课程主题为“人生理想与职业规划”，帮助学生尽早认识自我、认识职业、认识教育与职业的关系，从知识、技能和综合素质几个方面锻炼自己，进一步贯彻我校“全面发展、突出个性”的办学理念，实现核心素养背景下的学校课程优化统整。

2017年4月26日至28日，江苏省苏州实验中学课题组在江苏省第六届中学化学创新实验调演暨实验观摩活动中，展示学校“科研素养课程”和“工程技术素养课程”实践成果——“中和热测定装置”。

2017年8月28日，为进一步深化课题研究，教科室、校学术委员会召开学术委员会工作会议，主要研讨以课题研究为契机促进教师发展和教科研工作，促进学校文化发展，提升学校教学质量，推进学校课程改革。

2017 年 9 月 9 日，我校召开“基于核心素养的普通高中学校课程优化统整的研究”专题研讨会，邀请正高级教师、南京浦口发展中心赵士祥教授来校指导，仲尧明校长及参与本课题研究的 10 多位老师参加了本次会议。

2017 年 12 月 29 日，“狮山文化系列课程——心理健康教育”课程内容之一的校园心理剧在第八届江苏省校园心理剧优秀剧目现场展演，介绍我校课程优化统整的实践成果。

第四阶段（2017 年 12 月至 2018 年 12 月）：深化研究阶段。对照课题研究方案，对研究中积累的调查资料、数据、体会、阶段小结进行认真的分析、总结，形成阶段性研究成果并围绕成果进行阶段性展示，形成如专题研究论文、公开课录像、专著等形式的物化成果。

2017 年 12 月 26 日，“基于核心素养的普通高中学校课程优化统整的研究”课题阶段成果“学本英语”，在苏州外国语学校进行课堂教学实践推广展示，苏州外国语学校的两位骨干教师储爱华老师和崔小丽老师也进行了绘本阅读的课堂教学展示。

2018 年 10 月 11 日，我校省“十三五”规划课题组主要负责人杨宇学老师参加了苏州高新区省“十三五”规划课题中期检查汇报会，代表课题组做课题研究中期汇报。

2018 年 12 月 17 日，江苏省苏州实验中学教育集团围绕“基于核心素养的普通高中学校课程优化统整的研究”课题阶段性成果，举行同课异构教学展示与研讨活动，来自苏州市各区近三百名教师参加了活动。

第五阶段（2019 年 1 月至 2019 年 12 月）：课题结题阶段。该阶段包括：汇总课题研究资料、总结课题研究成果、撰写课题结题报告、申请课题结题鉴定。

2019 年 10 月 19 日，“基于核心素养的普通高中学校课程优化统整的研究”课题阶段性成果——“2019 级校本课程”全面开课，涉及九大学科相关内容，关注德智体美劳各项发展，体现学校特点及苏州特色，满足了高中学生在各个方面、各个层次上的实际需求。

2019 年 11 月 6 日，在苏州市教师发展中心领导的带领下，宿迁市普通高中课程管理考察团来我校参观交流，我校课题组介绍了学校以省级课题研究为抓手进行的课程建设的探索成果。

2019年12月18日，来自湖北天门、浙江杭州、江苏南京和江苏苏州四地的知名专家、名教师、学科带头人、骨干教师和优秀教师代表以及苏州科技大学外国语学院的硕士研究生共聚江苏省苏州实验中学（金山路校区），推广“基于核心素养的普通高中学校课程优化统整的研究”阶段性成果——“把握学生发展本原的‘学本英语’”教学研讨活动，同日，学校举行对外开放日，展示课题研究的教学成果。

（二）做好课题研究的管理与引导

1. 领导重视，制度保障

我校长期以来一直重视课题研究，在“十一五”规划与“十二五”规划期间学校都承担了省级或国家级教育规划课题，并且都顺利结题，还被评为优秀课题。校领导亲自主持本课题的研究，为课题的顺利开展起了很好的带头作用。

省“十二五”规划课题“‘整合、优选、发展’教学实践策略研究”“基于学生积极情绪的学校文化建设实践”，现都已经结题，课题中都涉及学校教育管理、课程设计和教学组织等内容，为新课题的研究奠定了基础。课题组主要成员已经在此前对本课题给予了充分和广泛的关注，尤其是在课程优化统整方面作了长时间的思考，并收集到了诸多关于课题研究的国内外文献资料，尤其是保存了我校多年实践中的第一手资料，为下一步的研究作好准备。我校“综合育人视域下高中跨学科学程的教学建构”已成功立项为2022年“十四五”规划江苏省教育科学规划重点课题。

我校领导将课题研究视作学校发展的一个重要组成部分，我校“十三五”期间共有7个省级课题，9个市级课题，尤其是“基于核心素养的普通高中学校课程优化统整的研究”课题，教师参与面广，参与教师数量多，涉及学校的每个学科，学校以这个课题为核心，带动其他相关课题的研究，其他课题也为该课题提供支撑。如果仅靠课题组成员很难让研究全面深入开展，因此，学校领导高度重视，把课题研究同学校教科研工作密切结合，明确提出了“科研兴校”的治校方略，把教育科研工作当作学校加强内涵发展的重要内容。学校专门出台了《江苏省苏州实验中学教育科研工作管理与奖励条例》，对学校教育科研工作提出了具体的目标任务、组织领导架构、主要措施方案。其中比较突出的是，进一步理清了学校教育科研工作思路，大家进一步认识到，学校教育科研，不是少数人的事，而是涉及教师队伍建设的全局和大局。因此，我们在工作中，努力深入一线，广泛动员教师尤其是青年教师，积极投入到教育科研工作中来。我们不断降低工作重心，夯实工作基础，把学校教育科研工作和教师队伍建设紧密结合起来，成为学校加强教师队伍建设、提升学校品位的重要抓手。行政推动是课题研究走向深入的关键。为了加大课题研究力度，同时更是为了让课题研究真正走向教育教学实际，走向教师专业发展，学校教代会郑重做出决定，在全校教职工中开展认真学习、研究和实践教学方法改革探索活动，还将专家请到学校为全校老师做专题报告，提高教师的理论水平，把学习理论与教育实践作为进行校本培训、加强师资队伍建设的主要内容。如果没有这样大的行政力度，课题研究要取得今天这样的成果是不可能的。

2. 名师引领，结构合理

课题的主持人仲尧明是中小学正高级教师、江苏省特级教师、苏州高新区名师工作室领衔人，核心成员杨宇学老师是中小学正高级教师，苏州高新区名师工作室领衔人，还有多位学科带头人参与。他们动员名师工作室成员参与课题研究，并且定期开展研究课、读书沙龙、讲座等多种研究活动，以此为平台向广大教师展示研究成果，同时借助参与活动的机会，帮助课题组成员提高理论水平，运用研究成果指导他们在教学中的实践。

课题组有一支上进心强、学历层次高、专业基础扎实的教师队伍，课题组成员都是一线教学骨干，课题组成员中有中小学正高级教师 2 名，高级教师 7 名，市名教师 1 名，市级学科带头人 2 名，县（区）级学科带头人及骨干教师 5 名，他们都参加过课题研究并有一定的教学经验。成员全部为中青年教师，具有一定的理论水平和实践经验，多数成员曾在各类刊物上发表过论文或曾在各级论文评比中获奖。他们有着较为扎实的理论功底，对科研有一股热情，他们有足够的时间投入到课题研究中。

（三）提供本课题研究的条件与保障

1. 有广泛的资料储备

我校长期以来一直重视课堂教学的教与学的研究，我们的课堂就是此课题研究的基地。“十二五”规划与“十三五”规划课题的研究成果中有一批有价值的论文与教学案例，这些资料可以为课题的研究奠定基础。学校图书馆有大量的资料储备，并且我校的网络建设很完备，教师可以及时了解最新的研究信息，这都为我们进行此项课题的研究创造了良好的条件。

2. 有充足的经费保障

我校在课题研究方面的经费投入每年都在 5 万到 10 万元之间，能够确保满足课题研究方面的经费需求。

3. 有健全的制度保障

为有效保证课题研究规范有序地进行，我校设立了教科研奖，奖励在课题研究及论文发表方面取得成绩的教师，并且要求教师编写学案、每周进行备课组与教研组例会、组织教师参与教育行政部门组织的各种培训活动，这些制度都确保课题研究能够顺利进行。

4. 有充裕的时间保证

我校每周都安排半天时间作为教研活动时间，每个教研组在这个时间进行集体研究；每学期都组织有关教师参与省、市有关部门组织的教研活动；参与研究的老师都是热衷于教学研究的骨干教师，善于在课堂教学中发现问题并及时总结，使课堂教学达到最优效果，这样课堂就是研究阵地，不需要花大量的额外时间，可以保证在不影响课堂教学的基础上进行研究，并且研究结果又可以为课堂教学提供更好的优化方案。因此，课题组成员在进行教学工作时，同时就在进行课题研究，这样在时间上保证了课题研究能正常开展。

(四) 发挥本课题平台的培训与提升作用

“基于核心素养的普通高中学校课程优化统整的研究”是富有较高的理论性、鲜明实践性和广泛的参与性的研究课题，因此，行动研究是本课题研究的重要方法。在本课题研究过程中，我们坚持促进专业发展的理念，即坚持理论和实践相结合、普及和提高相结合、服务近期教育教学工作和服务教师长远发展相结合。我们的工作力争找准“三个结合”的联结点，着眼于教师的专业发展、素质提升，使教育科研成为学校发展的内在推动力。为此，在课题研究之初，我们就坚持广泛发动群众，把主要部门负责人和教研组长列为课题组和子课题研究成员。学校专门请专家来学校作理论与实践报告，先后请省特级教师也是教授级高级教师朱开群、中小学正高级教师赵士祥、江苏省教研室语文教研员、江苏省教研室生物教研员、苏州市英语教研员以及复旦大学、南京大学、南京师范大学、苏州大学等大学的专家来校作相关报告，以此来提高全校教师的研究水平。在此基础上，学校教师进行实践研究，注重实效，立足理论研究和解决课程与教学中存在的问题，为教育教学实践和改革服务，课题设计发动面广、参与率高，科研能力强，成果考评和奖励体系健全，坚持用课题研究引领和推动学校教师队伍建设，广泛开展形式多样的文化建设、课堂展示、学术报告、青教论坛、论文评选等课题研究活动。

（五）注重本课题成果的提升与推广

“基于核心素养的普通高中学校课程优化统整的研究”课题研究的成功体现在理论成果的提炼、实践成果的总结和师生发展成果的展示上。为宣传、推广课题的研究成果，课题组通过名师工作室、微信公众号、学校教学开放日和课题研究专题活动，围绕课题进行研讨和推广活动。仲尧明、杨宇学、戚春志、洪绍辉、丁益民、马朱林、章祥俊、韩磊、李志云、丁宗国、岳晓兰等教师在省市教育行政部门组织的各级各类教研活动中开设讲座、公开课，向省内多地的同行宣传、展示课题研究成果，均受到很高的评价。

正是有了这样的扎扎实实的课题研究工作，为学校的高位发展插上了翅膀，研究行动已成为教师的习惯，教师积极申报加入到课题研究的行列中来。开展课题研究期间，课题组的教师共撰写教学案例、论文近 80 篇，开设各类公开课 100 多节。在这期间有多位教师攻读教育硕士，1 位教师被评为中学正高级教师，6 位教师被评为市学科带头人，10 位教师被评为区级学科带头人或教学能手，2 位教师成为省、市教育科研先进个人。近三年在优质课评比、教学基本功比赛、把握学科能力竞赛中，我校老师获得一等奖的有 12 名，总获奖人数有 20 多人。另外，我校 3 项成果获江苏省基础教育教学成果一等奖，1 项成果获省教学成果二等奖，1 项成果获省教科研优秀成果二等奖，1 项成果获苏州市教学成果一等奖，1 项成果获苏州市教学成果二等奖。

课题研究是提升学校品位的强势竞争力，是提高教师综合素质的有力杠杆。学校依托教科研，超前发展，曾两次被评为江苏省教科研先进集体、江苏省教科研基地学校。涌现了江苏省教科研先进个人 2 名，市教科研先进个人 2 名，区教科研先进个人 5 名。面对未来，我们信心百倍，我们将继续保持一股干劲、一股拼劲、一股韧劲，站在新起点，抢占制高点，以勇于挑战的志气、大胆创新的勇气、争先创优的锐气，义无反顾，激流勇进，谋求新发展，实现新跨越，开创新局面，不断推动我校课题研究工作更好更快地良性发展。

第三章

教育追求：让学生成就"优雅"的人生

第一节 唤醒学生崇优的责任意识

责任意识是一个人在其所属群体的共同活动中表现出的行为规范的自觉性和对所承担任务的态度，是一种非常重要的非智力因素，对学生的学习与智力开发影响极大，也是一个人至关重要的人格品质。崇优是学生自我发展、自我要求的进一步体现，是高中生对自我责任意识的一种深层次的认识，同时，也是学生自身正能量的体现。

高中生责任意识是指高中生对所应履行的社会义务、所应承担的社会责任的道德认知和价值自觉，以及为践履社会责任而乐于奉献的情感体验和行动准备。高中生群体具有一定的特殊性，尽管具有了一定的行为能力和责任能力，但他们毕竟还没有真正走进社会，他们主要的活动范围是校园，主要的任务是学习。在这个前提下，仅可以干一些简单的体力劳动，参加一些必要的社会活动，做一些力所能及的事情。对高中生进行责任意识教育，应该从这些实际情况出发，不能好大喜功。向高中生提出过高的责任要求，是不切实际的，但也不能忽视不管，放任自流。责任意识绝不是先天就有的，也不是随着年龄的增长就能自然成就的，它需要持之以恒的教育和培养，应该积极而为，顺时而动，稳步推进。一般说来，责任意识教育首先是从培养学生对自己负责开始的，在此基础上，逐步发展到对他人负责，对社会负责，从而构成了高中生责任意识教育的递进梯级。对高中生的责任意识教育，主要是引导他们将自己的学习、活动与社会发展、时代进步密切相联，使他们逐步认识到自己对社会发展、民族复兴所承担的义务，逐步认识到自己对社会和谐、历史进步所承担的责任。具体说来，就是要教育他们热爱祖国，增强民族自信心和自豪感，树立努力学习、增长本领、报效祖国的雄心壮志，强化维护祖国尊严的意识，形成自觉遵守国家法律的习惯；就是要教育他们积极参加社会公益活动，自觉维护社会秩序规范，养成良好的社会公共道德品质，同时增进服务社会的能力。

就目前学生的责任意识的发展来看，初中生的责任意识情况并不乐观，甚至还让我们极为担忧。我们发现刚进入高中的高中生之间产生鸡毛蒜皮的纠纷是家常便饭，而每次找到双方了解情况的时候，他们的第一反应就是为自己开脱，寻找各种理由，有的干脆把责任推卸给别人，几乎没有学生主动承认错误并承担责任的。有学生在有垃圾的地方走过而视若无睹、看到班上有人不遵守纪律没有人主动站出来制止、学习不认真、作业不愿意完成等都是没有责任心的表现。这说明我们学生的责任意识不强，这就需要我们学校来积极唤醒学生的责任意识，让我们的学生能关爱集体，关心身边事，加强学生的崇优意识，加强学生的责任意识、使命感。

针对这个问题，我们学校制定了详细的规划，从学校、年级、班级分层推进，从将唤醒学生崇优的责任意识融入到课堂、融入到班会课，到通过德育活动、体育运动、劳动实践、社会实践等一系列活动来加强学生崇优的责任意识。

一、以课堂为主阵地，人人参与，发展学生崇优的责任意识

（一）融入班会课堂，让学生自我认识崇优的责任意识

学生责任意识的唤醒须以学生为主体，旨在让每个学生作为独立、理性、自由的人格主体去自主地参与责任教育活动，凭着自身的理智与激情去独立思考、判断、选择自己的行为并且承担责任。在教育的过程中，学生是教育的对象，但不是被动、消极、机械地接受教育的客体，而是一个积极、能动的主体，是有意识、有目的的活动着的人。教师只有尊重学生的主体地位，发挥他们的主体作用，学生才会主动的在参与教育活动中提高认识，并转化为自身的需求，积极承担任务，勇于实践、敢于负责，从而形成正确的责任意识和自觉的责任行为。杜威说过："你可以将一匹马牵到河边，但你决不可以按着马头让它饮水。"在一般的知识或技能的学习方面也许一定的强制或压力会有一定的效果，但在德育课程的组织和实施方面，如果没有对学习主体的了解与尊重，就不可能取得应有的效果。因此，要增强学生的主体地位，使教育过程转化为自我教育，这是德育的最理想状态，更易于实现德育的目标。

我校每周固定安排一节班会课，一年有四十多节。学校每年从整体要求出发设计体系化、系统化德育主题，每月确定一个主题一节固定班会进行落实，每学期开展一次全校性的德育课展示活动，无论是固定主题还是班级自主开展的每周的班会课，我校都会要求充分发挥学生的主体地位，

以学生为组织者、参与者、实施者，以老师为辅助者，让学生动起来，让学生充分阐述其观点，我们老师作为一个聆听者、引领者，在生生交流、师生交流中实现学生对自我的再认识，以达到我们德育的目的，唤醒我们学生的责任意识。

我校不仅在班会课的组织中下了大功夫，还对班主任的发展做了详细培养规划。无论是观摩班会课，课后集体研讨，还是学校“黄广翔”市级名班主任工作室的引领，这一切都在锻炼提升着班主任的能力，同时，我校还组织由老班主任带新班主任的“青蓝工程”，发挥我们学校一批有三十年左右带班经验班主任的引领作用。班主任是学校德育的重要实施人，班主任队伍的建设对学校至关重要，只有把班主任队伍建设好，我们才能更好地唤醒我们学生的责任意识。

（二）融入学科教学，让争先带动学生崇优的责任意识

学习是高中生的主要责任，而成绩是高中生成就的一个重要参考，高考成绩就是其中的重中之重。我们的高中生面临着高考的压力，他们对学科成绩非常重视，这就给我们培养学生崇优的责任意识提供了非常好的基础。

充分利用学生提高个人成绩的愿望，加强学生崇优的意识。我们学校的学生在初中时的成绩基本上都是所在班级里顶尖的，学生心理上有这样的心理定位，这为我们培养学生崇优的责任意识提供了突破口。在学生日常的学习中，加强学生学习目标的分析，强化学生学习的毅力、专注力，提升学生的责任心。

充分的利用各学科课堂教学，抓住各学科教材中的典型例子，唤醒学生。在教育教学过程中，学生接触最多的教具是我们手中的教材。教材中有很多值得我们以及学生学习的个性鲜明的人物，尤其是那些人物体现出来的强烈的责任心，深深地影响着我们、教育着我们、激励着我们。因此，作为教育工作者应该利用好这些难得的资源，让学生在潜移默化中受到教育和影响，以达到唤醒学生的责任意识的目的。

比如语文课堂中，教授《县委书记的榜样——焦裕禄》这篇文章的时候，先让学生搜集我国历史上杰出的人物及他们的典型事迹，并分析他们杰出的内因，让他们在搜集的过程中感性地理解这些杰出人物的责任意识。分析课文的内容，让学生初步的了解焦裕禄的伟大事迹，把握焦裕禄忠厚、平实、真诚、奉献的人物形象以及与人关系和谐、执着、鞠躬尽瘁、死而后已的精神品质，最后把话题一转，问道“焦裕禄为什么会有这样的精神品质，是什么内因?”在讨论片刻后，让学生谈谈自己的认识。在教师的引导下，学生不仅为焦裕禄的高尚的精神而感动，更为这种为了民族的强大努力拼搏、鞠躬尽瘁、死而后已的民族责任意识而感到骄傲和自豪。在这种责任意识的熏陶下，逐步唤醒学生崇优的责任意识。

比如数学课堂中的研究报告，我校各班采用小组合作的方式，在教师引导下自主确定课题，探讨研究时间、研究地点、研究方法、研究方式，最后形成研究报告。在此过程中培养学生的团队合作能力，也让学生能了解社会，树立学生学习报国的信念。我们的学生就曾报告过例如大车路口右转前后轮差问题，出发时间、距离与到校时间的关系问题，运动与学习的关系问题，时间与日照关系问题，等等。在学生的研究中提出问题，明确研究的深入点、应用点，让学生在知识应用的学习中，逐步唤醒其崇优的责任意识。

比如政治课，课程设计里面蕴含着丰富的有关社会责任意识的内容，关于我国的国体知识和政体知识，我校教师常常把它们放在一起讲述，让学生更好地理解二者之间的相同点与不同点，理解国家的相关制度。这种方法可以让学生增强国家主人翁意识，更加主动地参与社会活动，提高社会责任意识，同时又更好地理解知识。我校教师还时刻关注社会热点，紧扣时政，分析可能产生的思想问题，将教学与实际相结合，有的放矢地对学生进行教育。比如，定期组织学生观看《新闻周刊》，开展时政热点解析等活动，以此来唤醒学生崇优的责任意识。

当然，各个学科的教学中都有类似的例子，而且一个人的责任意识是不可能一下子就被唤醒的。所以，我校全体老师都在抓住教材中的一切可用的“责任资源”，合力唤醒学生崇优的责任意识。

（三）融入体育运动，让拼搏激发学生崇优的责任意识

兴趣是最好的老师，我们的学生对体育课可谓是情有独钟，在我校体育老师的努力下，通过体育课、体育活动让我们的学生的责任意识得到了很好的培养。比如，为了培养学生的责任意识，有的教师会让学生基于自身的实际情况，书写承诺书，承诺书的主要内容是在一定时间内学会某项体育技能，并且通过教师的考核。学生在写完承诺书以后，需要在承诺书上签字，并按手印。这种充满仪式感的做法，极大地提高了学生参与体育训练的积极性，与此同时，也极大地促进了学生责任意识以及契约精神的形成；又如，为了培养学生的责任意识，有的教师按照组间同质，组内异质的方法对班级学生进行了分组，并要求各组的尖子生积极帮助后进生学习，与此同时，还鼓励后进生加油努力，最后还将学生的平时表现以及个人成绩与小组的整体成绩挂钩，在这种举措的推动下，学生的集体意识以及责任意识得到了很大的提升；再如，有的教师深知培养学生的责任意识不能只依靠室外活动，还应当积极借助多媒体技术的力量。于是，有些教师积极通过室内外联动教学的方式对学生的责任意识进行了培养，在开展篮球教学时，有的教师会先通过室内的多媒体技术为学生讲解相关的规则，并在讲解规则的过程中不断向学生渗透责任意识，之后，再通过后续的游戏、训练、竞赛等，引导学生去体验责任、感悟责任。同时，我们学校每年还组织校运动会，在运动会上我们学生的积极性极大地被调动了起来，开幕式上每班都准备了精彩的表演，运动会中场上学生的拼搏、场下同学的加油、场边志愿者的协助都让我们学生深刻地体会着责任两字。我校还对区、市运动会上学生的拼搏精神以海报、微信稿等多种形式进行宣传，这不仅激励参加比赛的学生的拼搏精神，也激发了全校学生的拼搏精神，让我们的学生懂得奋斗、学习奋斗，树立了较强的责任意识。今年我校还进行了课间操评比，在体育老师的指导下，我们的学生都能努力做好自己，并在区评比中获得特等奖，这一切的课程和活动都在潜移默化中一点一点唤醒着我们学生崇优的责任意识。

（四）融入生涯课程，让兴趣推动学生崇优的责任意识

高中生是国家的未来、社会的栋梁，他们的责任意识将直接影响国家的全面发展和繁荣富强。培养他们的责任意识是国家发展的需要，是学校人才培养的基本使命，也是世界对青年提出的普遍要求。应教育学生把个人成长成才与国家民族的命运紧密结合起来，将来积极主动投入到国民经济、科学技术和国防建设的主战场中去。职业生涯规划教育是有效提升学生社会责任意识的重要载体之一，进行职业生涯规划教育，可以帮助学生坚定社会主义核心价值观、树立正确的职业理想和工作目标，在未来职业选择和事业发展中自觉承担社会责任和履行社会义务。职业生涯规划教育的必要性在于，一方面我们的学生身处世界经济飞速发展和国家竞争日渐加剧的时代，必须了解当前社会发展现状，了解自我，找准定位，明确人生目标，清晰自己肩负的社会责任。另一方面，在职业生涯规划教育过程中培养学生的社会责任认知，能使学生将个人理想和社会理想有机结合起来，树立职业目标并在职业生涯发展过程中将社会责任内化为一种自觉行动。

比如我们曾上过一节以“追光路上成为光”为主题的生涯规划课程，以此对学生进行责任感的培养。课上通过聆听学生声音，列举他们提到的有关“何为光”的关键词，引导学生明白所追逐的“光”不是这个人本身而是这个人背后的品质。观看《人民日报》的视频，使我们看到了生命之间有很多传承，这个传承不仅是生育基因的传承，更重要的是一种品质基因的传承。“如何传承”既承接了上一部分又是上一部分的延伸。让学生看到自己所敬佩的人也会有敬佩的人，这是一个很好的引出传承关系的点，促使脉络更清楚，进而引导学生明确渴望传承的“光”是指渴望去传承的品质、手艺、技术等，并鼓励他们去延续、去追寻和发展这道光束。同时这个部分也可以和劳动教育结合在一起，对学生来说会有更多可践行的部分。这里从多角度，多层次地来唤醒我们学生的崇优责任意识。

二、以课外为发展点，多方合力，发展学生崇优的责任意识

（一）融入常规管理，让自律铭刻学生崇优的责任意识

学生是学校管理的客体，也是管理的主体。苏联教育家苏霍姆林斯基认为，“没有自我教育，就没有真正的教育”。学生社会责任意识形成的关键在于使学生从对自己负责做起，加强自我教育。一个对自己都不负责任的个体，很难想象其会有高度的社会责任意识。新课程“以学生发展为本”，强调发展学生的自主性和能动性。新课程下对学生社会责任意识的培养，从根本上反对灌输，切忌简单的居高临下式的空洞说教，而是倡导平等对话、启发引导，“责任意识并不是从外部强加给人的职责，而是对自我所关切的恳求的反应”。因此，学校和教师应努力改变管理观念，尊重学生的主体地位，大力培养学生的管理主体意识，提供机会，放手让学生参与班级和学校的管理，培养学生的自治能力。让学生参与管理，有利于增强每个学生的自信心，提高其选择力和判断力，培养青少年对集体、对社会的主人翁精神和责任意识。

在学校的常规管理中，我校执行学生会干部竞选上岗制，班级班干选聘制，让学生参加各种评比检查活动，让学生在教师的指导下自己组织并主持活动，让学生积极思考和参与学校的管理，帮助学生树立起一种“校荣我荣”的观念，让学生都来体验承担责任的甘苦，培养学生关心集体、主动负责的精神。

我们的老师在这里起到查漏补缺的作用，比如，上午第四节是下课后，学生都去进餐了，教师观察到教室的讲台附近的椅子没有摆整齐，图书角的书籍零乱，等学生就餐回来后看他们有何反应。适时提醒学生：“今天进教室有没有同学发现我来得特别早啊，有没有发现教室里有不规范的现象啊？今天是哪个组值日啊？”这时我们的劳动委员、值日学生恍然大悟，但是不值日的同学根本不明白教室里的物品没有摆放好与自己有关系。我们老师抓住这次机会，因势利导，对学生进行责任意识的教育。学生在教师引导下逐步明白了，自己就是集体的主人，集体的任何一件事情都有我的责任。像这样的例子很多很多，在我们老师的一次次提醒中，一遍遍引导中，我们的学生快速地成长，强化了自我的责任意识。

（二）融入德育活动，让自我成就唤醒学生崇优的责任意识

德育的根本在于教会学生如何做人。而做人的根本原则是承担起应有的责任，包括对自己、对社会。道德教育内容的核心是义务，个人对别人、对社会、对祖国所负的义务；个人对集体所负的义务；个人对最高道德规范所负的义务。整个教育过程都贯穿着一条道德义务感的红线，义务感并不是束缚人的枷锁，它能使人获得真正的自由，恪守义务可以使人变得更高尚。教育者的任务，就在于使义务感成为每个学生的核心品质，缺少了这种品质，学校教育就会是难以想象的糟糕。责任是人之所以为人的根本，每一个在道德上有价值的人都要有所承担。责任是一切道德价值的基础。从这个意义上说，道德教育实际上就是责任意识教育，就是教会人负责地去行动。因此，责任意识教育是德育的关键环节，居于核心地位。责任意识是多方面的，也是相辅相成的，高中生把学习作为其主要任务，崇优的责任意识的教育更能在责任意识的教育中起到关键性作用，我们结合学生的实际，以学生为主体，开展了丰富的德育系列活动——“致青春”系列活动，目前已经到了第六届，其中有以班级为单位的诗歌朗诵比赛、合唱比赛、戏剧比赛、校园心理剧比赛等，以社团为单位的模拟联合国、爱心

义卖、七月文艺汇演等，以个人为单位的英语配音比赛、校园十佳歌手比赛等，通过一系列德育活动，让学生在活动、比赛中，享受生活，品味拼搏，让学生崇优的责任意识得以唤醒。

以班级、个人为单位的活动中，我们学生充分地展现了自我的主体地位，学生们热情高涨，分工明确，通力合作，成果显著，在活动中，学生体会到“我的比赛我做主”，感悟到自身肩上的重担，这些锻炼了学生的担当，加强了班级的凝聚力。诗歌朗诵方面，我们把学生原创的诗歌刊登在校报上，戏剧、心理剧方面，我们选择性地刊登了部分剧本。每次的获奖情况我们也在校报中进行了公示，这不但激励了获奖的班级、同学继续努力，也能激起未获奖的班级、同学奋勇争先，让我们的学生能羡优、崇优。

以社团为单位的活动中，校内，我们的学生积极、活跃；校外，我们的学生进取、奋发。校内，我校每周都安排专门的时间、场地让学生进行社团活动，并都有指导老师随时在侧，帮助全校近百社团制定计划，实施方案，反馈成果。校外，我们的社团获得了省、市、区各级大奖，比如我校“根与芽”社团、“模拟政协”社团、“模拟联合国”社团先后荣获苏州市“十佳社团”称号，绿色联盟社团荣获苏州市“明星社团”称号，银石艺术社获苏州高新区“十佳艺术社团”称号，微尘慈善社荣获苏州高新区“十佳社团”称号等。这些活动充分发展了学生的个性，充分尊重了学生，让我们的学生在活动中实现了自我价值，也能唤醒学生崇优的责任意识。

(三) 融入综合实践，让社会补充学生崇优的责任意识

实践出真知，实践决定认识。崇优的责任意识不仅是一个意识范畴，更是一个实践范畴。学生崇优的责任意识需要在一定的实践过程中形成，并随着实践活动的变化而变化。简单的说教并不会使学生产生共鸣，得到学生的认同。只有在实践中，才会感受到他人、社会等外在世界的真实存在，感受到个体与外在世界息息相关，从而更好地作出判断、选择，承担起自己所应承担的责任。正如亚里士多德所说的：“我们做公正的事情，才能成为公正的人；进行节制，才能成为节制的人；有勇敢的表现，才能成为勇敢的人。”这就是说，只有在实践中才能修养德性。因此，我们要把在实践中感受责任和履行责任作为增强高中生崇优的责任意识和提高学生崇优的责任能力的主要途径，要把责任教育工作的着力点放在组织、引导学生的实践责任上。一方面，要引导学生从学习、生活中的小事做起，从点滴做起，养成做事负责的好习惯；另一方面，要根据高中学生的特点，开展各项活动，给学生创造感受责任的情境和履行责任的机会，在活动中将提高学生的责任意识和养成自觉履行责任的行为习惯结合起来，使学生成为知行统一、言行一致的人。

我校学生在学校、家庭、个人的多方面努力下，利用各种空闲时间进行社会实践活动，并在实践中进行反思，形成了综合性的报告，在这过程中，我们的老师都会把他们调查搜集来的资料进行汇总、整理，然后通过线下集中、电话会议、QQ 群共享等途径进行交流，引导学生学会观察和思考，做一个对社会、对自然有责任心的公民，让学生亲身体会到这样做的意义。在这过程中，学生让我们看到了他们的社会担当，看到了他们崇优的责任意识。对于学生形成的综合性报告，我校也整理并选取了一些优秀的报告编辑成书，进行印刷，比如，《关于“双减”政策下校外培训机构的调查报告》《关于轨道交通建设及运营调查报告》《关于“苏州口述非遗——评弹”的调查报告》等等，这些报告装订成为书籍并印刷，让我们的学生在今后的社会实践中更积极，这也会让我们收到的综合性报告立意更远大、质量更高，让我们的学生在收获中激发自我崇优的责任意识。

(四) 融入家校合力，让家庭巩固学生崇优的责任意识

学校是学生责任意识教育的主阵地，是培育人才的摇篮，但是教育光靠学校是远远不够的。家庭是孩子的第一所学堂，父母是孩子的第一任老师，而我们的社会更是一个大课堂，有时候学校教育得再好，而家庭、社会教育的负面影响太多，就会使学校的教育效果大打折扣，甚至是无效。我们常说有一种“6+1=0”的现象，即 6 天在学校中培养出来的行为习惯、道德品质，在家里 1 天就会化为乌有。因此，具有强烈责任意识的现代公民的培养，不仅仅需要学校、教师和教育理论研究者的努力，更需要家庭教育和社会教育的配合，我们要将社会责任意识教育看作是一个系统工程，积极构建学校、家庭、社会“三位一体”教育网络，形成全方位的育人机制，这样才会促进学生责任意识、责任行为的稳定性和持久性发展，从而养成良好的责任习惯。因此，作为学校，构建教育网络责无旁贷。

首先，我校加强与家长的沟通，进行教育方式方法的引导。在教育实践中我们发现，目前发生在高中生身上的许多不负责任的行为，小到厌学逃课，大到离家出走甚至自杀，很大程度上与家庭教育的不当或者是家庭关系的不和谐有关。针对这种情况，我校通过召开家长会、开办家长学校、成立班级、年级、学校三级家长委员会、设立家长信箱、实施家访制度等方式，通过多渠道的交流与沟通，帮助引导家长在教育目标、信念、教育手段、方法等方面配合学校做好子女的教育工作，使家长能更多地、更科学地关心、帮助子女健康成长。值得一提的是，我校设立的班级、年级、学校三级家长委员会在我校的家校合力中取得了良好的成效。我校以家长委员会为主体，带动全体家长的学习，并在实践中结合学校和家长的力量，不断探索，拓宽家长学习活动的途径，具体有：①定期开展好讲座。聘请专家及学校有丰富教育经验的老师进行专题讲座，帮助家长树立先进的家庭教育理念和掌握良好的育人方法，从而提高家长对子女教育管理的水平。②开展教子有方的经验交流会。聘请优秀家长进行经验的交流，也可以针对家庭教育中出现的一些问题进行讨论，通过家长间的沟通与交流，寻求行之有效的解决问题的方法。③积极开展家访活动。通过家访的形式，教师可以更深入地了解学生在校外的动态，加深学校与家庭的沟通，促进家长对学校工作的了解和家庭教育环境的改善。④举行家长开放日活动。让家长走进校园、走进课堂、走进学生活动中，这有利于家长了解学校教育教学管理，并且让家长和学校形成教育共识、管理共识。以上是我校家校合力的一些具体活动方式，在这些活动中，可以把责任意识教育的相关理念、相关方法贯穿其中，使家长充分认识到家庭教育的根本任务应该是教育子女学会做人，做有责任意识的人，并且能通过自身的负责任的言行来教育、感染子女，在生活琐事中培养孩子的责任意识。

三、重视环境、文化熏陶，优化学生崇优的责任意识环境

校园文化、校园环境在育人的过程中，充当着特殊的教育者的角色，能对学生在不知不觉中产生影响，帮助学生逐步形成完善的人格。不同的环境，对学生的影响是不一样的。整洁、优美的环境，会促进学生约束自己的不规范行为；在文明守纪、团结协作、责任意识强的氛围中，学生能潜移默化地学到优秀的品质。因此，要培养学生崇优的责任意识，加强校园文化建设，就要充分发挥环境在学生成长中，尤其在学生崇优责任意识培养中的重要作用。

我校积极创建良好的责任环境，包括在硬件设施上进行合理规划布局，如经过美化和赋予一定教育和文化意义的校门、宣传画廊里的校训、墙壁上的字画以及各种标语等等。苏霍姆林斯基说过：“孩子在他周围——在学生走廊的墙壁上、在教室里、在活动室里——经常看到的一切，对于他的精神面貌的形成具有重大意义。我们要‘让学校的墙壁也说话’。”因此，在责任意识教育中，我校利用黑板报、宣传栏、校史馆、图书馆、走廊等，用本校的优秀老师、学生的事迹激励我们的学生，用宣传橱窗里的优秀事迹鼓舞我们的学生。在每年高考录取工作结束后，我们学校都会做优秀毕业生的录取情况海报，用这些无声的却充满着高尚品德的文字、图片春风化雨般地滋润每一位学生。当然，校园环境建设更应注重软环境的建设，包括班风学风、校规校纪、师生礼仪、人际关系等等，这些隐性课程同样在责任意识教育中发挥着不可忽视的作用。在我们学校的常规管理中，制定了非常细致的评分细则，对每个班级的常规检查每天都登记公布，每月总结评比，每学期评选出文明班级。对那些认真履行自己责任的班级加以表彰；对未能履行责任，存在种种问题的班级要求进行整改。这样的管理制度能够激发学生的集体荣誉感，并转化为一种责任心。

我校积极发挥学生中优秀群体的榜样示范作用，榜样的力量是无穷的。美国心理学家班杜拉的社会学习理论认为：“人们的品德行为往往是通过观察、模仿示范者榜样而学习得来的。”榜样学习实质上包含两个层次：其一是学习者对榜样行为的模仿和服从需要；其二是学习提炼出榜样身上可借鉴的行为规范或价值观念，然后内化为自己的行为指南，迁移到某种需要的情境中去。在责任意识教育中，可以将责任意识强烈的学生树立为榜样，提倡他们的价值观念以及他们对社会、对集体、对他人的价值取向，通过他们的人格魅力、优秀品质、模范行为来影响学生群体。

我校营造积极向上的校园舆论氛围，学生在集体中，思想行为容易受到集体舆论的制约和同化，心理学上称之为“从众心理”。因此，我校重视舆论文化的建设，真正做到“以正确的舆论引导人”。培养正确的集体舆论要以社会主义核心价值观为导向，充分利用学校黑板报、宣传栏、广播电视台、校园网络等宣传媒介，有力地批评背离社会主义道德的错误言行与丑恶现象，宣传高尚的道德情操，使恶的不道德行为犹如过街老鼠，使善的道德行为对全体社会成员产生强烈的感染作用，指导学生进行正确的道德选择，从而为学生责任意识的形成打下坚实的基础。

林肯曾说：“每一个人都应该有这样的信心：人所能负的责任，我必能负；人所不能负的责任，我亦能负。如此，你才能磨炼自己，求得更高的知识而进入更高的境界。”学生责任意识的培养是一个长期的潜移默化的过程，让我们共同努力，担负起道德教育的使命，使责任意识教育沿着新课程的期望目标坚实而稳步前进，把中学生培养成为富有社会责任意识的栋梁之才。

第二节 提高学生尚雅的行为能力

一、“雅”

什么是“雅”?《说文解字》中解释到：“雅，楚鸟也。”“雅”的本意是一种鸟。随着时代变迁，“雅”字内涵不断变化与发展，逐渐演变成为一个内涵丰富的词。在古代，“雅”属于审美范畴，用来评价人物的品性风度。“雅”后来逐渐发展成为儒家的审美理想，是儒家思想的重要内容，儒家思想影响中华民族文化，亦影响着我校的教育理念。

我校始终秉承“求真务实”“唯真唯实”的教育理念，关注学生行为和品性的发展，注重学生“善”的培养，教育学生要循“规”蹈“矩”、“尽善尽美”，即培养“雅正学子”。

“雅”与“礼”二者有着密切的关联。关于“礼”的起源有两种说法：一种观点认为“礼”起源于原始社会的禁忌习俗和道德规范；另一种观点认为，《说文解字》中提到“礼，履也，所以事神致福也”，即认为“礼”起源于宗教仪式。这两种说法都指向“礼”是一种规范人言行举止的行为准则，即帮助人趋向“雅行”。

鉴于此，我校积极提倡学生在日常生活中要“守礼”，即做到儒家要求的“非礼勿视，非礼勿听，非礼勿言，非礼勿动 ”（《论语·颜渊》）的行为要求，将“雅正”要求融入学生日常行为习惯中，即在生活中规范自身言行举止、衣食住行，努力使自己达到“雅正”的道德高度。

二、“尚雅”

在古代，“尚雅”逐渐成为人们普遍追求的审美趣味，古代文人或崇尚淡泊含蓄之雅、或以平和中正为雅，各有所好。“尚雅”一方面可以解释为“崇尚高雅”，它是一种行为，或崇尚高雅、或崇尚典雅、或崇尚优雅、或崇尚贤雅，是一种对不同“美”或“雅”的追求。另一方面可以解释为“高尚典雅”，它是一种境界，一种道德或生活的境界。它或反映人们高尚的道德情操，或折射出人们为人处世的行为方式、或映射出人们崇高的理想与信仰，是人们追求的一种精神境界。

立足当代教育，党的十八大提出“立德树人”是教育的根本任务，践行“立德树人”，就要全面培养学生的核心素养，而培养“雅容雅貌”“雅言雅行”“雅德雅趣”等行为能力，促使学生达到“尚雅”的崇高境界，是“立德树人”的教育中培养学生核心素养的重要举措。

基于此，我校始终坚持“立德树人”的教育目标，坚持五育并举，在学习中国古代雅文化的基础上，融入我校办学特色，创设我校“高雅”校园文化环境，构建“雅韵”特色学科课程体系，开设“雅致”社团活动课程，打造“尚雅”特色班级，开展“尔雅”系列特色比赛、“儒雅”系列特色阅读活动和“雅趣”科技实践活动，建设“博雅”教师团队，致力于培养全面发展的“雅正学子”。

三、“尚雅”认知能力与行为能力

我校致力于培养学生“尚雅”认知能力与行为能力，认知能力的培养立足于行为能力的提高，对此，我校从“雅容雅貌”“雅言雅行”“雅德雅趣”三个方面培养学生“尚雅”认知能力与行为能力。

“雅容雅貌”即优雅的外表与“容雅”的气质，我校要求学生做到外表整洁、个性丰富、表里如一，从广阔胸襟到高雅志气，均体现优雅外表与容雅气质。“雅言”，最初是指语音层面的，即官韵。《论语·述而》中指出：“子所雅言，《诗》《书》执礼，皆雅言也。”可见当时“雅言”是指《诗》《书》执礼时所用王畿一带的语音声调，即官音，是中国最早的通用语言，后来慢慢演变为具有一定审美倾向的价值评判标准。我校致力于培养学生“雅言”，要求学生做到言语得体、得当、得度，给人以“美”的体验。“雅行”，指的是“行为雅正”，我校在培养学生“雅行”方面，要求学生做到行端、行正、行慎与行雅。“行端”与“行正”侧重于要求学生行为要符合规范；“行慎”与“行雅”侧重于要求学生行为要符合伦理道德；培养学生“雅行”，要求学生从物质层面到精神层面均要做到行为雅正。“雅趣”即高雅的兴趣或情趣，“雅趣”一方面指所选择事物的内涵或性质具有“雅”的特质，另一方面指选择事物的目的和动机的纯粹性与无私性。我校从为人处世高洁、道德情操高尚与志向目标崇高三方面来要求学生，培养学生对外在事物的主动选择能力，进而养成“雅趣”。

我校积极提升学生“尚雅”行为能力，并将“尚雅”行为能力进行细分，积极开展各项教育教学工作，从文化创设到课程建设，从活动创办到教师培养，始终坚持以实现学生雅容雅貌、雅言雅行、雅德雅趣为目标引领，将培养知行合一、立德立行，有高雅的情趣爱好、道德情操、理想信念的温文尔雅、睿智的“雅正学子”作为不变的教育追求。

四、提高学生尚雅行为能力理论依据

（一）立足于中华民族传统文化的价值追求

中华传统文化历史悠久，殷周时期中华文化出现“神本”向“人本”的转变，这一方面为儒家、道家、法家等诸子百家争鸣提供了思想基础，另一方面也奠定了此后中华传统文化的精神内涵与走向，即“以人为本”。儒家思想中强调以礼教化人，教之成为“儒雅”或“雅正”之人；道家则强调道法自然，主张人应“清静无为”、返璞归真，即“淡雅”的生活态度。

我校将儒家文化中的“雅正”与道家文化中的“淡雅”融入教育之中，积极倡导“学生本位”，即尊重学生需求、维护学生尊严、立足学生健康发展，树立学生“雅正”与“淡雅”的人生观。

（二）立足于“立德树人”教育目标

“培养什么人？怎样培养人？”是我国社会主义教育事业发展中必须解决的根本问题。党的十八大报告指出：将“立德树人”作为教育的根本任务。

我校坚持“德为育之首，智为育之干，体为育之骨，美为育之翼，劳为育之基”的理念，打破五育边界，努力构建以“立德树人”为引领的德育文化体系，将社会主义核心价值观融入到我校日常教育教学全过程，着眼于培养学生的全面发展、培育学生的健全人格、坚定学生的理想信念，进而提高学生“尚雅”行为能力，促使学生达到“持正高雅”的境界，实现学生全面发展，实现“立德树人”的教育目的。

（三）立足于学生终身幸福成长

随着时代的发展及现代社会对人才需求标准的提高，传统的应试教育已过时，各地纷纷采取素质教育。

我校始终坚持培养学生各方面能力，帮助学生适应社会的需求与发展，为每一个学生个性发展提供无限可能，将教育立足于学生的终身发展，以“尚雅”行为能力培养为核心，让学生沉浸在“尚雅”教育中，使之道德情感得到丰富，行为习惯得到规范，人格品行得到健全与提升，为其终身幸福成长与发展奠定坚实的基础。

五、提高学生“尚雅”行为能力的措施

（一）创设“高雅”校园文化环境

一所学校很难在短时间内形成自身独有的文化体系，文化氛围的形成需要时间的孕育和一代代人的坚守与滋养。近年来，我校紧紧围绕“尚雅”文化内涵进行挖掘与实践，深入开展学校文化建设管理工作，面向学生，围绕“情志高雅、学知博雅、言行儒雅”的雅正学子育人目标，孕育高雅精神内核和办学理念，形成了“两廊一景一基地多室”的文化环境氛围，积极创设“高雅”校园文化环境，用文化沁润实验学子的情志、学识与品行。

首先，打造“高雅”物质文化环境。苏霍姆林斯基曾说：“一所好的学校，墙壁也会说话。”我校积极创设“两廊一景一基地多室”独特文化环境，培育学生高雅情志。“两廊”即“尚文化”长廊和“雅文化”长廊，以展现经典文化与科技特色的完美结合：连接教学楼的长廊中悬挂着一部部经典作品，我校语文教师在作品旁为其所写的经典导读吸引着学生步入经典文化的世界中；科技楼长廊中悬挂着的爱因斯坦等人物的照片，带领着学生们遨游于科学技术的海洋；“一景”即食堂楼上的空中花园，融入苏州园林建筑理念与风格，既有亭台人文景观，亦有卵石翠柳自然景观，布局与色彩精致典雅，浑然天成。空中花园融入本地地方特色文化，与我校现代化建筑理念相互融合，让学生在古典与现代文化中徜徉；“一基地”即“诗

意姑苏”语文课程基地，以为学生成长营造诗意文化氛围、提升学生核心素养为理念，让每一名学生具有“诗情雅意”为目标，滋养着每一名实验学生的心田；“多室”即多个科学技术实验专用室，我校设置物理、生物、化学实验室，科技室等专用教室，并配备专门科技实验员，帮助学生进行科学技术实验，满足实验学子的科学实验梦。物质文化环境的营造，让全校师生在“雅文化”中熏陶，于“优雅”之中徜徉。

其次，营造“高雅”精神文化氛围。我校努力建设高雅精神内核，以精神内驱力培养学生高雅品行。为了弘扬“尚雅文化”、实施“尚雅教育”、建设“尚雅学校”、打造“尚雅教师”、培育“尚雅少年”的办学目标，实验人怀揣“仰望星空，脚踏实地”的追求，坚持德智体美劳融合育人，形成“知正、知上、知止、知乐”的校风、“勤学善思、笃行创新”的教风和“自信、自主、自律、自强”的学风，营造情趣高雅、行为文雅、气质儒雅的人文精神环境，致力于将学生培养成为“雅正”实验人，即具备“智慧”“勇气”“仁爱”“正义”“节制”“卓越”六种品质，成为崇尚高雅、追求高雅的新时代雅正人。

最后，致力“高雅”文化创新活动。我校致力于各类活动的文化创新，让学生于活动中体悟高雅之意，展示文雅之才，提升学生博雅学识。例如，我校积极组织“高雅课堂”评比活动、“优雅女生”与“儒雅男生”校园魅力人物评选活动、“清新雅致”阳光体育课间操评比活动、“典雅音乐”歌唱比赛、“文贤雅乐”经典诗词歌咏比赛等高雅文化创新活动，让学生于活动中促进身心和谐发展，奠定学生高雅文化品位，让尚雅文化充满校园每一个角落，栖居于每一名学生内心深处。

近年来，我校全面贯彻党的教育方针，深化教育领域综合改革，扎实践行社会主义核心价值观，充分发挥学校尚雅文化在人才培养中的引领作用，促进学生的全面、和谐、健康、可持续发展。如今，学校里的一草一木、一景一物，师生的一言一行、一教一学，无不传达着学校高雅的人文气质。高雅文化环境的创设，为学生的高雅人生奠基，为他们的高雅人生保底线、着底色、增底蕴、长底气，促使他们成为真正合格的“雅正学子”。

(二) 构建“雅韵”特色课程体系

特色课程促进学校发展，我校始终坚持“为党育人、为国育才”的宗旨，秉承“道德品性立身，高雅持正处世”的“尚雅”目标，从精神层面、文化层面等构建课程，建立了以“课程改革”为阵地，以“尚雅”素养为核心、以“校本课程”为舞台，以“社团活动课程”为辅助，以“实践活动”为抓手的“S+Y”学校课程体系，“S”即以整合课程（国家课程）和品格修身教育为主的“尚”课程；“Y”即以科技、社团活动为主的“雅”课程。

我校积极打造“雅言雅行”“雅容雅貌”“雅德雅趣”三大课程板块，开设多样化“雅韵”课程。例如我校开设“持正育德”德育课程、“雅言雅行”班会课、“修身养性”语文课程、“雅乐怡情”音乐欣赏课程、“溯古探今”实践课程、“雅趣科技”活动课程等一系列课程，并制定系统校本教材，从课程建设到教材制定，构建丰富多彩校本课程体系，通过多维课程的开发和实施，努力在语言、音乐、空间、逻辑等领域，在沟通与合作、创造性与问题解决、信息素养、自我认识与自我调控等素养方面，致力于培养学生尚雅的行为能力，培育学生成为“雅正学子”。

首先，我校构建融合、立体的学科课程体系。一方面，我校以课堂为主阵地将“尚雅”理念与思想融入学科教学的课堂中，以“培养学生优雅人生”为教学目标，既有“修身养性”语文课、“雅乐怡情”音乐课，又打破学科之间的限制，于语文课程基地开展“持正育德”德育活动课，培养学生尚雅价值观；另一方面，我校以“月”为周期，每月开设一堂“雅言雅行”班会课，师生共同迈向“优雅人生”。

其次，我校构建丰富典雅的校本课程体系。校本课程的意义在于可以克服国家课程的弊端，促进教育思想和课程理念的变革，满足学校、师生发展的实际需要，校本课程在国家基础教育课程体系中占有重要的地位。基于此，我校以学校为基地，依据苏州本地文化、我校特有文化与学生独特个性制定校本教材，开设“生涯规划”特色校本课程，培养学生自我认知和规划的能力。

再次，我校构建新颖雅致的社团活动课程。我校有近30个社团，每个社团由学生自行组建，以社长和副社长为核心，每周六定期举办活动，学生在活动的组织与开展中培养自身行为习惯，熏陶自身情感态度与价值观；此外，我校也定期开设社团活动课程，以培养学生的自主意识。例如，我校以两周为一个周期，定期开设一节社团活动课程，以“雅致”为主题，以各社团为单位，开展多样化的活动。

最后，我校组织开展多彩雅趣的实践活动。我校通过举办实践活动和不同系列活动，培养学生的“雅趣”，进而培养学生“尚雅”行为能力。例如，我校开展“狮山之春”系列活动之社团嘉年华活动，每个社团的学生在活动中尽情展示自我，增强学生的自信，培养学生的“雅言雅行”；定期开展“狮山讲堂”系列活动，拓展学生知识，增强学生的“贤雅”之质；定期举办“高雅艺术团进校园”活动，让学生聆听高雅音乐，于音乐活动中享受精神的洗礼与熏陶。

我校以“课程改革”为阵地，以“尚雅”素养为核心、以“校本课程”为舞台，以“社团活动课程”为辅助，以“实践活动”为抓手的“雅韵”特色课程体系的建立，为学校实现培养崇尚高雅、追求高雅和全面发展且有所长的“尚雅”实验人提供了强有力的支撑。

（三）打造“尚雅”特色班级

“班级授课制”教学形式要求我校在培养学生尚雅行为能力时要以班级为单位，充分调动班级中学生的主体地位，挖掘班级尚雅资源，进而培养学生尚雅思想与行为能力。

打造“尚雅”特色班级是指以班级为平台，充分利用班级资源，尊重学生潜能，以满足本班学生健康成长和个性发展的需求为宗旨，由班级教师、学生和家长共同建设班级文化、研发班级课程、创设班级活动，构建班级文化体系，构建班级内部德育体系，将“立德树人”教育目标落到实处。在尚雅班级中，每个人都是道德主体，班级活动和课程的开展以激发学生的道德主体性、唤醒和发展学生潜力为目的，让学生自主学习、自主参与班级活动；进行自我管理与教育，在此过程中，学生经历从认知到体悟再到行动的过程，帮助学生实现从他律到自律的转变，实现自我主动成长，最终绽放属于自我的光彩。

首先，建设尚雅班级文化，为学生自主成长营造空间。我校打造“尚雅”特色班级，以各班级为单位，以各班学生为主体，根据各班学生的兴趣爱好、性格特质，甚至是外在的男女生比例、班级空间面积、外部结构等，制定本班级特色文化，将班级每一寸空间都开发成为教育阵地，为学生道德自主成长营造雅致空间，提供雅致环境，为学生道德体验和个性释放提供条件。学生自行设计尚雅班徽、班旗，主动设计尚雅班服、思考尚雅班级标语、冬季主动在门上张贴“请为我留下你的温暖”标语、黑板上每日更换名言警句、自行设计班级日志本、自发书写“班级群星汇”、主动绘制“优雅言行”黑板报、将雅行群星榜张贴在班级墙上……每个班级在教室的每个角落创造性地开辟了丰富多彩的“雅园地”，让浓郁的尚雅文化氛围充满整个班级，让班级中每一件事物都具有“尚雅”的教育意义，彰显班级独有的雅文化。

其次，构建尚雅班级课程，为学生自主成长提供载体。尚雅班级主张以班级为单位，在深入了解班级学生个性的基础上，构建个性化尚雅课程，建立以“发动征集—审定修改—实施监控—评价筛选—反馈改进”为主要操作流程的课程管理机制；自下而上探索一套以“班情分析—确立主题—提出目标—规划设计—阶段推进—反思评价”为主要环节的班级特色课程创建流程，精准发现并快速满足学生个性化成长需要。

再次，开展尚雅班级特色活动，为学生自主成长优化路径。以班级为单位，开展“尚雅教育我先行”主题德育活动，并根据班级学生的实际情况，制定对应的具体措施，鼓励学生制定自我发展计划；组织“我身边的雅正典范”评选活动，以评选活动激发学生的主动性，设置奖励机制，进一步巩固与坚定学生的雅正思想和信念；开展“我‘演’我行”经典文学作品课本剧表演活动，让学生于表演中揣摩中国传统雅文化，进而规范自己“雅容雅貌”“雅言雅行”与“雅德雅趣”。

最后，调动尚雅班级家长资源，合力促成学生自主成长。协同家校力量，充分挖掘尚雅班级家长资源，家校共育，多渠道、多方位开发利用各种资源，为培养学生尚雅行为能力凝聚力量。尚雅班级开展线上“家长课堂”，为学生带来形式丰富、内容多样的讲座，提升学生知识的广博性；利用“企业微信”定期与家长进行沟通与交流，帮助学生养成知行合一、表里如一的优良品质；在寒暑假社会实践活动期间，聘请各行各业家长作指导员，让不同行业的家长纷纷走进尚雅班级，成为学生学习的伙伴，进而拓展学生的学识，树立宏伟的志向，培养博雅的实验学子。

(四) 举办“雅风雅韵”阅读专题活动

行为是思想内涵的外在体现，培养学生崇德、尚雅行为，就要培养学生的“雅风雅韵”。为此，我校以“诗文诵读·经典传承”为突破口，让阅读成为学生的日常习惯，营造经典文化传承氛围，传播儒雅文化品位，将我校学生“尚雅”行为进一步深入，逐步引向思想内涵。为此，我校开展了一系列丰富多彩的读书活动。

首先，收集中华文化经典著作，为“雅风雅韵”阅读活动提供物质保障。无论是国学经典，亦或是文学名著，都是中华民族传统文化的精髓，它于历史的长河中不断积累沉淀，既是传统文化延续的纽带，又是未来发展的借鉴依据，广泛收集国学经典、文学著作等作品，为学校开展“儒雅”系列特色阅读活动提供物质保障。基于此，我校采取“两结合”经典作品收集模式，即学校购买与学生提供相结合：一方面，以学校为单位，建设图书馆，购置中华优秀传统文化经典推荐书目，每周开设相应的阅读课，为学生提供充足的书籍资源和阅读时间；另一方面，以班级为单位，设置班级图书角，积极鼓励学生主动收集经典著作，充实班级图书角，让学生在空余时间阅读，做到“随看随取、随借随还”，有利于培养学生的阅读习惯。

其次，开展一系列丰富多彩的读书活动，使学生于阅读中点亮人生。在物质得到充足保证的基础上，我校开展各类特色阅读活动，让阅读成为一种习惯，让“悦”读渗透到学生生活的每一个角落。例如，我校为学生的阅读单独开设课时，每周根据现实生活中的现象，确定多样阅读主题，进行 45 分钟“无扰阅读”，让学生在获得阅读乐趣的同时也养成关注时事的习惯；利用江枫文学社为平台，组织开展“儒雅杯”作文竞赛；开展“‘悦’读铸就儒雅人生”阅读活动，从每日的课间吟诵到每周集体阅读，从每月阅读沙龙到每季阅读成果展示活动再到每年的读书报告会，每一项活动都致力于培养学生的阅读能力，帮助学生养成“大阅读”观；此外，我校还尝试推进“三会”，即清晨读诗会、午间名著研习会、晚间经典吟诵会，积极营造爱读书、会读书的良好氛围。

最后，拓展延伸阅读活动，让“风雅”成为一种行为习惯。为了让尚雅思想真正内化为学生的行为自觉，我校将“雅风雅韵”阅读活动进一步延伸与拓展，即以阅读为基础，开展经典作品演绎活动。我校定期以班级、年级、学校为单位，举办“我阅读·我演绎”经典作品表演活动，让学生将自己的阅读理解或阅读体悟，通过自己的理解与创新，传递或演绎出自己所理解的作品内涵，既让学生的阅读由浅表化向深层级迈进，又让学生创造性思维得到提升。学生于阅读活动中，见识世界，净化心灵，升华自我，习得人生智慧，培养“雅风雅韵”。

（五）建设“博雅”教师团队

教育是一个优雅曼妙的过程，这就决定了教育者不可有急功近利的心态，要指导学生静下心来徜徉于优雅的学习与生活中，这就要求我们每一位教师的内心是尚雅的，是优雅而高尚的。基于此，我校积极组建一批“尚雅”教师团队，构建“金字塔式”队伍体系，即以我校领导班子为带动者、班主任为主体、音体美等任课老师为骨干、家长志愿者为补充的“金字塔式”队伍体系，在“雅韵”特色课程研修过程中，我校教师团队积极主动参与研修，儒雅治学，真情育人，全力营造“博雅治学”的精神环境，提升了我校教师群体的博雅专业素养和优雅生活状态。

首先，激发教师自身内驱力，开展博雅师风建设。尚雅是教师的风采，亦是教师的精神和价值追求。建设博雅师风，需要营造“厚德载物，结伴同行”的教师文化，为师生“同雅”提供支撑；需要提高教师的文化品位，为提升学生的文化涵养提供保障；需要具备优雅的人格魅力，无论是教育理念、教学风格，亦或是文化底蕴、道德信念，教师都要具备自身的人格魅力，为提升学生文化素养奠定基础。我校教师团队定期参加各类博雅课程学习，不断提升自身的文化修养，打造自身的人格魅力，让自己拥有风趣智慧的谈吐、敏捷的思维、广泛的课外知识，努力在课堂中展示自己神采奕奕的教师活力。

其次，为教师提供学习的机会，提升博雅师资队伍专业水平。一方面，我校定期开展教科研活动，通过自我反思、同伴互助、专业引领，展开教学研究，营造浓厚研究氛围，进而提升教科研品位。另一方面，我校开展一系列提升教师专业素养的措施，例如组织教师举办“墨香四溢”文雅书法社，并让有经验的教师作专项指导；开展普通话素养比赛，引导教师不断提升自己的普通话水平；组织“每月一主题，每周一主讲”和“雅”讲坛，从日常教育教学实际问题中寻找主题，帮助解决教师教育教学中出现的实际问题，包括教学常规检查过后总结出来的共性问题、课题实验中遇到的研究问题等，努力实现教师专业成长与教育均衡发展的深度融合；开展教师全员“改课”实践活动，全力打造“博雅”课堂，让教师的课堂教学日趋博雅，让学生发展得更好。

最后，鼓励教师研究课题，加强博雅教师科研水平。长期以来，我校采用各种方式鼓励教师团队进行课题研究，提升自身科研水平。一方面，我校坚持把教育科研同日常的教育教学结合起来，以解决教学问题为目的，以满足学生需要为出发点，积极鼓励教师开展贴近教学本身的课题研究，让教育科研真正扎根于教师的实际教学中；另一方面，我校也鼓励教师团队进行“大课题”研究，既反映我校的办学理念与办学特色，又体现学校文化和教育科研背景，让教育科研引领教育教学走向更好的未来。

在尚雅教育实践中，我校教师团队以“学高为师，身正为范”的理念严格要求自我，专注于传道授业，专心于教育科研探索，专研于课题研究，在学习与提升的路上不断前行，努力做到群策集智，结伴同行，共至优雅之境。

（六）开展“雅言雅行”系列比赛

在培养学生尚雅行为能力教育中，我校积极开展“雅言雅行”系列特色比赛，主要包括德育活动和体育锻炼两大方面。

在德育活动方面，我校利用校园开放日组织社团嘉年华展示活动、“狮山之春”系列文艺汇演活动、“致青春”系列朗诵比赛和歌唱比赛，组织学生积极参与苏州市独唱、独奏、独舞“三独”比赛和普通话、苏州话、英语“三话”比赛，让学生在各类活动和比赛中提升自身核心素养。此外，我校将每周“国旗下演讲”进行系列化与规范化处理，结合学校实际，确定演讲主题，构建学校课程德育新常态，使“国旗下演讲”成为师生正言雅行的一大阵地。

在体育锻炼方面，我校举办“雅言雅行特色体育活动”比赛，举办“强国有我·强健体魄”秋季运动会，组织学生参加各类体育比赛，我校学生收获颇丰，分别在苏州市运动会、苏州市阳光体育运动会羽毛球比赛、苏州市姑苏晚报足球比赛、苏州市高新区运动会和冬季三项赛中获得理想名次；积极开展阳光体育运动，并在苏州市高新区“阳光体育”大课间评比活动中获得特等奖，我校为学生提供多种运动项目，花样跑操、舞动青春、间歇训练、分区域兴趣活动……层出不穷的花样，形成校园中一道亮丽的风景线。此外，我校还设计了特色跳踢体育活动，彩绳飞舞，让人眼花缭乱，在这美丽风景的背后，孕育着实验学子坚韧拼搏、吃苦耐劳的精神品质。

（七）创办“雅趣”科技实践活动

我校始终坚持全面实施素质教育，以“科技雅情”为指导，以提升学生科技能力为引领，培养学生学习科学技术的“雅趣”，积极创办多样科技实践活动，鼓励学生参加各类科技竞赛，在尚雅教育实践中，让学生收获幸福，达到“道德品性立身，高雅持正处世”的“尚雅”目标。

我校将培养学生“雅趣”科技教育融入尚雅教育发展规划中，致力于培养学生创新精神与创造思维，提升学生科技实践活动的探究能力，构建民主、和谐、开放的科技创新氛围，将课内活动与课外实践相结合，学校教育与社会实践相结合，集体教学和个性辅导相结合，积极组织学生参加各类科技活动，通过开展科学技术讲座、举办科技成果展览会、开展科技创新比赛等形式，积极培养学生的科技“雅趣”。

经过全校师生的不懈努力，通过一系列课程的实施和实践活动的开展，我校科技教育成效明显，师生在科学技术比赛中频频获奖。我校多名学生分别在全国中学生科技创新大赛、“登峰杯”科技竞赛、机器人竞赛、江苏省金钥匙科技竞赛、奥林匹克竞赛中多次获奖，多名教师也获得江苏省优秀科技辅导员奖。

我校始终秉承“唯真唯实”的校训，从中华民族传统文化中汲取营养，以传统文化塑造新时代的学生，坚持培养学生“尚雅持正”的行为能力，让每一名学生立足于校园，走进真实生活与社会中，寓教于乐，在特色课程体系、多样实践活动、各类比赛中践行“尚雅”行为，培养实验学子爱国情感和道德素养，将中华民族诚实守信、谦虚礼让、尚雅持正等传统美德融于自身品性当中，提升自身生活品质，传承中华民族千年文化，成长为德、智、体、美、劳全面发展的雅正之人。

第三节　提升学生优雅的审美境界

蔡元培说：“美育可以用来陶冶人的情感，培养高尚的人格，发展伟大的行为。”恩格斯也曾说：“美育就是美学方面的教育。”美育是德智体美劳五育并举中不可缺少的一项，提升学生的审美境界是我们倡导和实行的美育教育中重要的一环。学生审美境界的提升不是一种单纯的技巧训练，而是一种文化学习，更注重培养人文素养与艺术素养。因为在整个人类社会历史中，美术和音乐等艺术形式本来就是一种重要的文化行为，是在情感、思想的表达、交流中产生发展的。

高中生对于审美的感观和判定不同于专业美术教育者，高中美育教育为学生整体素质发展而服务，以学生全面发展为本，注重培养发展学生审美能力、感知力、想象力、表现力等能力，注重培养创新精神。为此我们学校主要从艺术课堂、课外活动、校园环境三个方面来全方位提升学生的审美境界。

一、艺术课堂的审美教育

学校是文化传承和创新的基地，艺术是文化的重要内容和载体。加强学校艺术教育工作，特别是抓住艺术课堂的主阵地，对营造浓郁的校园文化氛围、提升学生优雅的审美境界具有重要意义。近几年来，江苏省苏州实验中学深入推进艺术教育课程改革，大力弘扬中华民族的优秀文化艺术，重视艺术课教学，加强了对艺术教学的检查与指导。在学校领导和全体艺术老师的共同努力下，近几年我校艺术教育工作有声有色：在苏州市“三独”比赛中获得多个一等奖、二等奖；在苏州市第五届中小学生艺术节舞蹈比赛中两个舞蹈节目获二等奖；在“三话”比赛中成功挺进大市决赛；高三音乐、美术省学测考试 100%通过；成功举办多场大型文艺类比赛或活动。

（一）艺术课程的开设和保障

按照国家课时标准学校开设艺术鉴赏课（1 课时/周），另外学校还开设舞蹈、乐团、书法、绘画、瑜伽、健美操等艺术类相关校本课程。我校高一年级 12 个班，共 539 名学生，高二年级 12 个班，共 547 名学生，高三年级 12 个班，共 537 名学生，全校共有 36 个班，1 623 名学生。全校共配备专职艺术教师 3 人，其中音乐教师 2 人，美术教师 1 人，能满足艺术教育工作需求。所有专职教师均积极参与校内外各级各类培训，继续教育课时均超出国家要求。

（二）艺术课堂的管理和投入

学校非常注重艺术教育，学校成立以集团总校长为组长的艺术教育领导小组，由分管教学的马朱林校长具体管理学校艺术教育工作，由教务处副主任顾金主抓学校艺术教育工作。

学校艺术工作领导小组组织结构完整，制度健全，年度工作计划、总结工作及时到位。工作的流程、资金使用情况等公开公正，评奖、评优、评先程序合理，过程公开、民主。

学校共建有4个音乐教室，1个钢琴房，4个美术教室，1个舞蹈房，1个大礼堂，及用于学生艺术类社团活动教室4个，总计艺术专用教室（或活动场所）共15个，完全能够满足学校开设艺术类课程、开展艺术类活动的需求。

（三）艺术课堂的发展和提升

学校目前开设的艺术课程以美术和音乐为主，此外还开设一些艺术类相关校本课程。高中美术课是学校美育的重要组成部分，学生通过美术课的学习，提高对美的感受能力、鉴赏能力和艺术创造能力，形成良好的思想品德，并促进其智力的发展。艺术最重要的是感受，而感受是不能像数学题那样求得一个答案的，所以在进行美术教育的时候，美术教师在自己热爱美术的前提下，更加注重的是带领学生去感受、去理解，其他的需要学生根据自己的人生经历和想法进行自我消化理解，通过这种方式，提升学生的整体素质，最终使学生学会学习，学会做人，终身受益。俗话说："授之以鱼不如授之以渔"，这就是我校高中美术课堂想要追求的最终效果。在教学中我校美术教师十分注重培养学生以下几种能力：

1. 丰富想象力、创造力

高中美术课程有很多的理论课，这是提升美育需要的最基础的知识。动手实操，将理论应用于实践也是非常重要的，所以在基础美术教学之外，美术教师还会进行绘画课的教学。在"创意手工绘本"课中，教师通过图片、故事以及带领学生阅读各种类型的绘本，让学生对绘本有了初步的概念，给学生提供了一个绘本制作的基础。学生两人至四人一组，从绘本的构思到绘本的制作，再到绘本的包装，都由学生们自己完成。由于教师前期的引导让学生对绘本产生了极大的兴趣并且教师还给予了学生极大的创作自由，所以在愉快的学习环境中，学生能更好地发挥想象力和创造力，在绘本的制作上也给了美术教师极大的惊喜。

2. 提升审美能力

美术教学中，学生审美能力的培养可以说是最主要的教学目标。那么如何培养学生的审美能力？最重要的一点就是教师从自身出发，先提升教师本人的审美能力，只有美术教师真正的热爱艺术，有自己独特的审美能力，才能够教化学生。

感官是获得审美感受的途径，学生审美能力的形成很大程度上是通过感官习得而来的。教师在教学过程中，十分注重利用多种方式来调动学生的感官，比如在“中国古代绘画”这一课中，教师利用多媒体设备播放了《清明上河图》动态版绘画，从而吸引学生的注意力，给学生最直接的感官刺激。再比如“西方古代绘画”中，教师带领学生参观学校内的教学用具石膏像，让学生能够非常直观的感受西方绘画对于结构、光影的理解。在这样的教学方法下，学生的感受能力提升，能敏锐地察觉美，审美能力自然就提升了。

3. 尊重多元化审美

多元审美，尊重为先。在高中美术课本中，我们从中西方绘画讲到中西方的建筑、雕塑，一百多页的书内包含了太多超出学生以往认知的艺术世界，美术教师一项重要的工作是带领学生认识并尊重这些艺术作品和艺术文化。比如在“西方现代艺术”一课中，提到了学生们原本无法理解的抽象艺术，教师通过色彩心理学、通过音乐的方式带领学生们感受抽象艺术的魅力，逐渐使得学生理解并感悟抽象艺术。本节课之后，许多学生改变了原有的对于抽象艺术的误解。

4. 鼓励学无止境，将美术融入生活

推究艺术的源头，我们可以发现现实生活是艺术产生并发展的土壤。要想提高学生的审美能力，就有必要将教学与现实生活联系起来，让学生从现实生活中感受到大自然的美、人情美、人性美，同时也让学生从生活中提取创造美的素材。

比如，在“缠绕画”这一课中，教师将课程设置在期中或者期末考试前后，让学生的身心在缠绕画中得到一定程度上的放松，也可以让学生通过绘画来舒缓自己的情绪。通过这种类型的课程，使教学与生活有了更加紧密的联系，而学生审美能力的提高也就有了现实依据。高中音乐鉴赏是培养学生音乐审美能力的重要途径。具备良好的音乐鉴赏能力，对于丰富学生的情感、陶冶情操、提高文化素养、增进身心健康、形成完善的个性具有重要的意义。

我校开设的音乐鉴赏课，更注重对学生音乐审美素质以及音乐创造性认知的培养。在音乐鉴赏课中使学生的音乐感知能力得以激活并提高，进而上升为对音乐审美境界的探究。学生从音乐感知到音乐审美探究的升华过程中逐步提升相应的音乐审美能力。音乐鉴赏课成为我校学生音乐审美能力培养的重要组成部分。我校从三个方面来打造和优化音乐鉴赏课。

高中音乐课都是数字化教学，所以学校在每一个音乐教室都配齐了高标准的硬件设施。每间音乐教室拥有丰富的数字教材，使音乐内容更加多样化，能够让学生深刻地感受音乐作品，理解作者的创作意图，与作者产生共鸣，提高了音乐教育效率。我校音乐教师善于借助网络，为我校学生提供了大量高品质的资源，让音乐课程达到了更好的教育效果。

例如，在欣赏冼星海的音乐作品时，音乐教师除了详细说明冼星海的生活故事和代表作品，还利用数字化的教学资源，让学生们观看了冼星海的表演视频。音乐教师积极利用数字资源，给学生提供了个性化的音乐历史背景信息，加深学生对此曲目的理解。这种可视化的学习模式让音乐鉴赏课更加丰富和多彩。

根据学生高中年龄阶段的认识与兴趣，我校音乐教师有针对性的在音乐鉴赏课中加入了流行与经典、民族与世界等符合学生身心特点的优秀曲目。我校音乐鉴赏课既强调直观感知欣赏，也十分注重学生对不同曲目的比较、判断、评析和鉴赏。在这些比较和鉴赏过程中，学生对音乐的音高、音长、音强、音色等基本构成要素的听辨能力得到了进一步的培养；对音乐的旋律、节奏、节拍、速度、力度、调式、和声等基本表现手段的感知能力也得到了提高。

人的音乐审美能力不仅仅表现于感知层面，更体现于在音乐感知的基础上对音乐形式美所表现出的情感与思想的领悟。这是从感性介入到理性判断的升华过程，这一过程始终贯穿于我校的高中音乐鉴赏课的教学之中。由于音乐本体无语义内容，在感悟和理解上存在着不确定性和多义性，因此，音乐欣赏既无止境，也没有“标准答案”，其能力是长期的生活经验、音乐实践和文化修养等积累后转化形成的。而高中阶段的学生又处于感知能力和思维形成的活跃期，是将音乐鉴赏课与音乐审美能力培养契合的最佳时机。

学校注重对音乐教育的环境熏陶。学校拥有四间专业的音乐教室和一间宽敞的舞蹈房，给有特长和有兴趣的学生提供了足够的活动空间。孩子们能充分利用中午、放学、周末的空余时间进行练习和放松。正因如此，我校每年的“三独”比赛都取得了非常优异的成绩。另外，学校拥有各种艺术社团和文艺表演活动，多才多艺的学生们在社团中、在活动中发挥所长，感受音乐之美。

音乐的艺术之美，因其抽象而丰富的内涵使人的想象力得以发挥，由感知所开始的音乐审美过程，无不要求音乐鉴赏课将学生对音乐的想象置于首要位置，这有利于学生因想象而深入对音乐美的深层次探究。当人的音乐审美不仅仅停留于音乐的表层含义，而是更关注触动心灵的音乐内涵时，才是音乐审美的最高境界。这也是我们学校音乐鉴赏所追求的最终目标。

（四）艺术课堂的反思与展望

高中学生学业负担较重，随着家庭、社会和国家对艺术教育越来越重视，学校也在结合自己的实际情况，不断地总结过去好的做法，提炼成熟的经验，找出适合学校实际又有助于学校艺术教育发展的实验之路。

在日常的授课中，必须要突显出学生在艺术学习中的主体性，需要强调高中生特长和个性的发挥，尽可能为每一名学生的成长提供平台和机会。通过艺术教育来感染每一位学生，让其自主地参与到艺术教育中来。

学校在保持狠抓艺术课堂教学的同时，还思考结合学生其他课程所学，开发艺术类舞台活动，如近几年开发的“英文配音大赛”“课本剧表演”等，学生结合经典，结合文史所学内容，自编、自导、自演，让所学的内容以别样的形式展现于舞台，挖掘学生的艺术潜能的同时锻炼了学生编导方面的能力，让孩子们在多门课程中“跨界”以加深理解，做到融会贯通。

二、课外活动的审美培育

社团活动是课外活动一个重要的组成部分。社团活动可以丰富校园文化生活，帮助广大学生拓宽知识视野，陶冶情操，培养能力。而艺术类社团的成立和发展，对学生审美的培育有重大的促进意义。社团活动的搭建也为许多学有余力的学生提供了一个又一个平台，为学生的终身可持续发展奠定了基础。

（一）学校艺术课堂的补充和延伸

近几年来，我校始终坚持从学生兴趣出发，结合学校对学生高中三年的整体培养计划，因势利导，筹建了多种丰富有趣的艺术类社团。艺术类社团活动的多样化和系统化很好地补充和延伸了学校的艺术课堂。我校建有银石器乐社（下设器乐、舞蹈等子社团）、八音社、零界文化社、相声社、行摄人生社、十鲤戏剧社、promised storm 乐队、绘漫社、微电影社、清扬朗诵社、类星舞蹈社、Broadway 英文戏剧社、书法社、绘画社等艺术类社团。相关社团皆配有指导教师，帮助学生更规范、更有针对性的开展社团活动。比如行摄人生社，是一群爱好摄影的孩子聚在一起，用自己手中的相机，找寻校园生活中的美。

绘漫工作室是我校专注绘画、设计方面的社团。绘漫工作室在每学期都会开展售卖自制绘画明信片的爱心义卖活动，所制明信片深受全校同学欢迎，并在多次活动中帮助学校和其他社团完成海报。美术与设计的融合，是一幅幅有张力的作品，也是每一种思想的碰撞和融合的结晶。

（二）学生艺术展示平台的搭建与展示

教育作为培养人的活动就是要使每个人的个性得到充分而自由健康的发展，从而使每个人都具有高度的自主性、独立性和创造性。学校关注每一个学生的不同需求，给学生一个自由发展的空间。具体体现在艺术社团的设置、艺术类校本课程内容的选择和展示平台的多样性与丰富性上。

学校每年都为学生搭建各种艺术展示的平台，让学生在多种舞台中展现自我，释放青春。每年 1 月我校会举办新年团拜会、6 月举办“传承文学经典·弘扬核心价值”语文课本剧表演大赛、6 月底举办“情系实验·逐梦远航”高三毕业汇演、9 月举办“铭记初心，不负青春”朗诵比赛、11 月举办“音韵之美”英文配音大赛、12 月举办“实验寻声机，追音太湖滨”十佳歌手大赛等大型艺术类活动。活动种类丰富，既有“十佳歌手比赛”类的常规歌唱活动，也有“课本剧比赛”“英文配音大赛”等与学校课程联系紧密的表演类活动，还有“迎新汇演”、艺术节、高三毕业汇演等综合性艺术活动，学生参与率达到 100%，让全校师生在享受一场场视听盛宴的同时，接受美的熏陶。从身边的活动开始，从校园的艺术开始，每一个实验学子在一场场沉浸式的体验中锻炼自我，获得发展。

暑假期间的活动是“七月是你的盛夏慈善音乐会”，该活动已经连续举办六届，已成为一张依托实验中学为平台、实验学生全程主导设计和举办、有一定影响力和知名度的实验中学名片。

音乐会一般于前一年暑期便开始着手策划筹备，从前期准备节目、服装到后期的宣传、售票全程都由学校社员们自主完成。每次音乐会通过售票筹得的善款皆由在任的社长代表本社捐给了多个需要帮助的苏州孩子。

银石器乐社成立于 2014 年 9 月，由学校热爱音乐的同学自发形成，多年来一直受到学校师生的广泛关注和支持。创立该社的目的在于培养实验学子的艺术兴趣，提升自身修养，增进与同学的友谊，挖掘自身的潜力，锻炼团队协作能力，培养集体荣誉感，提高学生的综合能力，活跃校园艺术氛围及文化气息，从各个维度展现实验学子的风采。

所以学校以舞台表演展示和社团展示为特色项目，建设、发展学校的艺术特色，推进学校艺术项目发展，在展示与参与中提升全体学生的审美水平。

（三）校内外艺术类比赛的参与和学习

艺术赛事活动作为满足学生健康需求的艺术教育活动，不仅可以使学生得到多方面的锻炼，还可以提升其艺术修养和审美境界。因此，学校十分重视学生参加的艺术赛事活动。学校根据上级有关精神和文件积极组织、参与指导相关社团学生参加校内外的各种比赛和活动。学生在相关的比赛中能对艺术创造形成一种感知，并能够在其内心中养成随时捕捉艺术创作灵感和艺术表演灵感的意识，让自身的艺术感受更加具有个性。学校坚持艺术修养和比赛训练相统一的原则。在日常社团活动中，指导教师十分注重对学生艺术修养和审美境界的提升。

参与校内外比赛的同学既可以在比赛中增强自我的竞争意识，增强他们对艺术知识学习的信心，也可以通过欣赏其他选手的展示和表演来提升自我的艺术素养和培育个人的审美品位。

我校近几年艺术教学成效显著，心理剧《岁月神偷》《寻路》等多部作品获得省特等奖、省一等奖；“三话”作品《山水沧浪》等均获得大市一等奖，每年均有多位同学获得苏州市“三独”比赛一、二等奖。久语剧组社团在“阅读苏州·悦享生活”表演赛中获大市一等奖。由李晓慧、徐俐文老师指导的《寻李白》和冯润玉老师指导的《琵琶行》等作品在苏州市中小学生艺术节舞蹈比赛中均获得二等奖。

校内外艺术赛事活动是对学生艺术教育效果的一种反馈形式。学校积极鼓励学生去参加艺术实践和比赛，这样不仅能丰富学生的比赛经验，还能促进其心理素质的提升，从而促进其自我技能的提升，获得更好的比赛技巧和比赛经验。通过艺术赛事活动的参与，不仅让学生临场表现能力得到提高，还可以让其思维更加灵活，拓展了个人的思维空间，借助艺术领域的赛事活动，也让学生的逻辑思维与形象思维形成融和，让其思维得到全面的发展。学生通过比赛来获得自由发展与创作的灵感，也在比赛中不断提高其艺术创作灵感和艺术欣赏水平。比赛的锤炼和展示真正把学习艺术的欢愉带给每一个参与者。

高中时期的艺术教育和赛事活动是艺术素养塑造和审美境界提升的关键时期，在这一时期，孩子的艺术观逐步确立、成形。而参加艺术赛事活动既可以提升学生的艺术修养，又能够提高他们的抗挫折能力，帮助他们提升自身的综合素质。因此，学校会在今后继续加强对学生艺术领域赛事活动的指导，使其在赛事活动中得到更好的成长。

三、校园环境的审美熏陶

校园环境可以对学生精神性情进行陶冶，它属于学校美育的一部分。高雅舒服的校园景观、多彩丰富的校园活动、独特向上的校园文化可以使学生体验美、发现美、感受美，并促进学生对美的认知、美的认同，形成正确的审美标准，从而树立崇高的审美理想。总而言之，优美的校园环境可以更好促进学生的健康成长。北大的王义遒教授认为校园环境应该做到“文、雅、序、活”。这就是说校园环境应具有知识、高雅、秩序和活跃的特点，是一个相辅相成的整体。学校在充分考虑学生成长阶段的特点上，有目的地对校园环境进行设计和规划，铸就品味高雅的校园环境。

实验中学整体校园环境就包含了“文、雅、序、活”四个字。学校聘请了专业团队对校园环境进行了一个整体性的全景规划。学校在新校园建立之时就有了标准化与现代化的教学环境，近几年也在不断补充校园文化长廊和文化墙等内容，体现“文”与“雅”，使得校园环境中体现了学校特有的知识氛围和高雅的审美境界。同时根据高中三个年级情况的不同，制定了符合不同阶段学生身心特点的阶段性发展目标的年级和班级文化布置方案。

（一）教学环境的标准化与现代化

环境对于人的作用是潜移默化的。嘈杂凌乱使人烦躁和压抑，整洁优雅给人愉悦和理智且更有利于知识传递、能力训练和品德培养。学校营造了优美和谐的教学环境。根据校园特点，基于美学原则设计和布置了树木花草、雕塑、宣传橱窗、办公室、教室门牌等设施。平时作为上、下课信号的电子铃声也改为了愉快悦人的经典音乐。学校对在校师生的个人仪表也提出了规范的要求，经常通过升旗仪式、班会和晨会强化全校教职员工保持环境整洁、卫生美观的意识。

校园环境规划也考虑到了功能布局的关联性，空间的完整性，建筑造型的整体性。人文景点的建设别具匠心，花草树木布局错落有致、疏密合理。根据校园大小的实际情况，做到了统一规划、合理布局。近几年进一步加强了校园绿化、美化、硬化、亮化等工作，学校布局讲究和谐美，教室、楼道、走廊、宣传阵地的布置更为生动活泼。学校还特别重视一些特殊场所的教学设施完善和更新。“工欲善其事，必先利其器”，根据美育特色的需要，在文学、篮球、乒乓球、棋类、美术、音乐等特色项目中添置利于开展教学活动的必要设备，尽量使教育教学不“捉襟见肘”，根据教育现代化的需要特别加强对体育设施和图书馆的建设和更新。

学校充分借助 2016 年新校建设的契机，创设出学生喜闻乐见的美的教学环境，使学生在美的氛围的感染下，增强学习兴趣，引发美的情绪，从而更积极主动的参与学习和探究。校园物质文化建设具有了一定的文化内涵，体现出环境育人的作用。学校无闲处，处处熏陶人。我们的校园环境不仅仅是学生生活的空间，也是培养学生文明素质的载体。学校在接下来的发展规划中将进一步发掘、利用校园的环境，形成一种浓厚的立体环境文化，使一草一木、一墙一板都能“说话”，都起到教育人、启迪人的作用。恰如陶行知先生所言“一草一木皆关情”，真正做到步步有景，处处育人，学校才能成为学生成长成才的沃土。

（二）文化环境的引领性和方向性

校园整体教学环境的设计是体现学校品位的重要方面，而学生更多的时间是坐在教室中，在各种功能教室进行学习。因此学校教室中、走廊里的宣传画，同样需要发挥审美育人功能。学校建有校园广播台、校园电视台。校园千兆网络做到班班通，为学校审美熏陶宣传搭建了多种途径，审美教育在校园文化建设宣传中起了重要作用。

有些学校布置的文化栏和宣传画多是科学家的头像及其学识贡献介绍，主要目的在于鼓励学生学习科学，追求科学。但科学家距离学生过于遥远，对于科学家的介绍没有进行通俗化的阐释，学生对于科学家的贡献便不能真正了解。实验中学的文化栏和宣传画则更为贴近学生，介绍的是学生、老师。一种是作品类的宣传：三栋教学楼的走廊上挂满了师生摄影、绘画等作品。既给了有艺术特长的师生一个展示才能的空间，同时也为学校增美添彩，对师生的发展有鼓励促进作用。我们的教学楼走廊是学校师生作品的汇聚地。每一个师生都可以把自己看到的感人的景象拍下来或者画出来，或者是我们身边的熟悉情境，或者是感人的、动人的镜头，和全体师生一起分享，这种情感分享，更能使全校师生敞开心扉，使师生双方更了解彼此的内心世界。这样的宣传画是接地气的，是富有人情味的，在情感上也容易感动学生，美育的效果也会更好。学校的宣传走廊体现了其指引性和方向性。学校的宣传栏同样是学生对外界认知的一个窗口。正面向上的审美教育越多，他就越发关注。学生在脑海里留下这种美好的情感印记，久而久之就会建立起积极向上的审美认知，在潜移默化中形成一种优雅的审美境界。宣传栏虽小，也是学生审美教育中不可或缺的一块。

学校文化长廊里还有一种是学校师生人物的宣传和介绍。文化长廊的一侧宣传栏里张贴着杰出校友、优秀社团、丰富的校园活动等的剪影和介绍，宣传栏的另一侧则是介绍学校杰出的教师代表。学生每天总会经过这条文化长廊。对这些人物或是社团或是活动进行宣传时，更多介绍他们的精神。因为学生对此熟悉，激励的作用会大大强化。不是每一个学生都会成为长廊上优秀的校友一样的人物，但是优秀校友却是学生学习的楷模。学校文化环境对学生审美的教育，并不是让学生觉得遥远陌生，而是让他们觉得熟悉而伟大、亲切而高尚。这些贴近他们生活的老师和同学，更能引起他们的共鸣。

总之，校园环境的文化宣传在于实用有效，在美化校园环境的同时，对学生的身心进行影响，让他们在每日的张望中，获得美的体验，进而对自己的身心起到美化作用。

（三）年级文化的阶段性和多样性

年级文化是教育教学活动中具有年级特色、体现年级追求和激励作用的文化活动集合体。高中三个年级各有特点，需要建立和实施各自的文化建设才能更好的因材施教，达成学生健康成长和年级整体发展的目标。年级文化的构建是整个年级共同发展的目标和追求，让整个年级的师生心往一处想，劲往一处使。营造合适的年级文化，适应三个年级不同阶段的学生发展需要，才能更好地引领整个年级的教育工作。学校各个年级组抓住学生在不同阶段的需求、学生各自的发展需要，找准教育切入点，激发他们身上潜在的勤恳和执着。

高一学生是一个特殊的群体，整体上呈现出一种过渡性特点。在学生身心发展中，处于一个重要的变化阶段，是他们人生观、价值观形成的关键期；在课业学习中，面临着初中知识结构向高中知识结构的过渡，面临着学习方法、学习思维的转换；在学习环境上，刚刚从初中进入高中，面临着新的老师、新的同学、新的学习环境、新的学校管理氛围。所以高一年级重点在于“引导方向，树立目标”。让学生顺利渡过这个转型期，树立远大理想抱负。从生活走向远方，用目标引领前进的方向。

高二学生是高中阶段的“断层”时期，因为高一新生刚进入高中，对学校、老师、同学以及学习都有新鲜的感觉，同时，其兴奋心情也使其具有积极的学习和生活态度。高一学生所面临的是如何适应新的生活和新的学习，在这个时期，无论是学校还是老师都对他们给予高度的关注。高三的学生因为即将参加的高考，家长和老师对他们给予更高度的关注。相比之下，老师和家长对高二的学生的关注就相对较少，造成高二学生在学习上两极分化日益明显，学生孤独感和焦虑感也较强。所以高二年级格外重视心理疏导的建设，营造一个积极向上、愉悦宽松的年级学习氛围。

高三年级则是冲刺前行的年级。国家科学院心理研究所教授王极盛先生曾经对考入北京大学的 51 名高考状元做过访谈，材料显示：在影响高考成绩的二十个因素中，学习基础的重要性居第四位，学习方法的重要性居第三位，考前心态的重要性居第二位，而考场心态的重要性居第一位。高三年级组为了更好地调整学生迎考心态，摆脱不合理观念，增强信心，跨越“高原现象”，积极运用心理暗示，鼓励高三学子继续保持奋斗拼搏的精神，帮助他们树立必胜的信心。

综上所述，校园文化环境是一个学校的品牌，是一所学校长期历史积淀和文化建设的产物，也是学生成长和教师发展的重要生态环境，其外延广泛、内涵丰富，形式多样。当前，校园文化尤其是校园环境潜在而又巨大的教育功能，特别是对学生的审美熏陶功能，越来越受到人们重视。一个学校的发展，一定要具有一种校园文化的定位。校园环境在影响和促进学生全面发展的过程中，具有任何其他教育手段无法替代与比拟的地位。

苏州实验中学的校园环境建设始终坚持科学性、教育性、独特性的原则。既符合学校自身发展特点，符合科学的发展原则，也从高中的专业角度进行考量。杜威认为教育即生活，教育伴随于生活的各个方面。校园环境建设赋予的教育的内涵就很有意义。我们的校园具有独特的文化功能，根据“唯真唯实”的校训，制定适合自身发展的方针策略，突出了学校“全面发展、突出个性”的育人理念，提升了学校的核心竞争力。我们的校园环境除了具有使用功能之外，还承担着审美功能和育人功能。它对求学于斯的学生的思想品德、审美能力和环境意识均将产生潜移默化的教育与熏陶作用。和谐优美而富有特色的校园环境从知、情、意、行各方面来提高学生的人文素质，陶冶学生的情操、品性。

近几年，江苏省苏州实验中学在提升学生优雅的审美境界方面取得了不少成绩，获得了一些成功经验，但美育工作是无止境的，对学生审美素养和人文素养的提升是无止境的。在大力提倡素质教育的今天，审美教育已经以它在素质教育中的重要地位被人们所重视。它不仅是审美能力的培养，还应该让学生在艺术生活里有感动的体会，有发掘和创造的经验。在现实环境中培养学生对生活美的感受能力，培养学生健全的人格、创新能力和环境意识。审美教育是一种与美的感受结合的有教育作用的思维活动。

随着社会经济的发展，人们感受美、欣赏美、创造美的能力越来越显示出其重要价值，美的环境已成为人们生活中不可缺少的因素。审美教育与环境有着一种天然的联系。学生综合素质的形成离不开良好的教育环境，学生个体素质模式的建构和塑造，有赖于与之相关的各种教育环境的引导、开发和优化选择。学校将继续加强美育教育，从艺术课堂的审美教育、课外活动的审美培养和校园环境的审美熏陶几个方面全面培养学生感受美、表现美、鉴赏美、创造美的能力，引领学生树立正确的审美观念，陶冶高尚的道德情操，培养深厚的民族情感，激发想象力和创新意识，促进学生的全面发展和健康成长。

我们也会更深入地研究新课程、新方案，结合新课程、新方案进一步整合适合苏州实验中学的美育教育方法，开发更多更好的艺术课程和艺术活动，丰富苏州实验中学的校园生活，建设更优雅、富有内涵的校园文化，提升苏州实验中学的教育品质。

第四章

教育行动：
让校园成为有温度的书院

第一节 在校园文化中践行"真实"、期待"优雅"

一所学校，再坚固的校舍也不过历存百年，再优秀的教职工队伍也免不了新老更迭，而能维持其教育生命传承不息、教育质量持久不衰的，唯有其特色的校园文化。魏超群教授在《城市教育现代化的实践与探索》一书中明确说到："创办特色教育是教育现代化的终极目标。"因此，挖掘校园文化内涵，加强校园文化建设，培育独特的精神气质，铸造师德校魂，从而达到以文化人、立德树人的目标，是每一所学校的应然追求。

自建校以来，学校以狮山之麓为切入点，挖掘地域传统文化，打造校园特色文化。目前已形成了以"唯真唯实"校训为核心的特色校园文化——"狮山文化"；将"雄狮精神"贯穿于学生成长、教师发展的全过程，使优秀成为实验人的习惯，使优雅成为实验人举止的标准。把"汇聚狮山之麓，成就光荣与梦想"落实为实验人共同的目标追求。在长期课堂教学探索和改革的基础上，学校形成了"原味·灵动·高效"的课堂教学特色，引领教学发展。学校坚持"全面发展、突出个性"的育人理念，在稳抓教学质量的同时，重视提高学生的综合素质和实践能力，开发并实施丰富多彩的学生兴趣小组活动，使学生在活动中认识自己、锻炼自己，从而更有方向性地进行生涯规划。

一、唯真——教育从这里出发

"真"，即真理、真知、规律、本质，是一切事物的本来面目；"真"还是一个过程，即坚持科学精神，探求事物本质、追求真相的过程。陶行知说："千教万教教人求真，千学万学学做真人。""真"是教育发生的基础，也是教育开始的起点。"真"强调教育的真实基础、教育的真实发生与教学的真实情境。

首先，要让学生真切地认识自我。

学生的自我认知，是进行个性化教育的基础。为了让学生对自我有一个清晰的认知，在高一新生进校时，我们首先进行心理测试，把握学生的心理状况。高一上半学期，通过一系列的生涯测试，如 MBTI 性格测试、霍兰德兴趣测试等，让学生对自己性格、兴趣、能力等方面有所了解，并指导学生综合考虑选科，初步掌握生涯规划的知识，根据自己的兴趣、性格、能力、价值观等进行高中生涯规划，做到了解自我，了解大学、职业等外部环境，从而实现目标管理，学会自主选择，为自己负责。为了让学生更准确地认识自我，我校利用校园文化活动这一载体，为学生提供发展个性特长、强化个性特征的机会，比如奥赛集训、社团活动、综合实践和探究性学习等。这些活动，为学生创造了锻炼的机会，让学生积极参与实践，深入体验。这些活动帮学生更明确地辨清了自己的兴趣与特长，锻炼提高了综合实践能力，体现了教育的人本化和个性化本质。

其次，教师在教学中设置真实情境。

新课程强调教学的真实情境。教师有目的地引入或创设具有一定情绪色彩的、以形象为主体的生动具体的真实生活场景，以引起学生一定的态度体验，从而帮助学生理解教材，并使学生的心理机能得到发展。真实情境的核心在于激发学生的真实情感。为此，学校提出教育的"原味·灵动·高效"的课堂教学追求。"原味"一是强调以人为本的教育原味，以真实的学生学习基础为起点的教学；二是强调学科的教学原味，"原味"即要求我们的课堂教学立足于学科的基本任务，明确各学科课程的定位，体现学科基本特点。教学风格上，它呈现的是质朴纯正，不作秀，不旁逸，让学生品味到原汁原味的学科精华。

最后，让教育在适合中真正发生。

当教育适合学生，学生适应教育，教育才能成为学生的真正需求，教育才开始发生。高中阶段课程内容变难，课业量很大，对于学生学习能力的要求更高，许多学生因不适应高中学习而变得被动。为了让学生尽快适应高中学习生活，在高一新生报到时，我们就编印了《新生报到手册》，对即将开始的高中学习生活给予引导，并要求各学科进行概括性学习指导，强化初高中衔接过渡教育，引导学生树立目标意识，为后续的选科分班提供依据。为避免学生目标确定的盲目性，我们注意教育目标的层次性和具体性的引导。学生之间的差异是客观存在的，教师分析不同层次学生现有的发展水平，根据学生的不同情况制定不同层次的目标，并对不同层次的学生因材施教，扬长补短。这样，不同层次的学生就都能够在教师的辅导下轻松愉快地学习，自觉性也就提高了。让每一个考生都确定自己心仪的高校，统计张贴在教室，变成触手可及的目标，不断激励自己。

二、唯实——教育在这里生成

“实”，即实事求是、扎实真干、务求实效。基础教育的重要意义是奠定人生底色，高中阶段的教育在人才培养中起着承上启下的关键作用。高中教育是基础教育的最后一站，是通向高等教育的出口与衔接点，是学生成人的最后加油站。教育需要一步一个脚印的踏实前行，来不得半点虚浮，更不能形式化。苏州实验中学仅用短短的二十多年，迅速成为苏州优质的教育品牌，靠的是扎实的教育努力。

十年树木，是要树扎实地在原地向下扎根汲取营养，向上抽枝吸取阳光；百年树人，就是要以务实的态度让每一位学生在每一个瞬间都有触动，在人生的每一处拐角都有指引，让学校的每一个细节都有动人的风景。让每一朵花都开出最美的样子，让每一位学生都长成为最优秀的自己，这就是教育的质量！

自2015年以来，学校始终把“质量”一词放在首位，这几乎成为每次校会的主题词，领导班子反复强调：“质量是教育改革发展的永恒主题，坚定不移抓好办学质量是底线。一所高中有责任、有义务让学生各自成长为有特长、身心健康、积极向上、能为社会建设起积极作用的人，有责任让他们在高考中取得理想的成绩，升入他们心仪的高校。”

如果说实验中学追求的“原味·灵动·高效”的课堂中，“原味”是校训“唯真”的要求，那么，“灵动”则是校训“唯实”的表现形式。“灵动”是课堂教学效果的层次要求，即课堂上学生积极主动、师生形成互动、课堂氛围生动的“灵动”教学效果。注重对学生的激励性评价，实现师生、生生互动，使课堂教学的重心落实在引导学生发现问题和质疑求新上，通过思想的感悟、思维的碰撞，激发智慧的火花，获得美的享受，达到教学的和谐境界。课堂教学上，“灵动”主要体现在强化课堂结构的“生成性”，包括资源和过程状态的生成，最大化地提高课堂教学效率，要求教师上有“意义”的课，即学生学到了知识，锻炼了能力，有良好的、积极的情感体验，产生进一步学习的强烈要求。课堂教学要突出核心素养，要实现课堂知识容量、有效信息交互量和思维活动容量的最大化，最终实现学生发展最大化。

在实验中学判断一堂好课没有绝对的标准，但“原味·灵动·高效”的课堂至少应该达到：充实、扎实、丰实、平实和真实。充实，一堂好课应是一堂有意义的课，至少能让学生学到东西，并激发学生继续学习的热情；扎实，一堂好课应该是一堂有效率的课，能让学生在课堂上明白所学知识；丰实，一堂好课应该是有生成性的课，应该是学生和教师智慧的互动；平实，一堂好课应是常态下的课，不求热闹，不求形式；真实，一堂好课应该是切合教学实际的课，扎实有效，而不是表演作秀的课。

三、至优——教育的不懈追求

教育事业，需要实实在在地、长时间地坚持。从孩子的长远发展出发，教育事业需要我们潜心付出扎实推进，既需要轰轰烈烈，也需要细水长流。办优质的学校，挖掘优厚的地域文化资源，以优秀的师资群体，为社会提供优质的教育服务，让学生享受优越的教育资源，引导学生成长为优秀的群体，这就是我们不懈的追求。

学校努力贯彻新课程精神，以生为本，开发优质综合课程、活动课程，调动学生积极性，形成品牌。着力打造语文和英语课程的阅读课、吟诵课、经典鉴赏课、文学创作课、课本剧展演等系列精品课程，理化生等学科开发了动手探究实验课程、围绕省级课程基地实践平台的研究性学习课程等等。

学校优化的教学管理为提升教育教学质量打下了基础。学校突出分层教学的导向。如奥赛兴趣班，为有兴趣有能力参加奥赛学习的同学提供机会，帮助一大批学生获得了省奥赛一等奖；探究兴趣班，各展其长。2019 年我校在传统的五大竞赛中共有 19 人获得江苏省一等奖，1 人获得全国一等奖。我们的物化、物地组合选科走班试点班级的学生高考成绩优秀，验证了为学生提供合适教育的个性化走班措施的成功。

课堂教学质量的提升，必然伴随着学习评价系统的优化。传统的教学评价制度往往是过程查教案、结果比分数，把复杂的工程简单化了，把人文的内涵数字化了，丢失了教育中最有意义、最根本的内容——人文的发展。实验中学结合课改理念，将教学“六认真”定义为教学设计、课堂教学、作业与检测评价、学生辅导、实践活动和教学研究六方面的“认真”。

与传统“六认真”相比，他们将备课、上课更新为教学设计、课堂教学，将作业与考试考查合并为作业与检测评价，将课外活动变为实践活动，这就将课改理念融入教学管理的每一环节，落实在每位教师的教学行为中，促进了教学质量的提升。

学校依托省市课程基地的优越条件，培养学生的特长。依托“资源循环技术与环境保护”省级课程基地，整合教学资源，拓展学生视野，打造综合实践课程。课程基地建构包括两个模块：资源循环利用技术、环境保护与污染控制。基地秉持“体验、探究、综合、自主和拓展”的核心理念，倡导学习方式和教学方式的改变，开发丰富而有特色的相关课程资源，创设具有鲜明特色的教学情境，建设促进自主学习的互动平台，形成学生实践创新的有效路径。市级课程基地“诗意姑苏”语文课程基地，立足于我校的优势学科，统整大文科阅读资源，走出校园，与苏州市枫桥景区签订合作协议，共享地域传统文化建设成果，立足校内挖掘学生潜力，以江枫文学社、朗诵社、演讲社、戏剧社为基础，以“致青春”诗歌朗诵比赛、课本剧展演、实验诗词大会等形式，开展综合学习活动，调动了学生的积极性，激发了学生的活动热情，发展了学生的特长。课程基地具有很强的综合性，相关的校本课程既结合了学科内容，又构建了探究型综合实践校本课程，同时开发了系列校本教材，锻炼了学生也提高了教师的专业水平。

翻看实验学子的学业成绩单，实验人底气十足。近年来，学校高考成绩主要指标稳居苏州大市第一方阵最前列，累计 7 人获“李政道奖学金”，30 多人进入清华、北大深造，众多学生考入南京大学、复旦大学、上海交通大学、中国科学技术大学、浙江大学等国内名牌高校，考入国外一流名校的学生也越来越多。学科奥赛更是学校的传统优势项目，大批学生在全国和省市级竞赛中连获高级别奖项，并通过保送和自主招生升入知名高校。据统计，仅近五年，就有上百名学生在学科奥赛中荣获省一等奖。除了传统的五大学科竞赛，近年来，学校在语文、英语、科技等领域的竞赛中也屡获佳绩：在 2017 年举行的全国中小学生金钥匙科技竞赛中，实验中学学生王子彦作为特等奖选手代表苏州参加比赛，获得省特等奖。同时，学校在 2019 年也被评为金钥匙科技竞赛省级先进校。此外，学校每年都有一大批学子积极参加“叶圣陶杯”、“语文报杯”和“中学生创新作文大赛”等全国性作文大赛，每年都有众多学生斩获全国一、二等奖。

我们反复强调："孩子承载着一个家庭的未来和希望。作为学校，必须为每一个孩子的终身发展负责，为他们提供优质的教育服务，这是教育人的良心所在。"

四、至雅——教育的树人目标

学校教育的终极目标是人的成长与发展，学校的每件小事都不小，每一项活动都是教育行为。学习应以课堂为主阵地来系统学习提升双基，以活动为载体，并在生活中、在综合实践中、在研究性学习中加以利用和印证，这才是健康的学校教育。高中生正处于向成熟的青年期过渡的时期，在这一时期，生理发展迅速走向成熟，而心理发展却相对落后，这个阶段的孩子看问题容易偏激，逆反心理与盲目崇拜并存，常以自我为中心、缺少责任感。因此，加强学生的自我认知教育极为重要，要让他们明白，什么是他们真正想要的，什么是他们能要的，什么是他们必须要的，努力训练他们娴雅的举止，养成他们文雅的习惯，形成他们高雅的志趣，成就他们儒雅的气质，塑造他们优雅的品格。

省级课题"基于师生积极情绪的中学学校文化建设的研究"虽然已经结题，但它带给学校教育管理的影响还在继续。学校将生命化理念引入课堂教学，以丰盈个性化的生命为目标，激发生命潜能，调动积极情绪。为激发学生的积极情绪，学校利用各个特殊的时间节点，加强学生的励志教育。每个年级都有各自特色的励志课程，每周的班会课已纳入正式的课时安排；狮山讲堂的著名校友励志演讲、专家学术讲座和学习心理辅导讲座，已成为常态。学校改革评价机制，多一把尺子衡量学生，多样化多种类的评优机制，让每一个学生都能找到自己的兴奋点、激励点和增长点，为学生在成长中形成持续发展动力、发展个性化素养夯实良好的基础。积极情绪的调动，重视个性情感因素的培育，让师生明白，向上的追求是比学科知能更为重要的存在。

生在幸福家庭里的孩子，缺少社会生活的体验，不懂得人生的劳苦辛酸。学校适时引导，开展丰富的社会实践活动。他们或立足于校园，进行垃圾分类、废品回收；或走出校园捡拾垃圾，净化景点环境；或走进养老院、福利院，服务老人、孩子；或走进社区服务站、图书馆等文化场所做义工。他们模拟政协社团，在 2018 年 7 月冒着酷暑，踏着热浪，走访在环卫场所、建筑工地等处工作的室外工作人员，在充分调研、细致讨论的基础上，提出了《关于建设露天工作者休息点》的模拟提案，被评为全国优秀提案，并被推荐提交到江苏省政协十二届二次会议。疫情期间，微尘慈善社第一时间筹款 76 581 元，为武汉 8 家医院购置了医护用品。通过参与各种活动，社团成员感受到肩负的社会责任，培养了勇于担当的精神。

孩子的人文素质既表现在内在修养方面，也外化为日常的行为和谈吐。一群举止文雅、志趣高雅、富有担当精神的人，能共同散发出一种迷人的人格魅力，这就是学校文化的魅力！我们努力让狮山文化具有这样的魅力。

第二节 在办学管理中体现真实精神

在学校领导的正确领导下，各部门和各年级工作组团结各管理条线，广大教师切实有效地开展教育和教学工作，践行“唯真唯实”的校训，在办学管理中努力体现真实精神。先后涌现出一批名特优教师，在他们的带领下，全校老师发扬特别能吃苦、特别讲奉献的精神，化压力为动力，力争全面实现上级主管部门制定的高考达成目标和发展性目标，在学科奥赛中，数量尤其是质量上有新的突破，为学校特殊发展增添新彩。

一、统一思想认识，强化班级真实管理

我校班主任队伍是一支能打胜仗，敢挑重担的队伍。在办学管理中利用学校每月班主任例会进行专题培训，统一思想认识，确定一段时间的重点工作，使全校的工作步调一致，切实贯彻以法制学的原则。班主任们工作踏实勤劳，每天都在 7：00前早早到位，他们善于与学生沟通交流，让学生有斗志、无包袱。班主任统领、协调班级各科教学的管理模式，使得各学科均衡发展，使各年级从开学第一天就能呈现出良好的精神风貌。

二、增强协作精神，强调学习真实管理

（一）校内协作

我校管理队伍是一支勇于分担、团结向上的队伍。在教务处带领下，各学科备课组长成为本学科教学工作的带头人，带动教师形成凝聚力强的团队。注重提高学科整体成绩，做到学科内共同提高，强化学科备课组长负责制度，加强学科教研组的凝聚力，切实提高课堂效率。每位任课教师的每堂课都尽可能地做到精讲、精练、精评。不仅如此，还能够落实规划好测试的节奏，做到在教学需要的时候有测试，在学生需要的时候有测试，使考试有利于调节学生的学习状态，为下一步方案的制定提供有效的一手资料。对出现的问题，能够及时研究好对策，狠抓落实，大大提高复习效率。各部门在教务处协调下，为学生制定《江苏省苏州实验中学学生学习规范要求》，保证学校有良好的学风。

（二）级部协作

我校的教学管理以年级为单位，各部门协作，齐抓共管。班级是进行教学管理的基本单位，更是进行高中教学、提高成绩、达成教学目标的重要阵地，而班主任则是这个单位的领导者、组织者和管理者。年级非常重视班主任队伍的建设和管理，每周一下午为班主任例会时间，通过例会，总结一周来年级、班级工作中存在的问题，强调需要注意的问题，布置下周年级工作，及时指出工作中存在的盲点；成立以班主任为“组长”的“班级主任”团队，要求班主任要定期召开班级任课教师会议，协调、沟通任课教师之间的关系，充分发挥任课教师在班级管理中的教育教学潜能；通过任课教师会议，确定边缘生、重点生，由任课教师对他们的作业进行面批，并耐心地和他们谈心、交流，使班级辅导工作不仅细致到位而且更加具有针对性。

加强班级管理，使每一位任课教师都成为班级的班主任、管理者。通过成立以班主任为“组长”的班级管理团队，使每一位任课教师都关心班级的管理，充分挖掘学科的育人价值，让每一位任课教师都既能从任教学科出发，又能从全局出发，主动参与班级的管理，注重师生之间的沟通与感情投入，让学生从心底里接受老师，加强师生之间的相互理解与信任，引导老师、学生进行换位思考；力争建成成功的班级管理团队，改善班级

教育教学效果。每个年级在不同阶段都强调真抓实干。

1. 高一阶段

工作组成员在年级的工作中发扬“吃苦在前”的精神，尽心尽力，起到模范带头作用，与全体班主任和任课教师为实现工作目标和任务而努力拼搏。在高一那个漫长的假期中，真正做到了“停课不停学”：6 次备课组长会议；5 个阶段学习；4 轮竞赛辅导；3 次班主任会议；2 次在线家长会；1 次在线测试考试……67 个日夜，不计其数的感人照片，无法具体统计的通知和数表。全体教学工作者与管理工作者心往一处想，劲往一处使，真正体现出团队意识，发挥出团队力量，从而使教育教学效率达到最大化。

2. 高二阶段

在不同阶段（如高一突发疫情假期延长、高二学测与期末考试并行、高三模考接踵而至），年级工作组在课时设计上下足功夫，合理安排自习课、周末课时，加强考试的分析和有效控制，规范教学行为，有的放矢。

3. 高三阶段

年级工作组在每学期期中、期末考试后，均会认真分析总结暴露的问题，确立向管理要效益的工作方向，即加强年级工作组管理、德育管理、班级管理、课堂管理、作业管理等。年级对以下节点班级情况均设相应人员巡查并拍照记录：(1) 早读到班在岗情况；(2) 午练到班情况及学生纪律；(3) 晚自习纪律及请假人数。

(三) 家校协作

学校的管理离不开家校协作。为了真正实现家校联合，在高一开始就组建家长委员会，建立家长学校，每学期召开家长会，对家长在家庭教育方面进行培训。通过家庭渠道，加强对学生习惯的培养和改造。每学期放假前制定自主学习安排表，印发《给家长的一封信》，使学生在漫长的寒暑假仍能保持自主学习的习惯。正因如此，面对突如其来的疫情，学习节奏并未受到大的冲击。通过与家长的沟通、配合，加强对学生在家的管理与调控，使学生有效地利用时间进行学习。通过建立学习小组，加强对学生学习主动性的培养，检查落实放假期间在家学习的情况。特别是疫情期间很多学生都是居家学习，这需要家校真实合作才能保证学习的效率。比如疫情期间我们学校分别制定《学生篇》《家长篇》来促进真实管理。

学 生 篇

1. 严格遵守作息时间

我们要以开学的状态对待在家的自主学习，按照学校的作息时间表规律作息，以饱满的精神状态迎接新学期的学习。对作息时间要求如下，每天上午、晚上7：30分别打卡一次。

2. 严格执行课表安排

本阶段，我们每天安排6节课，上下午各3节，每节课45分钟左右。语数英各10课时（每天1节课），物理8课时，化学、历史各5课时，政治6课时，生物、地理各4课时。参照平时上学，每上5天课，休息1天，2月18日、24日不安排学习任务。

每天严格按照课表（课表见附件）上下课，请同学们务必做好准备，提前找到网课资源（特别提醒：我校老师录播的课程，收看方法同第一阶段；有的课用的是苏州线上平台的课，一定要提前找到），准时上线，不迟到，不早退，认真听讲和做笔记，主动交流，不断提升学习效率，提升学习效果。

每天的体育锻炼、眼保健操不要流于形式，身体是革命的本钱，要爱护好。

3. 按时完成作业、上传作业

第一阶段有的同学不能记清记全作业，也有的同学不能及时上传作业。第二阶段，当天有课的学科都会布置作业，同学们一定要把每天的作业梳理一下，明确作业任务、知晓检查要求。独立认真完成，完成后根据老师的要求及时批阅、订正、提交；不能按时上传的，一定要和老师解释清楚。

作业中有疑惑的地方，也请同学们及时请教老师。

4. 合理使用电子设备

在线学习必须要用到电子设备，为了减少分心、保护视力，建议使用电脑、摄像头、耳麦等设备参与线上课程，不建议使用手机。为了保证较好的学习效果，可以提前打印学习资料，减少看电子屏幕的时间。学习期间，手机应尽量远离学习区域。晚自习作业时，请尽量避免使用电子设备。

家 长 篇

1. 调整生活节奏

尽管开学延迟，但是我们的思想意识要进入开学状态，生活节奏要按照学校建议的作息时间。晚上 10:30 左右入睡，次日早晨准时起床、准备好早餐，把孩子叫起来吃早餐。以此告诉孩子：生活该走出假期，走上上学的轨道了。

2. 营造学习氛围

在家学习是一种全新的生活。北京有个校长倡议：让书房变教室、客厅变操场、厨房变生活馆，非常有道理。家长要适当的进行环境布置，将学校要求的作息时间、课表张贴在书房，将家庭营造为一所小型学校。家长要管理好电子产品，督促孩子学习时合理使用电子产品，减少分心，尤其是手机要远离。家长也要陪孩子一起学习，孩子学习时，我们也可以跟着一起看书学习、不玩手机。

3. 协助检查作业

根据学校的要求，及时提醒、督促孩子完成老师布置的任务，鼓励孩子加强与老师的沟通联系，请老师帮助答疑解惑。

4. 增加生活体验

让孩子做一些家务，首先让孩子保持自己的卧室、书房、书桌的整洁；其次，可以让孩子走进厨房，学做一两道菜，还可以让孩子洗洗自己的衣服，以此锻炼孩子的生存能力，优化孩子的生活习惯。

三、确立目标意识，注重年级真实管理

年级工作组在新学期开学考及月考、几次模拟考试后及时召开全体教师会议，明确整个学年及各个阶段的目标要求，统一思想认识，统一要求，使每位教师围绕工作组的要求开展切实有效的工作。每周一次召开班主任会，定期召开学科备课组长会，使教育教学工作都紧紧围绕年级的中心工作开展。“拼搏进取、吃苦奉献、团结协作、坚持卓越、自主自强”是我们坚定的精神信念。在班级管理上，针对各班情况科学制定不同组合、不同班级的本科达线目标，完善目标的落实措施，将目标细化分解到班级，并把目标进一步分解到人和各科任课教师手中，明确目标人物存在的问题，

分别落实语数外及选修的达成情况及存在的问题，确定需要重点帮扶的对象。各班各科建立责任制，精心谋划、精心组织、精心实施工作方案，逐步明确过程性奖惩办法和终结性奖惩条例。

四、利用生涯规划，促进师生成长管理

新课程理念要求注重师生的生涯规划指导，这样能促进师生共同进步发展。我们尤其注重学生的德育规划、学习规划和生涯规划的教育。

德育规划：德育习惯养成是从高一年级就紧抓不放的一个重点工作。养成好的行为习惯和学习习惯，在之后的教学管理中就可以少花气力。管理中利用晨会、班会、跑操以及学校的其他活动，加强学生行为习惯的养成教育。在住校生管理上，年级老师主动与宿舍管理人员联系，及时了解情况，及时整治。年级定期召开住校生会议，对进步大的学生进行表彰，在德育教育方面提升教学效益。周末放假时，学校会安排学生志愿者对各班卫生情况、消毒通风情况、电器关闭情况等进行考察打分，将打分结果张贴在公告栏，以此加强学生卫生意识及节约意识。为培养学生的条理性，方便学生更好地学习，学校统一购置书袋，让学生学会分层放书，上课时提前做好准备和候课。

学习规划：为了培养良好的学习习惯，学校会加强对作业习惯、课堂规范、自习纪律、考风考纪的教育，征集并展示作业、笔记、错题集、考试卷面等书写工整的身边的榜样。高一阶段分别举办了语文活动月、英语活动月、历史素养风采大赛，调动学生学习的积极性和自觉性。高二开始，利用午休前 20 分钟开展各班级定时、定量的集中训练，效果良好。为了培养学生刻苦学习、诚实守信的作风，树立自尊自律的良好形象，年级设立诚信荣誉考场，筛选优秀的学生实行自管、自考和“无人监考”，不止检验学生的学习成果，还检验了考试诚信，更在年级中树立起标杆，学风也得到更好地提升。在一些特殊的时间段，各班召开有针对性的主题班会、成绩分析会、学习经验交流会等，利用学校的晨会，宣传各班成绩优秀的学生，召开年级大会，表彰成绩优秀学生，介绍优秀学生的事迹，进而鼓舞学生的斗志，磨砺学生的意志。此外，学校还通过设置高考倒计时牌，警醒学生，增强时间意识，营造既紧张又有序的学习环境。

生涯规划：我校把高中生生涯规划作为一个系统工程和重点课题来积极

探索研究，希望通过生涯规划来加强对学生的思想引导，实现人生价值、职业规划的教育，最终激励学生对人生做出自主规划，激发学生学习的兴趣和动力。我校在高一入学阶段就和南京师范大学顾雪英教授团队合作，请他们分别对学生和家长进行生涯规划的引导，目的是为了学生在后期能对自己的选科进行正确认识，从兴趣探索和能力探索等方面考虑生涯决策；高二阶段生涯规划主要是对团队建设和自我发展内驱力方面进行生涯规划教育；高三阶段从“我的理想”和“高考动员”等主题活动来提升学生的学习兴趣和热情。

我的高中生涯规划书

班级________________ 姓名____________

一、我的生涯愿景	
我的心仪学科群组	（填写 1～2 个）
我的心仪学科门类	（填写 1～2 个）
我的心仪专业	（填写 2～3 个）
我的心仪专业兴趣代码	
心仪专业对我的意义	（回答为什么选这个专业， 我看重这个专业的哪些方面）
我的 1.0 版的选科决定	
我的选科困惑	（若有困惑就填写，无则不填写）
二、我的生涯愿景的可行性分析	
我的优势（从自身来看，包括成绩、 能力、兴趣、过往的获奖等等）	
我的限制（从自身来看， 我在成绩、能力等方面的薄弱环节）	
我的机遇 （从外部环境来看，如家庭、学校等）	
我的挑战（从外部环境来看）	
三、我的行动计划	
（写一写你准备“如何利用优势，突破限制，抓住机遇，迎接挑战”）	

五、组织多元活动，提升学校发展管理

江苏省高考改革正处于不断探索的阶段，微小的变化都可能对高中教学产生巨大的影响。如何应对学业水平测试、综合测评，如何处理好语数外与选修的关系、学科竞赛与高考的关系，是年级必须思考好、把握准的问题，它关系到年级的工作方向和工作重心。

高一年级工作组重视通过各种活动提升学生能力，发展学生素质。在学生活动方面创造性地开展工作。高一 8 班家委会统一组织学生和家长集体开展苏州环古城河远足，绕行南半圈，全长 6 公里，步行时间大概 3 小时。活动过程中穿插环保、文娱活动等，既促进素质教育，推进新课标实施，也是献礼校庆的重要组成部分。让学生亲近家乡，亲近亲情，感受生活，使学生丰富知识，开拓视野，了解苏州古城及现代建筑、自然景观和人文景观为一体的综合性城市生态公园，培养学生爱生活、爱自然、爱父母的人文情怀，激发同学们爱家乡的热情和学习的积极性。

高二年级工作组在高二应对学业水平测试时，为防止其对高考其他学科学习造成冲击，高二年级制定了“分段推进、分层实施”的工作思路，力争短期突破。“分段推进”是指分阶段制定不同的工作方案，前期仍以语数外和选修学科为主，同时兼顾必修学科。随着时间的推移，不断调整工作重心，逐渐增加对必修学科的投入；后期加强必修学科在课时、训练方面的投入，减少但不停止选修学科的学习投入，同时仍不放弃语数外尤其是数学学科的投入。“分层实施”是指针对不同层次的学生，提出不同的努力目标，而不是一拥而上，只问投入，不问产出。强化班学生通过合格考问题不大，部分实验班的学生可能会有危险科目。不同的学生有不同方面的需求，不能因为学业水平测试而过早、过多地对语数外等高考学科的学习造成冲击，科学的决策可以避免这一问题。

各年级工作组在学科竞赛方面也能很好地通力合作，既重视一贯的辅导培训，也注意协调好竞赛与高考的关系。不搞“广撒网”，而是精选选手；不抛弃高考，而是以高考为主，竞赛为辅。各年级制定了严谨的辅导计划，安排合理的辅导密度，即便因疫情停课，寒假延期，仍有序推进各科竞赛辅导。物理竞赛 2 人获国家一等奖，7 人获省一等奖，取得历史性突破；数学竞赛 6 人获省一等奖，化学和生物竞赛均有 8 人获省一等奖；在各

类现场作文大赛中，获省一等奖6人。

高二部分班级结合本班学生的兴趣与发展需求，开展了更具特色的活动，如高二5班康壮老师组织学生进行了辩论赛、读书交流会，高二6班章晏老师组织学生进行了时政播报活动，高二8班李杰老师组织学生利用“五一”假期在苏州市博物馆进行志愿服务活动，年级对这类个性化、多样化的活动给予了肯定和鼓励，并计划发动更多班级结合自身实际开展相应的学生活动，以丰富学生的精神生活。

高三年级工作组让学生明白高三的学习是一场马拉松比赛。如何让学生在高三始终保持旺盛的战斗力？为此我们也将精心设计高三的德育目标计划，引导学生树立“抓住高三，就抓住人生”的信念。努力通过德育活动的设计，促进高三学生在学习和生活上的行为自律、学习自主、个性自强。每个实验高三人，都要有一颗追求卓越的心！

高三年级切实做好挖潜增分工作。潜能的挖掘依赖于对学生科学的分析和有效的辅导。根据学校学生的构成情况，年级组制定了“抓两头，促中间”的策略。重点关注尖子生和边缘生，以此带动整体的提升。在全方位管理的同时，精心思考“提优”“促边”的工作。对此，年级从以下方面入手，积极开展工作。

1. 目标引领。制订各班的奋斗目标，让老师找“苗”育“苗”，让学生对号入座，激发教师培优拔尖的热情，培育学生考取名校的信心和需求。

2. 课业分层。强化班与实验班作业分层布置，给予强化班学生更多的自主时间，让强化班学生有更多的时间在同伴互助学习中共同促进提升。

3. 实行培优专人负责制。六科教师有六位专人负责，统筹安排培优拔尖工作。

4. 盯住本一本二双向边缘生的弱势科目——选修或语、数、外，采用人盯人战术，促使成绩在六科总分线附近的学生以及某门选修“瘸腿”的学生在高考中能达到本科线并被高校录取。

5. 对考试成绩优秀的同学、单科优秀的同学进行表彰，形成良好的学习氛围。

6. 在全方位管理的同时，年级充分利用校内外的各种资源，聘请专家做讲座，进行提优补差，主动和家长配合做好提优、促边、稳后工作。让优生更优，出精品、上名牌。

在办学管理中体现真实精神，需要我们每位老师践行《常规管理要求》，召开落实《常规管理要求》现场推进会来让各管理条线教职员工认真学习和落实学校教学管理规范工程实施方案，狠抓学校、教研组、教师“三级主体”职责的精细落实及自主评议工作，只有这样，学校才能在办学管理中体现“真实”精神，发展得越来越好！

第三节 在校本课程中培养真实智慧

一、拟定工作方案　明确推进计划

（一）校本课程开发的指导思想

校本课程是基础教育课程改革的重要组成部分，创设校本课程是落实新课程的需要。校本课程的开发与实施，给学校的长远发展、教师的专业发展及学生的个性发展都提供了更广阔的舞台。我校坚持一切以学生的发展为本，以个性发展为目标，以兴趣性、拓展性为依据，以课程适应为原则。结合我校“办一所人民满意的学校”的办学目标，确定我校校本课程的主题为：传承民族文化，弘扬民族精神，加强自我防护，拥有健康体质。通过校本课程的开发与研究，大力提高教师开发校本课程的能力，满足学生可持续发展的需要。

（二）校本课程开发的目标

校本课程是依据学校特色进行开发的课程。完善课程体系，真正做到以学生的发展为本，培养具有创新精神、实践能力的合格人才是我校开发校本课程的最终目标。校本课程的不断完善与实施，使学生“学会做人，学会学习，学会健身，学会生存，学会合作”，满足学生可持续发展的需要。校本课程的开发，有利于促进教师学会学习、学会反思、学会创新，促进教师专业化成长。

（三）校本课程开发的原则

1．人本性原则

人本课程观的核心思想是以尊重人的个性为根本出发点，在课程选择使用上以人为本，重视学生的学习需求，使学生的学习需求得到尊重和满足。我校开设的校本课程正是本着这一原则，中华美德故事、古典文学鉴赏课中我们搜集了许多经典的故事及名著片段，让学生赏析、品味人物性格的特点，不断拓展学生的知识面，使学生接受民族文化的熏陶，吸收民族精神的营养，使之成为学生成长成才的精神支柱。

2. 整体性原则

校本课程的开发要从整体上把握课程的目标与结构，校本课程的开发，学科课程应得到充分重视，开发潜在的课程资源，重视隐藏在课内外和校园文化中潜在的课程。在校本课程的设置中，低年级重视学生的礼仪养成教育，中年级重点放在学生的动脑、动手、动口和理解能力的培养，高年级主要学习在未来社会上生存的知识、方法。总之，让学生通过各种活动，在知识、品质、能力、个性等各方面得到和谐、全面的发展。

3. 发展性原则

校本课程开发的发展性原则是针对校本课程的价值而谈的，课程最大价值在于促进学生成才、教师成长、学校发展、社会发展。我校利用自身资源，构筑具有本校特色的适合学生发展的校本课程。我们在各年级，根据学生的年龄特点及需求，设置了不同的课程内容，满足了不同学段的发展要求。

（四）方法措施

充分调动教师参加课程开发的积极性，体现参与性；充分利用校内外的教育资源，坚持校本化；仔细研究《国家基础教育课程改革指导纲要》，保证校本课程开发的方向性与探究性；构建校本课程开发的和谐团队，结合校本研修的管理模式，实施课程开发的研究和实践；学校安排专职教师，做到有课程方案、教学计划、教学进度、阶段总结、跟踪纪实等材料。

（五）校本课程开发要求

每学期按 15 课时开发，有总体目标；每课有课题、教学目标（必须有情感目标），最好设有习题；按每学期订一册，有课本封皮、目录；单元题目为小一号字，课题为小三号字，其他为四号字；根据课程需要，可有插图；教师每学期按要求撰写校本课程教案、计划；任课教师应充分尊重学生的意愿，采用学生喜爱的组织形式和活动方式，充分调动学生的学习积极性；在校本课程的实施过程中，教师要给学生创造宽松的活动环境，允许学生用自己的语言方式表述，教师要重视学生的过程体验，不能只重活动的结果；课程的开发过程中，教师必须树立档案意识，把校本课程开发中的所有资料搜集整理好，以此为基础进行总结、改进和推广，并做好展示汇报工作。

（六）校本课程的评价

教务处具体负责课程的阶段检查；教师组成立校本课程开发团队，积极参与校本课程的开发与实施。对校本课程的评价，应重视过程性评价，旨在提高教师的业务水平及学生的自主学习的能力。各任课教师每学期需对学生的学习情况采用符合国家要求的方式评价，评价学生对该学科学习的兴趣需求、学习效果等。

（七）例举课程设置

以下是 2017—2018 学年高一年级校本课程具体实施方案：

为了拓展学生成长空间，丰富学生的文化知识，满足学生个性需要和兴趣，将培育学生核心素养落到实处，在全体高一教师的努力之下，经过课题申报、课题论证后确定了 24 门选修Ⅱ课程供大家选择。

上课时间：周六下午第 3、4 节课

选课方法：每位学生在提供的 24 门课程中选其一，学生选课分两个阶段。第一阶段在选修Ⅱ课程目录（1）中选择，报名后有老师组织考核选拔，报名完成时间是 10 月 19 日（星期四），考核选拔完成时间是 10 月 21 日（星期六）。第二阶段在选修Ⅱ课程目录（2）中自由选择，不需要考核选拔，完成时间 10 月 26 日（星期四）。学生一旦选定，中途不得更改，请大家慎重选择。当选择该课程的学生数量太少时，将取消该门课程的开设。

附：江苏省苏州实验中学选修Ⅱ课程目录

高一年级选修Ⅱ课程目录（1）

课程代码	执教者	课程名称	课程简介	开班人数
01	章祥俊	数学奥赛	略	35

（续表）

课程代码	执教者	课程名称	课程简介	开班人数
02	李志云	物理奥赛	与高一物理课堂内容相关联的提升。主要目标是自主招生和全国中学生物理竞赛，它有可能对将来名校（985）的自主招生的选拔（资格）产生影响。自主招生的试卷的物理部分比较特别，希望通过本课程的学习，增加学生被选中的机会建议想参加选拔的同学和对物理感兴趣的同学积极报名参加	35
03	王希俭	化学奥赛	略	35
04	周　祥	生物奥赛	略	35
05	彭仁杰	信息学奥赛	略	35
06	康　壮	历史微剧创作与表演	以真实的历史人物、历史事件为题材，经过对历史资料进行分析、研究、艺术加工，再现一定历史时期的社会生活面貌（要求学生具有一定的文字功底和表演能力）	35
07	臧湘江	羽毛球	让学生了解羽毛球运动的特点与价值，通过校本课程的学习，提升对羽毛球的欣赏水平，培养学生学习羽毛球的兴趣，提高学生羽毛球技战术能力，把羽毛球作为一项锻炼的手段（要求学生自带羽毛球拍与羽毛球）	18
08	李峥嵘	足球	通过学习，培养学生对足球运动的兴趣和爱好，在学习和掌握足球基本技术的基础上加深对足球运动特点的理解，培养学生团结合作、勇敢顽强、不断进取的良好品格（要求学生有良好的足球基础，自备一双足球鞋）	20
09	孙志亚	篮球	中学篮球对于学生具有极高的锻炼和健身价值。本期课程的目的在于提高学生篮球传、运、投的基本技战术，提高学生身体素质（要求学生：①能通过左右手三步上篮；②自备运动服、篮球鞋等）	20
10	外聘人员	形体训练与舞蹈作品鉴赏	通过形体训练培养学生高雅优美的身体姿态，使学生初步掌握形体舞蹈基本技术、技能，培养学生的协调性、表现力及各关节肌肉的柔韧性。优秀舞蹈作品鉴赏是在形体训练的基础上给学生观看优秀舞蹈作品来培养学生对舞蹈作品的鉴赏能力，发展学生直觉、想象、推理以及表达、交流等观察社会、与社会交融的能力（要求学生有一定舞蹈基础，形象、气质佳）	15

（续表）

课程代码	执教者	课程名称	课程简介	开班人数
11	刘毅平	摄影	摄影是一门艺术也是一门技术，用光来描绘、用影来衬托美好生活。摄影还是物理学的一种应用，相信很多同学都爱摄影，进一步提高摄影技术，就是我们开“摄影”选修课的目的	15

高一年级选修Ⅱ课程目录（2）

课程代码	执教者	课程名称	课程简介	开班人数
12	张长松	《弟子规》解读	让学生学习继承传统文化，明晓礼仪之邦应有的待人处事之道，做一名品德高尚、素质优良、言行文雅、气质高贵的实验人	40
13	王　昭	《红楼梦》十五讲	《红楼梦》是一部具有高度思想性和艺术性的伟大作品，代表中国古典小说的最高成就，被誉为“中国的百科全书”。现当代文化学者无一例外的与《红楼梦》结缘，本讲座将带你系统研究《红楼梦》博大精深的世界	40
14	姜友华	《呐喊》十五讲	有一种声音叫呐喊，有一种品质叫无私，有一种情怀叫忧国，有一种灵魂叫脊梁，有一面旗帜叫鲁迅。在彷徨中清醒，在呐喊中前行，在自省中剖析。砸开铁屋，刮剖病骨，疗治痼疸。横眉作剑伤敌胆，俯首为牛暖我心。迎战高考，呐喊人生，漫步桃李园	40
15	胡学文	《西游记》与高考作文五讲	“呔，妖怪，休要伤人，快到我的碗里来！我要用你来写作文得高分!”读《西游记》，还能用它来在考场作文中得高分，你想知道咋整吗？	40
	聂梦媛	《边城》十讲	《边城》是沈从文小说的代表作，是我国文学史上一部优秀的抒发乡土情怀的中篇小说。来读《边城》，来体会最纯粹的爱，结识最纯粹的人	
16	赵　彦 王维兵	从此爱上写作	略	40
17	高一数学组	数学思想与方法	略	40

（续表）

课程代码	执教者	课程名称	课程简介	开班人数
18	陈嘉炜	物理实验手工制作	与物理相关联的实验。深入挖掘教材中与实际生活相联系的素材，精心设计一些小实验。所用的材料并不奢侈、昂贵，旨在掌握科学原理。注重科学知识与日常生活相结合，既生动活泼又切合实际。通过科学的学习与动手操作，了解与周围常见事物有关的浅显的科学知识，并能应用于日常生活。在这当中我们收获的不只是乐趣，更学到了知识（每人要缴纳一定的实验器材费用）	40
19	朱　广	新能源利用	了解各种新能源的形式，探究新能源的利用效率	30
	贝帮洪	材料与化学环境	邀请来自学术界和工业界的研究人员以及从业人员来分享自己在材料化学以及环境保护方面的想法、问题和解决方法	
	蒋文俊	生活中的化学	通过实验、图片、影像等教学手段，拓展化学知识，使化学渗透到生活的各个方面，不仅能提高化学学习兴趣，而且能提升化学素养	
20	李　慈	创客空间	这是一间结合电脑、机械、技术、科学、数字艺术和电子技术的工作室，自己动手，展开合作，把更多的创意转变为产品	20
21	严玲玉	英文电影鉴赏	通过观看电影中的精彩片段，在有质感的英语（台词）中体味原汁原味的语言魅力，培养学生独立思考的能力，大胆表达其真实感受，从真实的交流中感受语言的文化内涵	30
	薛　云	English hotwords	热词作为一种文化现象，反映了一个国家、一个地区在一个时期人们普遍关注的问题和事物。本课程重点关注日常生活及新闻中的热词及相关英文表达，使学生紧跟当下热点潮流，拓展词汇量，同时服务于更有效的中国特色文化传播	

（续表）

课程代码	执教者	课程名称	课程简介	开班人数
22	许霞萍	苏州古城街巷文化	苏州是文化之都，巷陌之间有很多文物遗迹，古城内一条条街巷都演绎着苏州曾经的历史或今天的人文	30
	范志国	行走的人生——旅游地理	俗话说，读万卷书，行万里路。旅行对于增长知识和才干，丰富人生旅程的意义十分重大。旅行是认识外部世界，了解不同地区风土人情的重要手段	
	杜　颜	边走边看的中国古建筑	中国古代涌现出许多建筑大师和建筑杰作，建筑是凝固的艺术，走出去与古建筑对话，“发思古之幽情”	
23	朱立新	投资理财的选择	在现代商品经济条件下生活，人们离不开金钱。金钱既非万恶的根源，亦非万能之物。作为现代中学生，需要懂得一些投资理财知识，本课程是必修一课程的延伸，通过介绍一些常见的投资理财方式，比如存款储蓄、国债、债券、股票、外汇、房产等，在一定程度上对培养学生的“经济头脑”有启蒙作用	30
	章　晏	时事热点追踪	了解国际、国内近期的时事新闻，透析热门时事，绘制时事小报	
24	王立峰	几何画板	是一个通用的数学、物理教学（学习）环境，简单易学，容易操作，实用性强。通过学习研究，可以更好地理解数学模型、解答相关数学问题、探究数学的本质、显著提高学习兴趣	20

二、课程基地引领　践行创新发展

（一）为人的成长创造最大的空间——“诗意姑苏”语文课程基地

课程基地是以创设新型学习环境为特征，以改进课程内容实施方式为重点，以增强实践认知和学习能力为主线，以提高综合素质为目标，促进学生在自主、合作、探究中提高学习效能，发掘潜能特长的综合性教学平台。基于新课改背景，我校拟申报高中语文课程基地，努力为人的成长创造最大的空间。以下将从背景条件、创意水平等五个方面对基地建设规划进行简要介绍。

1．背景条件

（1）名师引领

我校语文组名师荟萃。其中正高级教师 1 人，大市学科带头人 5 人，区学科带头人 10 人。张长松老师，为正高级教师，省特级教师，省“333 人才工程”培养对象，江苏人民教育家培养工程第三批培养对象，由他参与研究的“语文生命化课堂理论与实践”等项目获江苏省首届教学成果一等奖。

（2）科研奠基

我校教师科研功底扎实。近 5 年，除了大量期刊论文的发表、获奖，学校还承担省级课题 8 项，市级课题 15 项，并组织教师积极做好校本课程的研发工作，先后开发了五十多门校本课程。

（3）学生底色

短短二十几年，我校培养出了 2 名苏州大市高考文科状元，7 名“李政道奖学金”获得者，30 多名学生考入清华、北大，本科率持续保持在 95% 以上，高考总均分等指标稳居苏州大市第一方阵。此外，我校学子在 2016 年获得“苏州市中学生第二届辩论赛”冠军的优异成绩；2017 年在“苏州市第四届经典诵读”比赛中荣获高中组综合评审特等奖；2018 年在“苏州市第十届三话比赛”中，我校学生代表队荣获高中组一等奖。与此同时，我校还有一大批优秀学生斩获各级各类作文大赛国家级一等奖、省特等奖……

（4）经典提升

我校借助图书馆这一平台每年进行“十大校园读书人物”“最美班级图书馆”的评选，来推进阅读经典向纵深发展——经典古诗词诵读大会、枫桥迎新诵读诗会、校园文化戏剧节……我们将通过语文课程基地的建设，使经典阅读制度化、活动化、系统化。

（5）文史氛围

我校坐落于姑苏城外狮子山麓枫桥之畔，近邻寒山寺、枫桥文化风景区，文史氛围浓厚。花山、枫桥文化风景区等作为我校江枫文学社的活动基地——这恰是对语文课程基地赋名“诗意姑苏”的最佳诠释。

2. 创意水平

（1）课程哲学

教育的过程是提升受教育者生命价值的过程。受教育者是一个具有能动发展需要与可能的生命整体，而不是只能被动接受、由他人根据需要或目标去塑造的客体，更不是“物”。这个生命主体应该具有认知能力、道德品质和健全人格。基于此种认识，我们以“人的教育”为课程开发的哲学依据。

(2) 项目创意

静态研读活动化：体现了学习方式和教学方式的变革。

平面语文立体化：多元化、社团化、辐射性。

3. 建设内容

语文课程模型建构，主要体现将传统与现代相结合的原则，将文学与艺术相结合的原则，将学生经典欣赏、诵读、学习、表演、探究与语文素养的陶冶相结合的原则，真正让学生成为语文学习的主动者和母语的传承者，形成审美体验，提升语文素养，成为高品位的终身阅读者，为人的成长拓展出最大的空间。

八大“经典主题研习室”（《红楼梦》——整本书阅读研习室、风·骚——中华传统文化经典研习室、莎士比亚·汤显祖——跨文化研习室、文学阅读与写作研习室、思辨性阅读与表达研习室、跨媒介阅读与交流研习室、中国现当代作家作品研习室、当代文化参与研习室）和四大“语文课程功能室”（文学音像观摩室、视频音像制作室、文学创作成果展示室、语文多功能教学实验教室）可分类成为三个“室”：一是“研习室”，二是“活动室”，三是“资料室”，从而使语文课程基地集多种功能为一体，为学科的内涵发展、教师的专业成长和学生文化素养的培养奠定坚实的基础。六大“学习平台”将使语文课程基地课程建设实体化、系统化、制度化。

4. 效能预期

(1) 深化教学改革。语文课程经典探究学习将促使教学方式发生重大转变，能切实体现学生为主体的教学形态。

(2) 促进学生成长。语文课程经典探究学习将使在文学上有天赋的学生得到发挥的空间，使他们在自己的特长上终身发展，从而涵养人生，丰富生命。

(3) 推动队伍建设。语文课程经典探究学习将促进教师专业的深度发展，整体提升语文教师队伍的专业水平。

(4) 形成学校特色。语文课程经典探究学习将充分开发多种课程资源，体现传统文化特色，彰显地域文化魅力。

(5) 引领区位发展。语文课程经典探究学习将辐射周边，影响其他学校乃至社会，引领本区域的文化品味追求和精神生活格调。

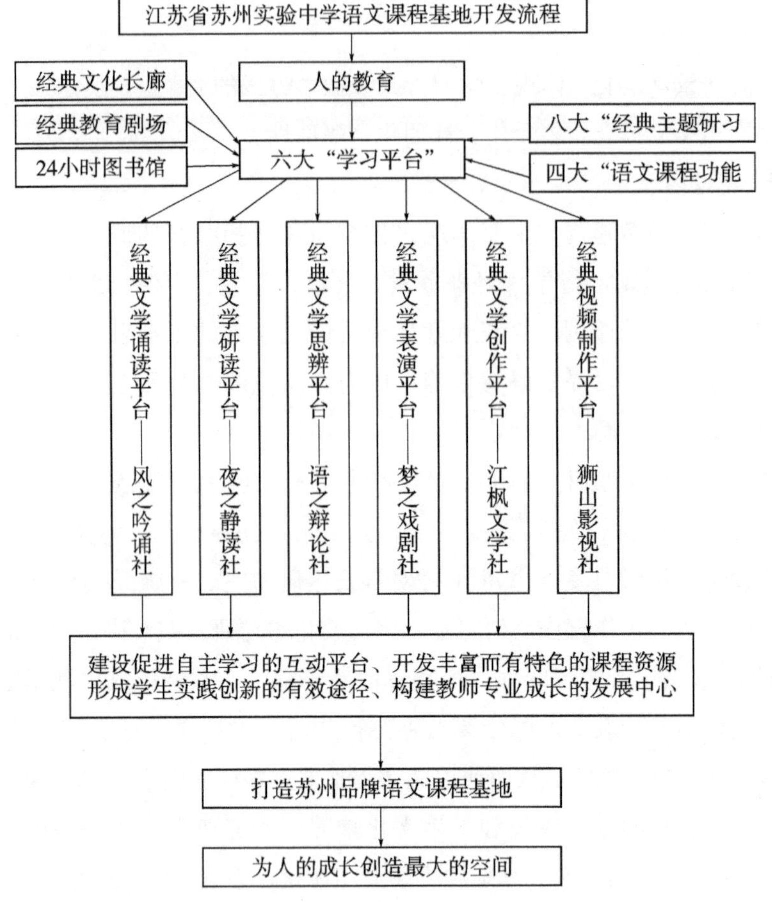

5. 保障水平

(1) 组织保障

学校成立“课程基地创建领导小组”，由校长任组长，并聘请相关语文学科专家为顾问：课程开发顾问——江苏省教科院基教所沈世红教授；专家咨询团队首席专家——原苏州大学文学院王家伦副教授。

(2) 硬件保障

打造一流的基地硬件设施——遍布校园的经典载体、一场、一廊、一馆、八大经典主题研习室、四大语文课程功能室。

(3) 制度保障

我们将制定较为完善的课程方案，包括指导思想、课程目标、教学要求、教材以及相关资料、教学时间和形式、评价方式等。这个方案将切实调控着课程实施的每个环节。

（4）财力保障

学校领导保证课程实施的专有场地、专属时间、人员配置及相关书籍的采购等一系列工作到位。学校将为课程开设提供研究经费，在业务培训、资料收集和开展活动等方面保证经费的落实。

（二）实验创新，学科融合——“资源循环技术和环境保护”课程基地

2011 年，我省提出“课程基地”这一独创的新概念，从“亮相”伊始，就在全省基础教育领域引起热议。课程基地的提出，完全秉承了新课程的理念，旨在实现育人模式的转型。如何让学科教学与课程基地有机结合，真正让课程基地发挥实效，实现育人模式的成功转型，成为当下广大教育工作者必须思考和实践的问题。为此，依托我校课程基地，以化学实验创新为切入点，我校对学科融合做了一些实践和思考。

1. 学科融合的内涵和意义

学科融合是指在承认学科差异的基础上不断打破学科边界，促进学科间相互渗透、交叉的活动。学科融合既是学科发展的趋势，也是产生创新性成果的重要途径。从科学发展的历史进程来看，所有学科最初都以混沌不分的形态包含于哲学范畴内，而最终在大学中确立了自然科学、社会科学和人文科学中若干经典学科独立的学科地位。学科的分化是学术研究深入和细化的必然结果，也有效地促进了科学的发展。但是从 20 世纪后半叶开始，由于研究一些复杂的问题需要多个学科的知识，学科发展又出现了融合的趋势，传统经典学科间的界限被不断打破，学科的边界被重新划分，一些交叉学科大量出现。可见学科的发展从“合”到“分”，现在正在走向新一轮的“合”。两个“合”的含义迥然不同，前者是混沌不分，后者是学科融合，即在承认学科差异的基础上不断打破学科边界，促进学科间相互渗透、交叉。

就目前的学生学习和探究而言，没有哪一项认知活动是单靠一门学科知识就能完成的。也就是说，学生的学习和认知是一项综合性活动，需要多门类知识的参与，否则，这种认知多是片面的、浅薄的，无法走向丰富和深刻。综观当下每一门学科，它们都不是孤立存在的。我们学习的任何一门学科，只要用心去阅读和思考，都能找到其他学科的影子，都有其他学科门类知识的介入和参与。教育部于 2014 年发布了《关于全面深化课程改革落实立德树人根本任务的意见》，要求高中各学科课程要“研究提出各

学段学生发展核心素养体系”，将相关学科的教育内容有机整合，提高学生综合分析问题、解决问题能力。由此可见，学科融合教育具有非常实际而深远的意义。

2. 课程基地的建设为学科融合教育提供了广阔的舞台

课程基地是以创设新型学习环境为特征，以改进课程内容实施方式为重点，以增强实践认知和学习能力为主线，以提高综合素质为目标，促进学生在自主、合作、探究中提高学习效能，发掘潜能特长的综合性教学平台。2012 年，我校“资源循环技术和环境保护”有幸成为首批 31 所普通高中课程基地建设项目之一，近年来，我校根据现有资源积极建设，在硬件建设、课程建设、以及育人模式转型方面都取得了丰硕的成果。建造了以环境育人为主旨的环保展厅、低碳校园、雨水收集等场室或设施，以学生综合实践活动为主旨的污染检测实验室、新能源探究实验室、低碳体验室、创客空间、机器人实验室、摄影工作室等场馆，开发了丰富的校本课程，并建立了多个综合性的研究性学习团体。这些综合性平台的设立和课程的实施都充分体现了融合教育的思想。

目前，STEM 教育已受到教育界的广泛关注，STEM 是科学（Science）、技术（Technology）、工程（Engineering）和数学（Mathematics）四门课程的简称，这四门学科分别代表了科学素养、技术素养、工程素养和数学素养。STEM 是分科的又是整合的还是延伸和扩展的，因此 STEM 教育也是一种学科融合教育。我校建设的创客空间，配备 Arduino 开源硬件、3D 打印机和激光切割机等数字开发和制造工具，建立基于项目和实践的学习模式，为学科融合教育提供了更广阔的舞台。

3. 以实验创新为切入点的学科融合教育实践

从 2014 年开始，创客教育在我国高校以及中小学中悄然兴起，许多学校开始兴建创客空间并进行创客教育，创客教育是一种融合信息技术，秉承“开放创新、探究体验”的教育理念，是以“创造中学”为主要学习方式和以培养各类创新型人才为目的的新型教育模式。然而，一些学校在实际的操作中，只是将创客教育当成了发明、创新的另一种模式，而不是真正意义上的学科融合教育。为此，我校课程基地团队积极思考，提出以高中实验创新为切入点的融合教育方案，并建立以此为课题的研究性学习团队。

三、校本课程实施　文理体艺齐放

为完善学生的知识结构，提高学生的综合素质，培养高中生的人文精神、科学精神、创新意识和实践能力，我校根据学生的多样化需求，结合社会发展的需要、课程标准的建议以及学校的办学特色等，每学期都会开发足够的校本课程。下面就以几门课程的开发为例，谈一谈我校对校本课程开发的一些思考。

（一）究数之基　彰显理性——初等数论选讲

1. 课程设置的背景

2017 版《数学课程标准》规定数学课程由必修课程和选修课程组成，体现了国家统一的教育标准。但国家课程难以照顾到各地方、各学校的实际，更不可能照顾到众多学习者的背景和特点。学校在此基础上开设校本课程，在一定程度上可以弥补国家课程开发的不足，这两部分构成高中数学课程的有机整体。校本课程既可作为对课本内容的强化，又是课堂的延伸和拓展，尊重学生的个性差异，充分发挥其主体地位和主观能动作用。

校本课程分为学术类课程和非学术类课程，非学术类校本课程侧重于学生的兴趣，关注知识的广度；学术类课程有更加具体的教学目标，兼顾知识的广度和深度，对教学成果有明确的期待。刚进入高中的学生对数学还停留在感知阶段，对各知识块还没有形成整体的认识，知识的储备也是孤立的，尤其是对数学的抽象性缺少感悟。同时，为了满足部分学生数学奥赛的需求，我们需要开设一门预备知识简单，上手容易，而内涵丰富的课程，同时又能包含竞赛的知识，数论的内容能满足我们的要求。

数论是一门古老却又一直活跃在数学前沿的学科，研究的对象是整数，它的古典内容基本上不借助于数学其他分支的方法，所包含的概念、定理、公式较容易理解，因此学生的接受度较高。同时，数论有“上手容易动手难”的特点，需要学生潜下心来才能真正理解。

“初等数论选讲”校本课程没有既定的教学模式，也没有必须的教学内容。李学军老师在《关于高中教学选修课程开发的思考》给出了关于数学选修课程开发的思考，给一线教师开展选修课程提供了思路；马海峰老师在《PARSEL 理念下开发数学选修课程的实践研究》展示了开设选修课程的理论依据；何睦老师在《高中数学校本课程的开发与实践——以校本课程

"数学哲学"的开发为例》则直接给校本课程的开设提供了模板。以上老师都在促进我们不断思考，故把课程"初等数论选讲"整理成文，跟大家分享。

2. 课程目标的制定

《数学课程标准》指出数学学习应让学生获得数学基础知识、基本技能、基本思想、基本活动经验；提高发现、提出、分析、解决问题的能力。该课程以"四基四能"为原则，通过对数论历史发展的介绍，尤其是在中国数学家对"哥德巴赫猜想"的探索中，提升民族自豪感，树立学习数学的信心；在对数论一些经典定理和题目的研究中体会数学的简洁美，提高数学的学习兴趣；在数论基础知识的学习中，发展学生数学运算的能力，体会数学定理"猜想→证明→完善"的产生过程，培养严谨求实的科学精神；在对知识的拓展延伸中，提高学生主动探究、合作交流的实践能力，从而进一步培养学生"用数学的眼光观察世界，用数学的思维分析世界，用数学的语言表达世界"的数学基本素养。课程采取形式多样的教学方式，集中讲授、师生交流探讨、课后资料收集、成果展示等，通过不同的方式让学生进行思考。

基于以上考虑，在"教书育人"总方针指导下，制定课程的教学目标如下：

(1) 了解数论产生的背景及数论发展的概况，了解数论中的著名定理的介绍，了解古代和近现代中国数学家在数论领域的研究成果；

(2) 掌握数论的一些重要定理，并能证明和应用，能达到数学奥赛对数论的要求；

(3) 能对数论的某一块知识产生自己的理解，尝试小组合作，并能提出与此相关的问题，提供自己的研究成果；

(4) 通过课程的系统学习培养严谨的逻辑思维、抽象思维，形成自己的数学观，具备自主探索的能力。

3. 课程内容的取舍

数论的知识是成系统的，教师需要对数论有一个整体的把握，课程内容的制定需要以教学目标为基础，按照"数学文化→数论基础→数学奥赛→实际应用"的顺序设置课程。

课程具体设置情况如下表所示：

课时	课程内容	课程内涵与目标	实施与建议
第一部分（4 课时）	（1）学习课程目标及课程评价；（2）古代数论成果介绍	（1）明确课程学习的价值与意义；（2）了解数论发展的脉络	讲授；课程目标；考核评价方式；教学内容
	（3）近现代数论的发展		
第二部分（14 课时）	（1）整除、最大公约数与最小公倍数	（1）熟悉数论课程预备知识；（2）证明相关定理并能简单应用	讲授；小组讨论；例题练习；课后作业
	（2）素数及算术基本定理		
	（3）同余		
	（4）欧拉定理	（1）数论的深层次的研究，学会四个重要定理的内容；（2）证明定理并能在奥赛题中运用定理解决问题	定理叙述；简要证明；交流发言
	（5）费马小定理		
	（6）大衍求一术		
	（7）威尔逊定理		
	（8）中国剩余定理		
第三部分（2 课时）	数论知识在实际生活中的应用	由理论到实际，体会数学是理论与实际的结合	文献查阅，感想写作

第一部分：包含数论发展的整体概况介绍，本课程涉及内容旨在，让学生明确本课程的内涵和评价，安排 4 课时。以串联数学家的方式介绍数论的发展，如欧几里得在《几何原本》中提到的欧几里得算法、素数有无限多个的证明，丢番图所研究的丢番图不定方程。重点介绍中国在数论方面的成就，如勾股数、幻方、杨辉三角以及中国剩余定理等，让学生借助史料感受数学，在历史脉络中拓展文化视野。值得一提的是近现代中国数学家在数论方面所取得的成就，介绍华罗庚、陈景润、潘承洞、王元等数论大家，以及他们在探究“哥德巴赫猜想”工作上所取得的突破性成果，鼓励学生学习他们身上心无旁骛、勇攀高峰的钻研精神。

第二部分：数论知识的主体内容。①整除理论是初等数论的基础，包含素数与合数、最大公约数与最小公倍数、带余除法与辗转相除法、算术基本定理等内容，其中包含“裴蜀定理”的介绍与应用，在其证明过程中加深对辗转相除法的认识，体会数学证明的抽象性，约占 4 课时；②同余理论是课程的新内容，是整数之间一种更精细的关系，极大的丰富了数论的内容，简化了很多数论问题，在初等数论中占有极为重要的地位，同时也是后续内容的基础，安排 2 课时；③介绍数论中的一些经典定理，包含欧拉定理、费马小定理、威尔逊定理、拉格朗日插值法，以及体现中国古代数学成就的“大衍求一术”和中国剩余定理，并能用这部分知识解决一些竞赛题，安排 8 课时。

第三部分：学数学容易产生重理论、轻实际的误区，难以调动学生进一步学习数学的内驱力，鉴于该背景，课程最后介绍数论在社会发展中的应用，主要是在信息安全（密码学）中的应用。回答学生为什么密码破译就等价于解决数论问题，体会陈省身教授主张把数论作为一门应用数学学科的科学依据。授课方式采用“集中讲授、文献阅读、互动研讨、小组报告、作业交流”的方式。对涉及数学史和实际应用的内容教师提前准备好文献，和学生一起阅读，或者提前告知学生，让学生课前准备，加深学生对数论发展的认识，并让学生谈谈自己的感想。对理论部分，讲解定理产生的背景，所能得到的一些推论，进行小组交流，并能提供讨论的结果。该部分内容需要辅以习题，以竞赛题为主，在练习中加深对定理的理解。安排 2 课时。

5. 课程效果的评价

课程评价是指检查课程目标的制定和实施是否实现了教育目的，实现的方式如何，以判定课程设计的效果，最终目的是作出改进课程的合理决策。

对于数论课程而言，课程评价可以充分挖掘学生学习数论的积极性，可以促使学生更快掌握课程应知应会的内容；课程评价也可以检查学生的接受情况，促进后续课程进一步的改革。本课程的评价分为形成性评价和总结性评价，总分 120 分，具体操作如下：

(1) 形成性评价即过程性考核，计 70 分，包含两次研究发言（15 分），一次小组讨论成果展示（15 分），四次课后作业反馈（40 分）；

(2) 总结性评价即终结性评价，计 50 分，包含一次总结性论文写作（20 分），根据学生的发言和上交的材料，对照分值标准给分；一次课程检测，以课上所讲的内容为主，包含定理的陈述与证明，竞赛题的测验（30 分）；

(3) 附加分奖励，在发言报告中、测验中能提供新颖且富有创意的想法或思路给予 5～10 分的附加分奖励，充分发挥学生发散性、创新性思维。

最终成绩折算为百分制，及格线以上的同学获得 2 分的选修学分，对排名靠前的学生颁发优秀证书，并赠送潘承洞、潘承彪教授的著作《初等数论》作为鼓励，希望他们在以后的学习中能继续热爱数论这门学科。

6. 实际操作的反思

借鉴其他老师的经验，数论课程开设之前做了很多前期工作，但在实际开设过程中还是遇到了一些值得反思的地方，现作两点分享：

(1) 课程难度较难把控，学生反映"课程节奏快、思维能力要求高、例题习题难度大"，"数论不是靠以往的经验积累，而是随机应变，是创造性的""能听懂定理，但是仍然无法灵活应用到题目中"。这就要求以后的选材要更加基础，多做一些铺垫，多一些"套路"，少一些"炫技"。或者课程开始之前进行一定的选拔，让有数论基础的同学进一步探究，效果更好。同时也有学生反映"似乎很享受课堂上思考问题的过程，即使大多数是解不出来的，但那种深度思考的过程是在其他课程中所寻求不到的"，所以，能激励学生进行深度思考也是本课程的目标之一。鼓励学生把握探究的机会，培养学生解决问题的能力，而解决问题的能力培养应着手于探究，并融于探究的过程中。基于学生能力培养的需要，我们应放慢脚步，让学生在发现与探究中获得成功的体验，激发学生感受枯燥的符号下的"火热的思考"。

(2) 课程中体现的逻辑推理的核心素养的培养难以落到实处，所谓逻辑推理能力的培养不应该只是会证明几个定理或者会做几道练习题，"数学推理就是从一个数学命题判断到另一个数学命题判断的思维过程"。在课堂教学过程中，应以培养能力、训练思维为主，综合提高学生的核心素养，应该鼓励学生发扬敢于质疑的精神。从学生反馈的问题看，课上直接指出没有最大的素数，学生课后通过查阅资料提出存在最大的素数。

后续内容就以该同学的困惑为中心进行讨论，令人欣喜的是学生自主探索给出了三种不同的证明。思路一：欧几里得《几何原本》中的经典证法，若有限个素数分别为 p_1， p_2， …， p_n 构造 $P=p_1 p_2 \cdots p_n+1$，证明 P 为素数得到矛盾；思路二：若 n 为最大的素数，构造 $N=n!+1$，证明 N 为素数得到矛盾；思路三：利用前面讲过的一道例题，记 $F_k=2^{2^k}+1$，则有$(F_m, F_n)=1$，由素因子唯一分解定理能够得到素数有无数个。以这样的方式鼓励学生去发现和提出问题，猜想比证明更重要，在进一步的讨论求证中去培养学生的逻辑推理能力。

(二) 以古观今　以论明理——故事化的中国史

1. 前言

2001年，国务院《关于基础教育改革与发展的决定》进一步明确要加快构建符合素质教育要求的基础教育课程体系。同年6月，由国家教育部印发的《基础教育课程改革纲要（试行）》指出，要“改变课程管理过于集中的状况，实行国家课程、地方课程和学校课程三级课程管理，增强课程对地方、学校及学生的适应性”。自此，我国校本课程开发在政策依据的支持下逐步开展起来了。

为深化课程改革，实现学生全面而个性化发展的目标，我校在开设国家课程的同时，结合校本课程，最大限度地挖掘学生的潜能，发挥学生的个性。基于我校的课程体系和培养学生核心素养的需求，我校历史组开展了基于核心素养培养的校本课程体系的建设。

2. 问题透视

校本课的开发和开设，不仅要考虑教师自身的专业背景和兴趣，而且要充分考虑学生的学习兴趣。开设这门校本课的初衷，就是想激发学生对历史学习的兴趣，摆脱历史只存在于教科书中这一误解。在第一节课上，首先给学生分享了一些鲜为人知的历史细节，让学生理解历史的细节才更值得关注、才更打动人，进而引导学生关注身边的历史。

3. 教学案例

以手游《和平精英》中的历史元素为例。

师：这是什么游戏？（PPT出现游戏角色图片）

生：《和平精英》。

师：有哪位同学可以介绍一下图上这些子弹的口径分别是多少？（PPT出现游戏中的各种子弹图片）

生：5. 56 mm、7. 62 mm、9 mm、45 mm。

师：你能说说用到这些子弹的枪械名称吗？每种说一个。

生：（回答略）

师：你知道这些枪械都曾经在哪些战争中出现过吗？当时的世界格局是怎样的？

生：（回答略）

师：这些战争中出现了哪些著名的指挥者或者英雄人物？

生：（回答略）

师：你知道这些战争对后世有哪些影响吗？

生：（回答略）

师：总结从游戏设定的观察再到历史原型的挖掘、历史背景的考证是一个不断深入的过程。所以同学们，要善于发现，善于思考。

4. 教学反思

教师一般先播放一段视频或者展示几幅图片，然后结合图片和视频内容提出历史问题，再和学生共同探讨学习。例如近年来一些以清代为背景拍摄的电视剧，我们在课上了解雍正、年羹尧等历史人物的故事，探究清朝社会的等级身份、君主专制制度、民族关系、社会疫病防治等问题。整个课程基本上没有被电视剧剧情牵着走，剧情只是问题探究的引子。当然，这样一门由影视剧热播而兴起的校本课，必然也会随着时间的流逝、电视剧影响力的减弱而越来越难以得到学生的共鸣。而且随着教师对历史教学、对校本课程认识和理解的不断深入，教师并不希望自己开设的校本课仅仅是博人眼球，一味迎合学生的喜好。清朝历史固然值得讲，但历史教学还承担着培育学生家国情怀的责任，还有更值得学生去了解和探究的知识。

5. 未来展望

（1）打破课程开展的制约性

常规课堂教学是学生获取知识和提升素养的主阵地。在确保课堂常规教学的情况下，我校积极打破部分限制课程开展的因素。如：打破时间、地点的限制，开发线上校本课程资源、运用多元化信息技术，大大提高课堂的效率。

（2）打破仅有中学教师参与授课的局面

可利用地区及学校优势，与高校、博物馆等机构开展共学共研等长期合作项目。

（3）将校本课程与研学旅行相结合

读万卷书不如行万里路，校本课程可以借助研学旅行，实现理论与实践相结合，将课堂空间从中学校园扩展到历史遗迹现场。

6. 结语

让高中历史校本课程能够进一步讲好故事，传播中国声音，培养更多的学生成为中华优秀传统文化的守护者、传承者与践行者——这将是作为一名历史教师义不容辞的使命和责任。

(三) 以食启智 以食促劳——泡菜制作中亚硝酸盐浓度的测定

1. 不辞辛苦，食育中普及传统文化

开设校本课程期间，我结合高中选修《传统发酵技术的应用》的内容，提前带高一学生感受中国传统食物文化的深厚底蕴。由于高一学生还没有相应的基础，因此教师从学生的实际出发，将课程分为三部分，分别是理论基础、实践操作、汇报总结。虽然学生能够看到食物在发酵过程中的变化，最终也品尝到自己制作的食物，但是他们并不清楚食物为什么产生这样的变化，因此教师首先帮助学生了解微生物的基础知识，做到以食启智。而仅仅了解是不够的，通过自己的实践操作，学生才能够体会到劳动人民的辛苦，以及食物的来之不易，做到以食促劳。由于班级人数比较多，因此在上课期间需要准备大量的食物材料，实际工作量远超想象。例如制作米酒这一节课，因为课堂时间限制，学生无法完成淘米、浸泡、蒸煮等步骤，这就要求教师事先为他们做一定的铺垫，所以常常为了一节校本课程，教师需要提前一天甚至更早就开始准备。虽然准备的过程很烦琐，很辛苦，但每次看到学生们在完成实践操作，最后品尝到自己的实践成果的那一刻，就觉得一切都值了。“舌尖上的微生物”的开设，不仅仅为了让学生体会实践操作的乐趣，更重要的是让学生体会到我国的饮食文化博大精深，古人的智慧值得我们学习。

2. 坚持多样化教学，拓展信息化交流平台

课堂管理方面，教师不仅仅满足于每周一次的 45 分钟课堂时间，而是拓展信息化的交流平台实施课程。例如，我通过已有的 QQ 群来分享交流学习过程，并保存学习中的照片、小结等，假期也要求学生在家自己尝试制作食物，或者发现微生物在生活中的其他应用；通过新建“舌尖上的微生物”微信公众号，进一步将每次校本课程实施的要点以及过程性内容编辑成文，分工让学生完成，再通过公众号推送；在原有的我校生物学科网站基础上，建设该课程相关网站。信息化建设中对内锻炼学生的研究能力、提升教师教研素养、积累课程发展资源，对外起到科普宣传、辐射引领等作用。

3. 制作泡菜并对亚硝酸盐进行鉴定

通过前期老师的精心指导和讲解，同学们熟悉了实验步骤与原理。在

实践中，他们准备材料，洗菜、切菜、配煮调料、配置盐水、称重、入坛、封坛。大部分同学都是第一次亲手制作，忙得不亦乐乎。老师线上提醒他们："削皮的时候别削得太厚，做泡菜不要光顾着吃，还要跟踪检测泡菜腌制过程中产生的亚硝酸盐含量，并探索腌制方法、时间长短、温度高低等条件对泡菜口味和亚硝酸盐含量的影响！"时间一点点过去，实验一步步推进，同学们将蔬菜水果制成了一坛坛泡菜和果酒。

泡菜制作后的亚硝酸盐测定在教学中是个难点，最好让学生自己动手操作，才有感性认识。因为这个实验还可以迁移到其他物质的测定，如用光电比色法测定叶绿素的含量或某物质的含量。这次实验，取得了较好的效果，并且把这个实验的有关内容进行专题复习，融会贯通。

（1）样品处理流程

泡菜 25 g（m_1）及少量泡菜汤→制匀浆（用研钵研磨）→过滤洗涤取液体（最好用抽滤）→用氢氧化钠调 pH 值至 8→沉淀蛋白质（25 mL 硫酸锌溶液、少量氢氧化钠到产生白色沉淀、60℃水浴 10 min）→冷却、过滤、洗涤取液体→定容 500 mL（样品溶液）V_1。

（2）绘制标准曲线流程

各取亚硝酸钠标准溶液 0、0.5、1.0、3.0、5.0 mL→加 4.5 mL 氯化铵缓冲液、2.5 mL 60%乙酸、5 mL 显色剂混合均匀→定容 25 mL→暗处静置 25 min→测定光密度值（550 nm，1 cm 光程）→以亚硝酸钠浓度为横坐标（教材中是质量，应该有误），光密度值（OD 值）为纵坐标绘制标准曲线。其中，亚硝酸钠标准溶液为 0 的溶液，即只加 4.5 mL 氯化铵缓冲液、2.5 mL 60%乙酸、5 mL 显色剂混合均匀溶液作为光电比色计调零。

（3）样品光密度值测定流程

10 mL 样品溶液（测定用）V_2→加 4.5 mL 氯化铵缓冲液、2.5 mL 60%乙酸、5 mL 显色剂混合均匀→定容 25 mL→暗处静置 25 min→测定光密度值（550 nm，1 cm 光程）→将样品光密度值代入标准曲线，查出测定样品中亚硝酸钠浓度，算出质量 m_2 = 浓度×10 mL。

（4）计算样品中亚硝酸钠的含量

计算式：$X_1=(m_2\times V_1)/(m_1\times V_2)$。［亚硝酸盐含量(mg/kg)$X_1$=通过

标准曲线得到的亚硝酸盐质量(μg)$m_2 \times 1\,000 \times$ 样品处理液总体积 V_1/ 样品质量 $m_1 \times$ 测定样品液总体积 $V_2 \times 1\,000$)]。

(5) 重复上述实验，测定 X_2、X_3…，求平均值。

4. 各种活动，如火如荼

食育工作不能只针对选择校本课程的部分学生，而要面向全校学生，因此教师还设立了“舌尖上的微生物”社团，面向全校招社员，教师指导。同时，在学校每年开设的义卖活动中，社团还会自制米酒、酸奶等进行义卖，同时也会普及传统发酵的知识。

当然，食育工作任重而道远，仅仅是以上的这些依然是不够的，我们将继续努力，在食育这条路上坚定走下去。

(四) 强健体魄 青春飞扬——羽毛球

1. 课程设置的背景

当前我国的经济水平不断提高，群众生活水平和生活质量不断提高，人们越来越关注健康，学生在校的体育教学也受到较多的关注。

2017 版《普通高中体育与健康课程标准》规定了体育课程由必修必学课程和必修选学课程组成，其体现了国家统一的课程标准。但学校可以根据自身的实际条件、场地器材、师资力量、学生的学习背景和特点，弥补国家课程标准难以照顾到各地方、各学校的实际。单一的教材结构使授课内容枯燥乏味，学生的学习积极性受到一定的影响，教师的教学热情就不言而喻，更在一定程度上影响教学质量。学校现有的资源（场馆、师资）没有得到很好的利用和调动，学生的运动需求得不到满足。学校在此基础上开设校本课程，在一定程度上可以弥补国家课程开发的不足，进一步促进落实立德树人的根本任务，树立“健康第一”的教育理念，帮助学生在体育锻炼中“享受乐趣、增强体质、健全人格、锤炼意志”，促进学生全面发展。

羽毛球课程是高中必修选学课程，学校在全校性的体育教学计划安排中，并没有优先选择羽毛球项目，学校通过年级的选修课程安排羽毛球课程，这一安排满足了部分学生羽毛球的运动需求。羽毛球校本课程的开发，是学校体育课程教学的补充和完善，又是体育课堂教学的延伸，尊重了学生的个体差异与需求，充分发挥其主体地位和主观能动性，也有助于学生运动专长的形成，培养其终身体育意识。

2. 课程目标的制定

《普通高中体育与健康课程标准》的总目标是通过课程的学习，学生喜爱运动，积极主动地参与运动；了解体育与健康的关系，平衡学习和锻炼的关系，增强科学精神、创新意识和体育实践能力；树立健康观念，形成健康文明生活方式；遵守体育道德规范和行为准则，塑造良好的体育品格，发扬体育精神，增强社会责任感和规则意识。运动能力、健康行为和体育品德三个方面的学科核心素养协调和全面发展，培养学生在未来发展中应具备的体育与健康的正确价值观、必备品格与关键能力，形成乐观开朗、积极进取、充满活力的人生态度，身心健康、体魄强健，为新时代健康文明生活做好准备。

羽毛球的教学目标应当具有导向和引领功能，为学生提供明确的努力方向和应该实现的体育教学效果。羽毛球目标的设置是能够激励学生的学习动力，羽毛球教学目标为学生的体育学习提供规范，使他们可以清楚地知道自己的学习与教师定的教学目标的差距，从而可以激励学习好的学生，鞭策学习相对薄弱的学生，让他们不断学习，不断进步，从而争取好的成绩。羽毛球教学目标是羽毛球教学的行为准则，羽毛球教学目标是羽毛球教学活动的主题在具体体育教学活动中所要达到的结果和标准，是教育学都应该遵循的，对教师来说是上课教授学生的目标，对学生来说是课堂上学习的目标。

本课程采取多种教学方式，利用多媒体信息技术，采用游戏法、比赛法、分析高质量的比赛视频等教学方式，让学生分析自己的单个技术动作，比赛的战术应用等，同时在开课前对学生展开前测，分析学生的技术水平，制定课程的教学目标如下：

（1）了解羽毛球运动的起源、现状及发展趋势，知道其学习价值；理解羽毛球运动的健身价值；记住羽毛球基本技术的动作要领，明确羽毛球基本战术的练习方法和实战意义；知道羽毛球运动中几种常见的运动损伤，学会运动损伤的处理方法，牢记其预防措施。

（2）熟练掌握正、反手握拍技术；掌握正手发后场高远球技术；反手发网前球、后场平高球技术，正、反手击高远球和平高球技术，平抽快挡技术，挑球技术等基本技术动作；较好完成正手发高远球、后退击后场高远球的技术组合动作；

（3）掌握羽毛球单、双打发球和接发球的基本站位方法，双打中能做出简单的换位配合；基本掌握“压后场”“逼反手”等战术方法，积极参与单打半场实践对抗和双打全场实践对抗练习；认真进行羽毛球基本技战术练习，积极参与单打与双打的实践对抗练习；观察并尝试模仿教师裁判手势，尝试参与羽毛球裁判的实习；

（4）积极参与上肢力量练习，上肢和身体的灵敏性练习，四肢与腰髋的柔韧性练习，快速跑跳的速度素质练习，变速跑和跳绳等耐力素质练习；

（5）知道发球过手违例、发球过腰违例、单打和双打有效发球区、单打和双打的界线范围等羽毛球比赛的基本规则；不断丰富羽毛球规则与裁判知识，主动参与羽毛球裁判的实习，提高裁判水平；

（6）能够经常观看国内外羽毛球重要赛事，有一定的羽毛球比赛欣赏能力，具有初步的赛事分析能力等。

3. 课程内容的设置

根据体育运动技能的形成规律，结合羽毛球的技术结构，将羽毛球分成三个单元进行学习，循序渐进，同时融入“教会、勤练、常赛”的最新理念，帮助学生掌握课程设置的内容。课程具体设置情况如下表所示：

课时	课程内容	课程内涵与目标	实施与建议
第一单元（7课时）	1. 理论：羽毛球运动基础知识介绍； 2. 握拍、球性练习及步法练习，接发球练习，正反手击球； 3. 专项体能练习	1. 乐于参与羽毛球运动，能按要求完成练习； 2. 能够掌握基本步法，基本接发球动作，能够进行单打的接发球和击球动作； 3. 发扬谦逊品格，磨炼意志，表现出进取精神	1. 结合教具，用视频、挂图等形式呈现技术动作； 2. 讲解示范，规范精确； 3. 分组学练，多种分组结合； 4. 游戏和对抗
第二单元（6课时）	1. 双打发球与接发球（正反手发平高球和网前球，接发球）； 2. 击球（平抽快挡、挑球）； 3. 专项体能	1. 积极参与学习激发运动热情，体验运动乐趣； 2. 较好完成双打的羁绊发球和击球动作； 3. 发展快速跑跳能力，肩部、腰部柔韧和灵敏素质，提高上肢力量； 4. 具有拼搏精神，有责任感，学会合作与包容	1. 运用多媒体等信息化技术； 2. 精讲多练，示范正确； 3. 无球模仿，隔网和不隔网发球练习，连续接、抛、击球练习； 4. 分组依次接发球练习； 5. 教学比赛

（续表）

课时	课程内容	课程内涵与目标	实施与建议
第三单元（7 课时）	1. 理论：羽毛球运动规则、裁判与比赛赏析； 2. 两个发、击球组合技术，“压后场”、“逼反手”等战术，教学比赛； 3. 体能练习； 4. 考核	1. 乐于参与羽毛球组合技术练习，积极学习战术，愿意参加体能练习； 2. 较好的掌握组合技术，学会在比赛中运用战术； 3. 发展体能； 4. 愿意与同伴交流，相互合作与指导，具有协作精神	1. 观看高质量的羽毛球比赛； 2. 结合挂图、多媒体讲解技战术； 3. 分组按战术要求依次练习，进行有战术意图的教学比赛； 4. 讲解考核标准与要求，合理评价

课题名称	羽毛球正手发高远球	授课课时	1 课时
授课对象	高一年级校本课程班	授课时间	2021 年 11 月 1 日
授课地点	羽毛球馆	授课形式	实践课
参考教材	《羽毛球选修教材》江苏凤凰教育出版社		
其他资源	微信平台、WPS 在线文档、平板电脑、电视大屏、同屏器		
教学目标	**知识与技能：**学生能够说出羽毛球正手发高远球的动作要领、发力顺序。 **过程与方法：**学生通过模仿、练习、观看视频回放等方式，基本掌握羽毛球正手发高远球的技术动作，90%的同学能将球发至后场指定区域，40%的同学较好的掌握技术动作。 **情感态度与价值观：**学生能够积极参与练习和比赛，具有较强的组织性、纪律性。培养同学们团队意识和互学互助的精神		
教学重点	挥拍路线正确		
教学难点	全身协调发力和前臂内旋展腕发力		
学情分析	本课的教学对象是我校高一年级校本课程选修课的学生。他们具有一定的羽毛球基础，活泼好动，精力充沛，争强好胜，接受能力强，但技术动作不够规范。通过课前调查，本班同学对羽毛球有着一定的运动兴趣，有个别同学技术较好，但总体仍处于初级水平阶段。		
教材分析	羽毛球课程计划用 20 课时完成。教学完成后，学生能够掌握羽毛球的基本步伐和羽毛球的基本技术，可以进行简单的羽毛球比赛。本课为新授课，因第一次课已介绍了羽毛球场地的结构、基本站姿和握拍方法，羽毛球正手发高远球技术是第二次课，正手发高远球技术又是羽毛球运动中最基础和主要的部分，所以学好本课非常关键。		

（续表）

教学设计	羽毛球是一项灵活、多变、可快可慢、隔网对抗运动，既是奥运会的正式比赛项目，又是学生易于掌握的大众体育运动项目。羽毛球正手发高远球是羽毛球运动的一项最基本的技术动作，球发的好，在比赛中就能占得主动，从而获胜，因此本节课是羽毛球学习的重要一课。 本课教法上主要以演示法、分组教学法、讨论探究法等教学手段进行教学。课堂上通过示范，有针对性地教，提高教的效率后，再分组练习，充分发挥小组长的作用，发挥学生的互相指导作用，让学生玩中学、学中玩，提高学习热情、活跃课堂气氛，最后通过技能考核与比赛，给学生展示的机会，以达到对学生的考核，检测学生的掌握情况。 学法上，课前通过微信平台给学生练习分组，发送随堂考核的 WPS 在线文档小程序，课上通过小组合作讨论探究、视频回放，及时分析发现并解决问题。再通过同学间的互相评价、指导和交流，间接获得学习经验，提高彼此的自信心，增强团队意识。本课依托信息化交流平台，服务学生课前、课中和课后学习，实现教学的有效组织和管理。 课前：教师上网查找有关羽毛球最新新闻和专业教练教学视频，与学生在微信平台交流，同时布置学生课前学习任务。 课中：教师与学生一同分享中国羽毛球大赛最新夺冠的新闻后，带领学生做准备活动，为整堂课做最好的铺垫。在课堂的基本部分，教师通过示范、观看专业教练讲解视频，给学生既直观又专业的动作表象。教师巡回与纠错，到学生小组中参与讨论，学生利用平板电脑拍摄动作视频，及时回放纠错。最后，教师组织学生进行考核，通过定向发球比赛，检查各自的掌握情况；通过两组接力跑，提高学生本节课的活动量；师生边唱《真心英雄》边做放松活动，课在教师的小结和评价中结束。 课后：师生通过微信网络交流平台保持互动，学生可以录制视频请老师分析，将自己实际比赛中的应用与教师交流。同时关注微信羽毛球类公众号，持续深入地学习。

4. 课程效果的评价

课程评价是指检查课程目标的制定和实施是否实现了教育目的，实现的方式如何，以判定课程设计的效果，最终目的是作出改进课程的合理决策。

对于羽毛球课程而言，在羽毛球校本课程实施过程中，构建科学的课程评价体系是不可或缺的环节。在教学过程中，可以采取自我评价、相互评价、教师评价等多种评价相结合的方式，对学生进行合理评价。同时，过程性评价与终结性评价相结合，除了对学生羽毛球技能评价之外，还应对学生的健康意识培养情况、团队合作能力、沟通能力等方面进行综合考虑，关注学生的情感情绪体验，注重学生个性发展，为提升羽毛球校本课程有效性提供保障。

本课程的评价分为形成性评价和总结性评价，总分 100 分，具体操作如下：

（1）形成性评价即过程性考核，计40分，参与专项体能和一般体能练习，表现积极（10分），随堂教学比赛，获胜次数较多（10分），比赛规则的掌握，高水平比赛的赏析（10分），课余体育活动的参与（10分）；

（2）总结性评价即终结性考核，计60分，两个单个技术（发球、接发球）和一个组合技术（四方球）的达标考核（40分），两项专项体能达标（20分）；

最终成绩为两项成绩总和，及格线以上的同学获得2分的选修学分，给排名靠前的学生颁发优秀证书，并赠送羽毛球拍配件作为鼓励，希望他们在以后的学习中能继续保持对羽毛球的热爱，积极参与课余体育锻炼，参与校内外的羽毛球比赛，学以致用。

5. 课程实施过程的反思

体育与健康课程是一个持续系统的课程，任何一项运动，都是从简单的单个技术开始，掌握最基本的技术动作，通过不断的练习，逐渐熟练，形成运动技能。高中羽毛球课程能够有效锻炼学生身体素质以及反应能力，同时也能够有效提高学生的运动技术、战术理解与运用能力。虽然在开课前，对学情做了多角度的分析，并作了前测反馈，但在实施过程中还有很多值得反思的地方，现作以下几点进行分享：

（1）信息化技术教学手段的应用。信息化应用到体育课堂，可以帮助学生分析动作细节，但是在实施的过程中，学生对信息技术的使用，不够成熟，牺牲了部分课堂的练习时间，学生课堂练习的密度和强度不够。

（2）课堂组织教学比赛时，不能过分强调学生的技术细节，应当关注比赛本身，学生是否有成功体验，能否给予学生更加客观的学习评价。

（3）在组织课程考核时，不能只关注学生体能、技能，也要关注学生的情意表现和价值观，关注体育与健康的核心素养的培养。

（4）由于学校的课程每周只安排了一节课，学生的练习时间得不到保证，虽然提醒学生课后加强自主学练，但是效果不突出。

（五）以美育人 向美而行——街舞啦啦操

1. 课程设置的背景

2017年版《普通高中艺术课程标准》中艺术课程由音乐、美术、舞蹈、戏剧四个模块组成，常规艺术课程已有音乐与美术，为更好地让学生从多角度体验艺术，引导学生探究日常生活中身体的各种姿势或动作的含义，研究和尝试用身体的语言表达自己对生活的感受和态度，体验和创作与生活相关的舞蹈，研究舞蹈的结构、元素、形式、风格与视觉、听觉、运动觉、触觉、情绪、思维以及行为特性的关系，故我校开设健美啦啦操社团，舞蹈风格有：有氧舞蹈、啦啦操、街舞、爵士等。健美操是融体操、舞蹈、音乐于一体的追求人体健与美的运动项目，具有高度的艺术性。健美操的艺术性主要体现在其“健、力、美”的项目特征上。“健康、力量、美丽”是人类有史以来所追求的身体状况的最高境地，而健美操运动中，无论是健身健美操、还是竞技健美操，无不处处表现出“健、力、美”的特征，包含着高度的艺术性因素，使健美操不同于其他运动项目，这也正是人们热爱健美操运动的原因之一。健美操运动之所以深受人们喜爱，除练习本身的功效性、动作的时代感外，很重要的因素之一是现代音乐给健美操带来的活力。健美操运动所用的音乐的强烈的节奏性使健美操练习更具有感染力。

2. 课程目标的制定

《普通高中艺术课程标准》提出四个核心素养：艺术感知、创意表达、审美情趣与文化理解。艺术感知是艺术学习与实践活动的基础，要求学生具有对各艺术门类的艺术语言、艺术形象、思想情感的感受与认识。创意表达是创造性的艺术表现活动，要求学生在各种艺术实践中有想象力、表现力、创造力的体现。审美情趣是审美愉悦、高雅气质、人文情怀等艺术涵养的体现，具有对真善美的精神追求。文化理解是从不同的角度认识艺术，体现在艺术鉴赏、文化认同和艺术精神的领悟等方面。本社团侧重艺术感知与审美趣味核心素养，在学习的过程中含有文化的体现与创意的表达。课程采取的教学方式有集中讲授、舞蹈鉴赏、基本步伐与组合动作的练习、小组探讨、动作的创意编排、成果展示等。制定的教学目标有以下几点：

(1) 学习健美操基本步法，提高学生的身体素质；熟练掌握健美操运动的基本方法和能力，培养学生的自我锻炼意识；能科学地进行健美操锻炼；掌握健美操创编的基本原理和技能；掌握常见运动创伤的处置方法。

(2) 积极参与学校和社会的各项健美操活动，基本形成终身体育的意识和习惯，能测试和评价自身体质健康状况，编制可行的健美操个人锻炼计划，具有一定的健美操的欣赏能力。

（3）学会根据自己的能力设置学习目标，能通过健美操改善自己的心理状态，养成积极乐观的生活态度；学会运用健美操与音乐相结合的方法调节自己的情绪；在运动中和音乐中体验健美操的乐趣和成功的感觉，能克服各种困难，缓解心理压力。

（4）表现出良好的体育道德和合作精神；正确处理竞争与合作的关系。

3. 课程内容的安排

课时	学习内容
第一部分（4 课时）	（1）街舞啦啦操基本知识概述；（2）舞蹈欣赏
	（1）基本步伐练习；（2）组合动作练习； （3）街舞啦啦操专项体能 + 技术
第二部分（11 课时）	（1）有氧舞蹈 5 级 A 组合动作练习
	（2）有氧舞蹈 5 级 B 组合动作练习
	（3）有氧舞蹈 5 级 C 组合动作练习
	（4）有氧舞蹈 5 级 D 组合动作练习
	（5）复习，分组展示
	（6）创编方法介绍
	（7）自编 8 * 8 拍动作，分组练习
	（6）自编 12 * 8 拍动作，分组练习
第三部分（5 课时）	编排动作在街舞啦啦操中的实际应用与展示

4. 课程效果的评价

学生在参加社团活动的过程中每人对于所学习的舞蹈有了一定了解，在课余生活中积极参加校园组织的各项活动与区、市的比赛并取得一定成绩。在 2021 年中国啦啦操俱乐部联赛——街舞自选中获冠军，在 2021 年区健美操比赛中获一等奖。在运动会开幕式、元旦晚会、迎新汇演活动中，我校街舞啦啦操的表演都颇受师生的喜爱。

5. 实际操作的反思

高中生的体育运动技能虽各有差异，但学生总体身体素质都比较好，对健美操这项运动比较喜爱，而且组织纪律性和集体荣誉感很强。在教学过程中有时会出现教师授课不够深入的情况，还需循序渐进、层层深入、层层剖析，充分挖掘每个学生的潜在能力，教学中还应多让学生发表自己的看法与建议，发挥学生的主体作用，更好的促进学生达到教学目标。

第四节 在综合实践中养成真实自觉

一、普通高中开设综合实践活动课程的必要性

综合实践活动课程是指在教师的指导下，由学生自主进行的综合性学习活动。综合实践活动课程是基于学生经验，密切联系学生的生活和社会实际，体现对知识综合应用的学习活动。对于综合实践活动课程的概念，不同的学者有不同的看法。例如：郭元祥认为综合实践活动课程是以学生的经验为基础，是教师引导下的学生自主探究的实践性学习活动。张华认为，综合实践活动是由国家设置，地方和学校根据当地的人文、资源、环境特色进行开发的课程。因此，国家的主要工作是制定课程实施的纲领性计划，地方和学校要根据当地的实际情况制定活动的主要类型和实施的具体方案。田慧生曾指出综合实践活动课程开展的基础是学生原有的兴趣和经验，活动的内容主要是与学生学习和社会生活紧密相关的各类问题，学习方式主要以研究性学习为主导，学习的主要目标是注重培养学生对知识的综合运用能力、动手操作能力。简单地说这门课程能更好地长远发展学生的个性、各方面的能力。2017 年国家出台了《中小学综合实践活动课程指导纲要》，顺应素质教育的潮流，为培养我国现阶段学生创新精神、实践能力以及解决实际问题的能力，以立德树人为根本任务，综合实践活动课程是国家的必修性课程。所谓：百年大计，教育为本。对于即将步入社会的高中生，仅仅学习课本上的学科知识已经不能够满足当今社会发展需要，普通高中开设综合实践活动课程的必要性分为以下几点：

（一）培养处理实际问题的能力

综合实践活动课程具有价值体认、责任担当、问题解决、创意物化等方面的功能作用。

长期以来，高中生在高考的压力之下，过于重视学科课程，强调知识

的获取与解题的思路，局限于认知方面，而解决实际问题的能力没有得到合适的思维转换方式。新课程改革正是转变了培养学生的方式，把不利于学生发展的教育模式改为适应时代发展需求的教育，使教育真正为每一位学生服务，对每一位学生负责。如今的社会更加需要创新型、实用型、复合型的人才，综合实践活动课程不仅可以培养学生的学习能力，而且可以培养学生在传统课堂教学中较难得到体现与锻炼的实践动手能力与创新能力，使学生能在课程中体验、了解生活，在体验中习得更多的知识。

（二）培养学生良好的品德

综合实践活动课程培养学生的坚毅品质，当活动中遇到困难时，需要一次次不断地调整、磨炼。综合实践活动还培养学生的社会公德心，在团体活动中有所体现。劳动教育让学生了解一切的成果都是来之不易的。

（三）培养学生的沟通能力与人际交往能力

综合实践是一种展现学生综合素养及实践能力的活动，在活动中会有一系列实际问题产生，考验学生对日常生活的关注、经验的积累以及思考问题的能力，而问题的出现也往往涉及自身的人际交往能力。人际交往能力是指个体妥善处理与他人关系，保持良好人际关系的能力。人的实践活动具有社会性，人际交往能力会对实践活动产生重要影响。卡内基大学曾对 10 000 个名人案例记录做过分析，“智慧”“专门技巧”“经验”只占成功因素的 15%，其余 85%取决于良好的人际关系。由于综合实践活动课程往往以课题的形式出现，这就需要小组团队合作解决问题，而团队合作往往又是进入社会后常见的工作方式，在研究课题的过程中培养团队合作能力与探索能力。

（四）创新能力的培养与体现

随着全球化时代的到来，信息技术迅猛发展，创新能力为时代所亟需。综合实践活动课程强调超越教材、课堂和学校的限制，在自然环境、生活领域、社会活动方面延伸拓展，让学生在自然、生活与社会中密切联系，从而获取更好的解决问题的方式，不断培养创新精神。

综合实践活动课程可以培养学生解决实际问题的能力、实践动手能力、人际交往能力、团队合作能力、探索能力、创新能力等综合素养，帮助高中生更好地适应社会。综合实践活动课程促使学生形成对自然社会的整体认识，解决相应问题，深度体验创意物化，寻找与探索人与社会、人与自然、人与自身的关联所在，在不断的体验、反思、修正中发生并强化价值体认与责任担当。高中生可以在综合实践活动课程学习中了解生活、体验社会、创新思维，从而锻炼学生各方面的能力，让每一位学生具备适应日后生活、工作所需的基本能力，让大部分学生拥有创造美好社会的潜质，这样才是教师所希望培养的人才，才是成功的教育。这样培养出来的未来的大学生才能肩负起祖国的建设与民族繁荣复兴的重担。综合实践活动课程既有利于学生个人成长，又有利于国家长远发展，我们应坚定不移地走下去。

二、普通高中综合实践活动中的实际现状分析

我校综合实践活动课程有通用技术、研究性学习、心理教育、实验操作、社团活动课等，课外的综合实践活动有军训、社会调查、志愿者活动、家务劳动、课题研究、校园文化艺术活动等。综合实践活动课程相较于传统课程更受学生喜爱，课程中有更多的师生互动交流、学生小组探讨与实地探索，这些原因让学生更易快速地投入课程并享受其中。课外的综合实践活动也是不可或缺的一部分，如果说综合实践活动是培养学生更好进入社会的能力，那课外的综合实践活动就是模拟社会活动。在这些活动中可以发挥每位学生的特长，不被成绩束缚住手脚，专注于解决一个目标，了解社会热点、服务群众、感受劳动的不易、办好校园文化活动等等。在综合实践活动开展的过程当中，发现学生还存在以下几个方面的问题。

（一）学生团队意识薄弱

在开展高中综合实践活动课题研究中，团队的分工不够明确，对于一些能力较强的学生来说，认为自己一个人研究一个课题完全可以，课题的思路完全按照自己的想法来，没有与组员沟通，且大部分任务均由自己完成。例如小组在制作桔槔取水模型的活动中，教师要求课后小组进行探讨设计、准备所需材料，在课堂中进行合作制作并进行实验，对该部分感兴趣且能力较强同学则利用课余时间独立完成，与小组成员无过多交流，课堂实践中遇到实际问题后，组员才有机会参与讨论并解决问题，但在综合实践活动前期与中期组员并未得到制作过程的体验。

对于一些能力薄弱的学生来说，习惯了附和他人，操作能力也有欠缺，

会刻意回避一些任务，导致分工不明确，这些都是团队意识薄弱的体现，这让课题形式的学习流于表面，学生没有真正走入课题研究的基本模式当中。例如还是在制作桔槔取水模型的活动中，有学生就习惯于依赖他人，活动前不参与讨论、未准备制作材料，课堂中靠自己的组员进行制作或等待被分配任务，实践积极性不强。

（二）研究的方法较为单一

在综合实践活动课题研究过程中，学生研究的方法往往都差不多，主要存在以下几种原因：

一方面，为了图省事，选择较为轻松简单的研究方法，课题研究得不够深入，数据不足以支撑课题；

另一方面，研究方法了解得不够多，只能运用平时见的比较多的研究方法。

解决以上问题，根源在于要抓住学生感兴趣的点进行研究，要抓住实践动机，动机是指“引起个体活动，维持已引起的活动，并促使该活动朝着某一目标进行的内在作用。”实践动机是一种内部启动机制，促使个体朝一定目标前进。高中生的实践动机是由实践兴趣、实践成就动机和实践压力组成的。实践兴趣是“个体对于他所从事的某项实践活动本身产生的一种比较稳定、持久的心理倾向。”学生一旦形成某种实践兴趣，就会产生积极的情感体验，并愿意为此付出一定的时间与精力。例如对音乐感兴趣的学生愿意每天花费一两个小时练琴，对手工感兴趣的同学愿意多接触动手类的制作且能从中获取愉悦。实践成就动机是“个体希望从事对他有重要意义的、有一定困难的、具有挑战性的实践活动，在活动中能取得完满的优异结果和成绩，并能超过他人的动机。”

课题需针对与学生日常生活密切相关且确实存在的问题进行探讨研究，得出的结论与解决方法更容易让学生拥有成就感。在研究方法上面，教师可以多做介绍或让学生进行资料搜索，如调查研究、实验研究、观察研究、文献研究、统计数据研究等，这样学生就可以根据课题的实际需要进行相应研究方法的选择。

（三）网络使用的限制

在这个飞速发展的时代，网络与我们的生活息息相关，它是工具，也是诱惑。如今想要查找资料，只要登录网页就可以寻找到，相较于翻阅书籍查找资料快捷方便许多。但在大多数家长的眼里，网络是个容易让人沉迷的地方，是分数降低的一个重要原因，于是在高中生的日常学习生活中，基本是碰不到手机的，以网络形式开展的作业显得尤其困难。在高中生繁忙的学习生活中，从传统的研究方法入手，必然会花费更多的时间精力，在多门功课的压力之下，要么研究课题草草结束，要么有其他学科的作业未能完成的情况出现。

(四) 反思与交流的不足

为了能更好地完善下次的综合实践活动，反思是必不可少的环节，但在实际情况中，学生反思的内容流于形式，主观能动性不强，反思的方面也有所局限，可能归于以下原因：

首先，只注重结果，不注重研究过程的分析、观察与感受；

其次，活动前期与过程中没有进行组内沟通、师生交流，缺乏活动参与积极性，导致综合实践活动感触不深；

最后，综合实践活动期间组织的交流活动次数不多，每个阶段没有及时进行反思，学生沉浸于自己的综合实践活动当中。

美国心理学家戴维·奥苏贝尔认为有意义的学习可以分为接受式学习与发现式学习。以教师为主导的学习方式被称为接受式学习，实现的方式为“传递—接受”式；而发现式学习则是以学生为主体，实现的方式为“自主探索与发现”。这两种方式本应相辅相成，但我国的传统教育看重继承性学习，实践性学习应用得不多，易造成学生实践能力与研究能力的缺失。并且，实践性学习过程中思维的形成过程是极为重要的，在实践中进行语言的组织可以帮助学生理清思绪，在思维的碰撞中产生新的想法。

(五) 未形成研究性学习的认知体系

综合实践活动课程是从学生的真实生活与发展的需要出发，在生活情境中发现问题，并转化为活动的主题，是通过探究、服务、体验、制作等方式培养学生综合素质的跨学科实践性课程。在问题转化为主题的过程中，涉及到问题的确定、问题是否有价值、有无可操作性等内容，探究方式本身就是一种学习的方式，包含着探讨和深入研究的特质，学生要运用多门学科知识进入情境，进行思考、筛选、综合、设计方案等一系列过程。受传统解题思路影响，学生平时答题时只需要得出一个结果，而综合实践活动涉及多方面因素，培养的是综合实践能力，课堂中学习的知识只能被运用到其中一小部分，解决生活中的实际问题要从宏观的角度入手。教师要在活动前、中、后展开教学设计优化活动，确定活动的时间主题与目标，帮助学生构建实践活动的认知体系。

综合实践课程研究性体现在以下几个方面。一是课程目标具有研究性。实践的目的是通过亲身实践、与时俱进创造性地解决问题，从而提高综合能力，树立正确的价值观念。二是课程的形式内容具有研究性。实践课程实施形式大致有考察探究、社会服务、设计制作和职业体验这四种基本活动方式，都具有探究的要求。考察与探究是同一过程反映的两个方面，要求学生善于发现他人与社会的实际需求，要求学生带着如何解决、回应这些需求的问题进行深度体验并思考职业的精神、标准与职业所需要的准备等，这些都离不开敢于质疑、理性科学的研究精神。三是价值追求也具有研究性。该课程倡导面对真实的生活，“绝知此事要躬行”，强调知行合一，转变学习方式，从而提高综合素质。在解决问题的过程中始终体现自己对生活的思考、对问题的探索、对行为的规划、对方案的践行与调整等，更重要的是在实践的过程中唤起对自身价值的觉知，感受完整生活的意义，最终促进人的全面发展。

（六）综合实践活动课程暂时不符合学生家长的眼前利益，短时间内较难得到认同

当前高中学校竞争看重的就是高考升学率，在家长的眼中也是如此。为提高分数，利用大量的时间进行习题训练，争取时间几乎等同于争取分数。此时，非高考科目只能无条件为高考科目让路，家长就更加不支持学生参与与高考“无关”的其他活动，怕“影响”了学习成绩，所以综合实践活动课程想有效开展下去是很难的，需要转变家长传统的思路。

（七）综合实践活动课程短时间难以见效果

近年，为更有效地让高中生适应时代的发展，满足社会的需求，高考进行了改革，试卷内容也逐渐渗透着对学生能力与素质的考察。高考能力由多种因素决定：学生对所学知识的掌握、自身随机应变的能力、学生的应试心态等。因此，综合实践活动课程的开设并不与高考相冲突，反而会培养学生的能力，进而取得更好的成绩。然而，能力的养成并非一朝一夕的事情，一次两次的综合实践活动课程起不了大的效果，在高考中起决定性作用的还是学生对所学知识的掌握与运用，综合实践活动课程开设的次数相应也就减少了。

（八）开设综合实践活动课程的准备工作还不够完善

综合实践活动课程作为一种新课型，对大部分教师来说是一个新的领域。许多教师对于该课程的认识还不全面，对该课程的理论还不够完善，对该课程的前景感到很迷茫。学校、家庭、社会对于该课程保持观望的态度，教师则心存胆怯，这一系列的顾虑都源于对该课程的准备工作还不够，在综合实践活动课程实施开展的前期带来不小的困难。综合实践活动课程具有开放性、多样性、区域性的特点，该课程的特殊性在一段时间内很难有统一的考核评价标准，在高校招生的过程中充其量作为一种参考性标准，所以开展起来具有一定难度。

三、普通高中综合实践活动课程的改进方向

近几年来，江苏省苏州实验中学从几个方面不断地探索综合实践活动课程在日常教学中的应用，获得了广泛的好评，也激发了学生的各种创意。

（一）依托校园文化艺术节，拓展综合实践

校园文化艺术节是最能体现一个学校的学生在体育、美育活动中的风采，江苏省苏州实验中学也非常重视每年校园文化艺术节的开展，拓展了很多综合实践活动，让学生能自主的发现自己的才能。

文化艺术节主要分为书法展览、绘画展览、摄影展览、文艺表演四大类。在历时一个月的校园文化艺术节中，学生在学校搭建的平台上尽情地展示自己，踊跃参与，积极投稿。书法、绘画以及摄影作品的质量之高彰显了我校学生的青春风采，这项活动切实达到了“搭建多个平台，实现人人参与”的目的，这也是普通高中进行综合实践的一种重要方式和途径。

科技城校区秉承这一理念，在日常的教学过程中穿插举办了各种活动，同学们积极响应，留下了许多的佳作，也在一次又一次的活动举办过程中吸取了经验，团结了班级的力量，向全校师生展现了当代青少年该有的青春魅力。

《江苏省义务教育综合实践活动课程》在“课程内容”中指出，研究学习的内容可以从学生的家庭生活、学校生活和社会生活中选取。各学校可根据本土、本校的实际情况，发挥自身的传统优势，积极挖掘当地的教育资源来设计学习内容，校内外的自然环境、人文环境包含着丰富的素材，要引导学生充分挖掘，积极打造、开发具有学校特色的综合实践研究性学习主题。

江苏省苏州实验中学根据自身的特点，充分展现“一种底色、两处花开，东成西就、各美其美”的集团发展特色，成立了金山路校区和科技城校区。金山路校区作为实验中学的扎根地，在老百姓的心中留下了很好的印象，因为毗邻狮子山脚下，主打雄狮精神；科技城校区是根据集团 2017 年发展的需求，在原校区基础上向西拓展建设而成的，提出“汇聚太湖之滨，成就光荣与梦想”。所以两个校区从总体上来说都是实验精神，但是根据学情不同，所开展的综合实践活动也是根据校区的实际情况来区别对待的。

科技城校区的学生因为地理因素的影响，在开展综合实践活动的过程中主要靠教师引导，实际操作由学生会组织进行，所以校园文化艺术节中的很多创意以及具体的参与过程都是由师生共同完成的。我们的各项艺术节的活动主题都会围绕“太湖之滨”这样的点来进行拓展，凸显出属于自己校区的风格色彩，从实际活动开展上做到东成西就，各美其美。

在校园文化艺术节活动的推动之下，我校成功举办了“校园十佳歌手大赛”“英语配音大赛”“朗诵比赛”以及“戏剧阅读节”等一系列活动。

“蹉跎莫遣韶光老，人生唯有读书好。”我校以 2020 年 4 月 23 日读书节为契机，举办“书香伴我，阅读越美”首届书香校园读书节，意在引导师生养成“好读书、读好书”的良好习惯，推动书香班级的建设，构建富有特色的书香校园文化，努力推动文明、和谐的校园建设。

学校邀请苏州市高新区作协主席张斌先生，与我校师生进行“共读一本书”读书沙龙活动。邀请中学正高级教师李勇斌先生，与我校师生进行“向经典致敬”读书沙龙活动。邀请中学正高级教师杨宇学先生，与我校师生进行“英文原著阅读”沙龙活动。邀请 2018 级李言溪同学的家长余嘉女士莅临我校的电视台，为师生做直播讲演。

征集中英文经典阅读语段的摘录，挑选字词优美的语段摘录，统一进行塑封，再由摘录者亲手将其装点在教学楼 B 楼的一棵“阅读树”上。这棵“阅读树”不仅作为师生共读的见证，更是学校浓郁读书氛围的一道独特风景。

在首届书香校园读书节闭幕式上，进行《雷雨》课本剧表演、莎士比亚戏剧表演、原创诗歌朗诵、古典诗歌演唱（古典舞伴舞、书法伴演）。汇报演出后进行表彰总结，为书香班级、中英文书法优秀作品、优秀读书笔记的获奖者颁发奖状。

这些活动的有序开展都很好地丰富了综合实践活动的内容，我们也在一年又一年的活动中发现了很多需要改进的地方，做到不断的完善，从而提供更多的机会让学生一展身手。

（二）充分利用学生社团，组织开展各项活动

《普通高等学校学生管理规定》对学生社团的解释是：学生社团是本校学生自愿组织的群众性团体。我们可以把它理解为：学生社团是由具有共同兴趣、爱好和特长的在校学生，按照一定的组织程序自发组织起来，通过开展各项有益学生身心健康的社团活动，实现“自我管理、自我服务、自我教育”的学生团体。

江苏省苏州实验中学本着这一原则，同时也为了给学生一片更大的舞台，依托于校本课程在德育处和团委的支持下成立了社团组织，以科技城校区为例，从 2017 年成立到现在成立了大大小小 30 几个社团，涉及的范围非常之广泛，有艺术方面的类星舞蹈社、穆社，也有手工类的编织社，还有体育类的飓风足球社、长空武术社以及心理剧社、日语社等等。

为什么说综合实践课中学生社团起着非常重要的作用呢？

与高中普通的课堂教学不一样，学生社团本身就是一种组织形式，学生根据自身的爱好与需求参加社团，社团成员结构打破了学校行政单位的界限，有各类知识结构的同学组合在一起，是学生自我教育、自我管理、自我服务的有效形式。在组织形式上，打破了原有年龄以及单元学科的局限，纯粹凭借个人喜好，大家组织在一起，学校提供固定的场所和时间，让大家在繁重的学业中还可以找到志同道合的朋友一起研究自己喜欢的东西。

在活动内容以及主体上，学生成为课堂上的主人，由他们自己组织，根据每个社团自身的特点，打破原有课堂上单一、无趣的动态。21 世纪互联网媒体爆炸式发展下的 00 后，每个人都有鲜明并且不一样的色彩，他们更加具有独特性，比老师们想象中的还要厉害。所以，由学生自己所成立的社团，学校要学会放手让他们自己去拼搏，有的时候会得到不一样的效果。学校的几次大型活动以及校园文化艺术节上的精彩演出，都是由学生社团推选出来的，金山路校区的模拟联合国社团、银石舞蹈社都在区中小学生社团评比中获得过“十佳”称号。

综合实践活动课程能带来一种基于学习者的直接体验，密切联系学校、生活与社会，是体现对知识的综合运用的课程；是一种以学生的生活与经验为核心，以实践教育思想、主体教育思想为教育理念的实践性课程。实践性是综合实践活动的本质属性，学生则是综合实践活动的主体。

学生社团是指学生为了实现共同意愿，满足个人兴趣爱好需求而自愿组成的，按照章程开展活动的群众性学生组织。社团活动是学生探索人生、认识世界的实践性活动，由社团成员自主制定社团章程，按照章程确定活动主题，制定计划，设计方案，选择活动形式，自主开展活动。学生是开展社团活动的主体，开展社团活动的过程就是实践的过程。

由此可以看出综合实践活动和学生社团的教育理念是一致的，都是“实践育人”，都强调实践性和学生的主体性。

（三）加强心理教育在综合实践活动中的作用

当今学生的心理健康问题日益突出，而且逐渐出现低龄化，这就需要教育工作者高度重视学生的心理问题，苏州市教育局非常重视孩子的心理健康成长，所以在课程设置上将心理课程也融入到综合实践中。江苏省苏州实验中学教育集团两个校区共配备了四位专职的心理教师，每天中午设置心理辅导，给需要进行心理辅导的同学舒缓压力。

心理健康教育除了要有专门的心理课程，还需要心理教师展开专业的心理教育、心理咨询，开展具体的实践活动。在其他学科教学中潜移默化地渗透心理健康教育思想，强化学生的内心体验，这比单纯的说教效果更加明显，教育效果也会事半功倍，达到润物无声的境界。综合实践活动为心理健康教育搭建了极佳的平台，通过贴近学生生活实际和富有教育意义的活动，能够让学生在不知不觉中获得成长。

例如这次突如其来的新冠疫情，学校也给学生准备了丰富的心理疏导，在“停课不停教”的指导之下，提出了以下几点方针：

1. 采用“顺其自然法”，接纳负面情绪

疫情打乱了生活节奏，家长难免也会产生负面情绪，当感受到负面情

绪时，尽量不要与自己不安的情绪对抗，而是去体验和接受它。采用“顺其自然法”，接受内心的害怕，把它放在那里，做自己该做的事就好。

家长要接纳自己的负面情绪，保持平和的心态，如此才会有足够的心理空间去应对和引导孩子的情绪。同时，也能有效地避免将自己的不良情绪“传染”给孩子，为孩子创设稳定的家庭心理环境。

2. 正确了解疫情，冷静思考有判断

从权威渠道了解信息、获取知识，了解疫情的进展情况。不信谣、不传谣，保持独立思考，冷静进行判断。同时，要引导孩子关注积极正面的相关信息，比如医护人员及各方力量众志成城战胜疫情的付出与努力，后续人们对生命及大自然的敬畏等。

3. 制定学习计划，拒绝拖延

居家学习容易产生懒散拖延情况，所以更需要通过制定详细的学习计划，制定计划建议遵循 SMART 原则：

S——Specific（明确的），目标必须是明确的，如将“我要好好学习”改为“我这学期要考进年级前十”；

M——Measurable（可衡量的），目标必须是可衡量的，如将“我每天都要背英语单词”改为“我每天要花 1 个小时背英语单词”；

A——Attainable（可达到的），目标必须是可达到的，如将“我要考上清华北大”（很难完成）改为“我这学期要考到年级第一”（根据个人水平制定能达到的目标）；

R——Relevant（相关的），目标必须具有相关性，不能“我想要提高数学成绩”，却制定每天的锻炼计划；

T——Time-based（以时间为基础的），目标必须具有明确的截止期限，如将“我数学成绩要提高 10 分”改为“我要在期中考试中提高数学成绩 10 分”。

在执行中建议采用番茄学习法，将“番茄时间”设为 25 分钟，专注学习，中途不做任何与该任务无关的事，直到番茄时钟响起，然后短暂休息 5 分钟继续番茄时钟，每 4 个番茄时段可多休息一会儿。当然设置的每一个“番茄时间”可以根据任务的性质和大小自由调整。

综合实践活动课程这门新兴的课程虽与其他课程有着本质的不同，但又与其他课程有着紧密的联系，朝着学科交叉、相互渗透的方向发展。这就为学生的心理健康教育提供了保障，也促进了综合实践活动的有效开展，两者相得益彰。

四、德育工作在综合实践活动课程中的渗透

综合实践活动既贴近学生的生活实际，又为学生了解社会提供契机。在高中实践活动中渗透德育教育，不仅能够提高学生的道德认知，还可以让学校的德育教学更丰富，使学生的道德品质在丰富多彩的综合实践活动中得到培养。现阶段，高中教育以“立德树人”为根本任务，突出了在高中阶段实施德育管理工作的重要性。高中实践活动中渗透德育，提倡调动学生的积极情绪，丰富其德育体验，从而促进其内在潜能得到发展。

（一）立足传统文化，传播传统德育观念

高中综合实践活动应立足于传统文化，传播传统德育观念。传统文化中有许多值得挖掘的点，在高中综合实践活动中可以传播传统德育观念。江苏省苏州实验中学一直很注重对学生进行传统节日的宣传及教育，开展一系列有关传统节日的综合实践活动，进而让学生在活动中感知传统节日的美好。例如，2021 年元宵节，科技城校区德育处团委牵头，在校园里开展主题为“心暖实验，情满元宵”的元宵节义卖活动及师生共同猜灯谜的活动。义卖活动由高一、高二共 22 个班级组成义卖小摊位同步进行义卖，与此同时，学校也准备了一千多个灯笼，灯笼下面有灯谜，同学们猜中了灯谜就可以到兑奖处换取小礼物；学校还组织了元宵节小知识竞答活动，同学们都踊跃参与，热情高涨。

每逢中秋节，食堂都会贴心地为全体师生每人准备一份月饼，教师也会带领学生感受做月饼的过程，让学生在动手的过程中领悟传统节日的意义。当学生吃到自己亲手做的月饼时，一种强烈的自豪感和幸福感便会油然而生。制作月饼的过程，不仅能让学生了解食品制作的不易与艰辛，也一定程度地减少浪费食物或者挑食的情况。

这就是实践所带来的意义。德育工作不单单是让学生从书本上感受传统节日，更重要的是希望学生能通过亲身实践领略中国古人的思想道德及品格情操。“立德树人”应真正落实到实际生活中，而不单单是纸上谈兵。

（二）立足道德素养，利用真实实践情境

高中综合实践活动应当立足于道德素养。在进行综合实践活动的过程

中，教师要尽可能地利用真实的实践情境，这样才能给学生更加真实的体验与感受。比如，初入高中时，学校会为学生开展军训，就是希望同学们能以此铸就强健的体魄，磨练顽强的意志；掌握基本的军事知识技能，增强国防观念和爱国热情；培养吃苦耐劳的精神，增强集体观念；提高身体素质，提高自理能力。

“出门看队列，进门看内务”，整理内务是同学们军训学习的第一课，教官对宿舍物品摆放、被褥叠放、地面清扫等工作的要求作了具体说明，随后教官为同学演示了叠好军被的几个步骤，并一边讲要领一边示范，在简单的“叠、压、捋”几个动作之后，一床蓬松的棉被就变成了四四方方的“豆腐块”。

高中阶段，孩子们处于青春发育的关键时期，由于家校距离很远，很多学生都会选择住宿，所以军训期间的内务整理就显得尤为重要。

2020 年 12 月 18 日，江苏省苏州实验中学科技城校区开展了综合素质拓展活动——三个年级徒步至苏州乐园大阳山植物园，并以班级为单位进行竞技比赛。本次素质拓展活动旨在锤炼学生意志、强健学生体魄、培养学生团队精神，以提升其在日后学习生活中的活力和自信。在徒步行进的过程中，各班学生均表现出了极强的意志力，没有一个同学掉队；各班老师也时刻关注学生的身体状态，不断鼓励学生，最终到达终点。大阳山植物园物种丰富，同学们置身于大自然的美景中，从身体到精神活力满满，激情四射。

“腊前冬至后，报春意、动南坡。见葭管浮灰，梅英缀玉，漏泄阳和。”大自然的美景给了我校师生绝佳的活动环境与场所，徒步实践活动作为我校系列校园活动，不仅丰富了学生的校园活动，增强了学生的体能，而且磨炼了他们的意志，增进了彼此间的情感交流，帮助学生真正成长为有理想、有道德、有文化、有纪律、德智体美劳全面发展的新世纪人才。

这样的综合实践活动悄无声息地渗透着德育思想，让学生参与这样的综合实践活动，利用真实的情境教学，能够让学生提升自己的道德修养，切实地表现出实践育人的教学观点。并且通过这样的真实情境的实践活动，学生能够在“知”的基础上做到“行”，真正地做到知行合一。

劳动教育也是我校在组织综合实践过程中着重开展的一项内容，比如协助综合实践基地进行相关准备，组织志愿服务小分队，等等。当然还在假期引导学生利用自己的课余时间做一些力所能及的小事。让学生分担家务，用劳动感恩父母。在做家务的过程中，他们不但感受到为家庭出一份力的成就感和幸福感，也学会了热爱、尊重家人的劳动成果，更积极勇敢地承担家庭责任。在劳动中学生悦享劳动，投身实践，奉献社会。

第五章

教育成效：
在真实的追求中优雅前行

第一节 推动教师的真实发展

教师是学校发展的主体，教师队伍的整体素质直接影响着学校办学质量的高低。因此，教师队伍管理是校本管理的核心。当前，教师的专业成长已经成为我们实验中学管理者的普遍共识和主要抓手。有效地促进教师的专业成长，使他们在教学改革与发展中找到自己的位置，是教师队伍建设不断加强、师资整体素质不断提高的重要保证。同时，教师队伍管理又是一个难点问题。正确认识影响教师成长的诸多因素，积极探究促进教师专业发展的基本策略，对于推动教师成长和学校内涵发展，对于促进新一轮课程改革，具有十分重要的意义。为了理顺教师成长发展的路径，实验中学细谋划，广开渠，从顶层设计出发，重视教师团队建设，主要从以下几方面开展了一些工作，收到了较好的效果。

一、以一个精神统领

这个精神就是雄狮精神。

我们的团队就叫“雄狮先锋”好教师团队。

我校坐落于狮子山麓，狮子山有为民除害的“狮子回头望虎丘”的传说。清末朱梁任、包笑天、苏曼殊等革命先驱在狮子山上招魂泣誓。所以雄狮精神的核心就是家国责任的担当精神。我们一直挖掘地域传统文化，打造校园特色文化。目前已形成了以“唯真唯实”的校训为核心的特色校园文化——“狮山文化”；将“雄狮精神”贯穿于学生成长、教师发展的全过程，使“至优至雅”成为实验人举止的标准。把“汇聚狮山之麓，成就光荣与梦想”落实为实验人共同的目标追求。

为了强化这个精神，学校“四有”好教师团队建设与学校党建结合起来，设立党员先锋示范岗，开办党员先锋示范课，各支部开展帮扶活动，与学困生、心困生结对帮教帮扶。通过这些活动，凝心聚力，强化精神建设，确保把“有理想信念”“有道德情操”落到实处。

二、借两个项目助推

两个项目是省市“骨干教师培育站”和省市区“名师工作室”。

我校有2位乡村教师培育站的主持人、6位培育站的指导老师、10余位培育站的学员参加培训，学校充分利用培育站的教研资源来培训教师。我校乐于承办培育站的活动，让学校的青年教师参与研讨，旁观学习；导师带青年教师外出活动，学习研究。

学校有省市区三级名师工作室的主持人。其中省级数学名师工作室主持人1位，市级英语名师工作室主持人1位，区级名师工作室主持人6位，另外还有区班主任名师工作室的主持人1位，区家庭教育名师工作室主持人1位。学校每周都安排相关培训活动，这些高端研讨活动有名师的课堂展示，有大家的学术讲座，有教育写作的辅导，有专题研究的培训，精彩纷呈，干货满满，是我们教师队伍发展建设的优质资源，享用便利，成效显著。

三、用三个工程落实

三个工程即为“青蓝工程”“名师工程”“再燃烧工程”。

实验中学针对不同年龄段的教师发展实际情况，实施了关于教师发展的这三个工程。

（一）青蓝工程

对于青年教师的培养，各校都重视起来了，几乎每个学校都有所谓的“青蓝工程”，但青年教师经过三年或五年的培养后出师了，其成长期并没有结束，如何让教师继续获得发展的动力，向更高的目标迈进，这就是一个系统的工程。

“青蓝工程”助推教师的成长，应是两个方面：一是专业成长，二是精神成长。忽视精神成长，漠视新教师对教育的态度和情感，这是拔苗助长。其实，新教师的责任感、自豪感，他们的爱和理想，对教育的美好体认和幸福感受，对他们成长为优秀教师，把教育当作事业更为关键，也尤为重要。我们爱教师就要从教师成长的角度进行助推，这是对他们的人生负责，是最为重要的人文关爱。

为了补足这个精神成长，我们的“青蓝工程”在常规的教学“七认真”

的基础要求上，在“师傅把舵带飞领航”“名师辅导增供营养”“青年论坛互学互帮”“压实重担根深苗壮”“赛考代训火炼金刚”“教学展示拔节助长”等六个方面下功夫。

比如，新教师往往要经历到学校实习、在学校实训、再回学校工作三个过程。我们教务处在他们上大学时安排实习老师、实训时安排指导老师到入职后教科室安排领航师傅，都非常用心。新入职的老师，实习的时候、实训的时候、正式上班拜师的时候，都着意安排不同的老师来指导，这样不断地更换指导教师就是为了让他们能博采众长。不仅如此，这些青年们还串联在一起，到处听课，每学期听 150 多节，而我们老教师也都开放课堂，随时欢迎推门听课，所以年轻老师在实验中学都有很多师傅。

为了让青年教师切实感受到发展的成果，看到同行伙伴们的进步，我们每年都进行青年教师成长的汇报展示活动，在展示中让青年教师相互激励，相互学习。

（二）名师工程

这是为青年骨干教师打造的成长工程。

学校把有发展愿望与有发展潜力的骨干教师组织起来，为他们安排发展导师，为他们量身定制个人的发展规划，补弱补缺，这些青年骨干定期向发展导师汇报学习成长情况。每学期我们都要安排各种活动，让名师引领，给青年骨干教师“供养加餐”。

我校现有在职教师 346 名，其中有江苏人民教育家培养对象 1 名，特级教师 6 名，正高级教师 9 名，大市级名教师、拔尖人才 8 名，大市级学科带头人 26 名（含尚未转评）。其中有 10 余位苏州市名师共同体成员、培育站导师、苏州大学及苏州科技大学的校外硕士生导师，这些名师组织的研讨活动，我们都鼓励和要求青年骨干参加。如今我们四十岁左右的青年骨干中已有赵睿英等三名教师成长为苏州市拔尖人才，仅 2020 年我们就有 11 位教师被评为苏州大市学科带头人，13 人被评为区学科带头人。

（三）再燃烧工程

进入壮年时期的高级教师，是学校教学工作的中坚力量，他们在专业上有着较高的威信与影响，但往往在遇到职业发展的瓶颈后易进入职业发展的倦怠期。看不到希望，认为自己无缘金字塔式的晋级机会，名师的称号非他们所有，于是变得“佛系”而自甘懈怠。如何激发他们的工作热情，唤起他们的斗志，让他们享受成功的愉悦，这也是维系学校教育教学质量所要考虑的。

“再燃烧工程”正是针对这些教师制定的。根据各位资深教师各自发展的具体状况，学校制定了不同的激励措施。对那些在学术上已有发展基础的老教师，有针对性地进行计划引导，如考核奖励机制、骨干再提升激励，让这些老师能够积蓄力量、产生突破瓶颈的勇气；对那些教学功力深厚、不愿在学术上有进一步发展的教师，学校着重养其锋芒、用其特长，发挥其在学科竞赛辅导、新教师培养上的作用；对将在近五年内退休的老教师发挥他们的优势，让他们在开发校本课程、建设课程基地上施展才华。

四、从四个方面发力

这四个方面是：教师发展机制、课堂教学特色、教学科研课题、课程教学基地。

（一）以健全教师发展机制为保障，促进教师发展

随着集团化办学进程的推进，以优校带新校，苏州实验中学办学规模急剧扩大，教师的发展已上升为学校的重点工作，是学校良性发展的保障性工程。为此学校从保障机制入手，不断创新和完善管理机制。

1. 健全教师发展部门

首先是健全教科室组织。使教育科研的相关工作从教务部门中独立出来，教研培训功能得到强化。突出了以科研兴教、以科研强校的发展思路。

其次，成立了学术委员会。学术委会员一是在教研科研的引领培训中配合教科室开展系列活动，二是在教职工晋级、评优、评先等学术鉴定、量化评估中独立运行，为学校党政联席会确定人选提供学术依据，三是在学校发展过程中提供前瞻咨询。

最后，成立教育集团教师发展中心。立足于集团层面，强化教师发展规划与引领要务，以三个工程为抓手，从宏观上统筹协调集团的教师发展工程。

2. 健全教师发展制度

制度前进一小步，管理前进一大步。制度是理论发挥技术力量的重要条件，也是教师发展、学校建设的基本保证。学校落实继续教育制度，构

建校本教研制度，健全教学反思制度，改革评价奖惩机制。学校从教师的个人发展规划、实施过程、目标达成情况等方面，对教师专业发展做出评价和奖惩。出台了《三层九级教师梯队建设方案》，制定了《江苏省苏州实验中学教育科研奖励条例》，完善了《教科研管理细则》《课题研究管理办法》，激励广大教师加强教学研究和提升专业层次，激发青年教师专业发展的内驱力，形成教师“我要发展”的良好氛围。

高品质高中需要一支热爱教育、热爱学生，懂得教育教学规律，教学业务精良，努力奉献岗位的教师团队。建设一支高品质教师队伍，是建设高品质高中的基础工程。学校推行教师职业生涯规划，使教师专业成长有目标，用实践锻炼压担子。《三层九级教师梯队建设方案》，为学校全体教师搭建了一条提升专业的阶梯，将个人的专业发展与学校的整体发展进行了有机的整合，增强了教师的职业荣誉感和历史使命感。

“三层”是指区、市、省三个级别，教学竞赛、职称晋升、荣誉申报三个方面，以及初、中、高职称晋升三个层面，为教师营造努力进取、积极向上、公平竞争、透明管理的成长氛围；九级是指校学科带头人、区教学能手、区学科带头人、市学科带头人、市拔尖人才（名师）、市领军人才、省特级教师（正高级教师）、省苏教名家、国家万人名师等九个级别的骨干教师称号。每晋升一级，学校都会在年终绩效发放上予以奖励，引导教师积极创造条件促进自我发展。

教学竞赛比的是教师的真功夫。为了让教师既能站稳课堂又能上得赛场，能在省市区三级比赛中获奖，学校创设多种条件，广开各种公开课、示范课、研讨课、党员示范课等，帮助教师在实践中长才干。实践的历练，让广大青年教师敢上市级公开课，能上对外展示课，争上区级示范课，普上校级研讨课。学校定期举办青年教师校内基本功比赛、优质课评比活动，使校内的比赛常态化、制度化，赛前培训，赛后学校组织名教师对年轻教师的教学竞赛情况进行全面点评，有力地促进了教师创优争先、精益求精，使一批青年教师从校内的赛课中脱颖而出，进而获得市、省基本功一等奖。“十三五”规划期间，我们共有 13 位老师获得过 12 个省级奖项，有 42 位老师获得苏州市各类教学比赛一等奖。

职称晋升靠的是教师的综合实力。学校及时公布晋级的相关要求，提醒适龄教师提早准备，补差补缺，教学履历无瑕疵、教学实绩不虚浮、业务材料够硬气，让每一位获得晋升的教师都感到理直气壮，没晋升的教师能心服口服。学校现有高级职称 142 人，占专业技术岗位教师的 45.5%，职称晋升逐年进行，已经形成了职称看实力、能者竞争上的良性循环。

骨干称号、荣誉评定，比的是教师的能力与贡献。评优评先目的是优化管理、激励优胜，给优秀者荣誉，形成积极向上的正能量。学校以教师自主申报为基础，组织学术委员会量化评比，学校党政联席会认定，公示上报。让出线者名副其实，未上者明白差距。

3. 健全岗位聘任制度

教师的发展不是为发展而发展，而是要立足于本职工作，站好讲台。这才是立身之本，教师的发展终极目的是为了提升教育教学的水平，而不是成为高层次的花瓶。实行岗位聘任，给用人部门以自主选才的权力，就是要让能者上、庸者下。学校采用三级聘任的方案，首先校长室组织年级中层管理干部组建竞聘部门，学校与年级组签订管理责任与教学质量的相关协议，达不到相关目标则予以解聘。其次是年级管理组聘任班主任，最后是由班主任聘任课教师。落聘者可以参与教辅岗位的竞聘，如果仍落聘，则按待岗处理。

岗位聘任制，使教师从入职开始就尽力站稳讲台，积极提升自我，快速成长为校级教学骨干。在岗位聘任过程中出现了多个年级多个班级争聘同一名优秀教师的现象，这样的局面也深深刺激警醒了那些可能落聘、待聘的教师，提醒他们，如果不能强身健骨，快速提高技艺，必然会被社会所淘汰。岗位聘任打破了论资排辈的旧习，也改变了教师心中体制托底的认识，也让一些青年才俊快速成长为抢手的教学骨干。

严玲玉老师 2016 年参加工作，任教 2019 届高三后，成绩显著；2020 届高三立即留聘，高三语数外大都是单班，这已成惯例，而年级组却安排她教两个班，严玲玉有一定的心理压力，但学校给予了充分的信任。她努力刻苦，不负所望，所带班级学生高考成绩很优秀。2020 年高一年级组又聘她到高一教强化班，而且与她师傅余书朋老师教平行班，这样大胆的用人方式，快速促进了青年教师的成长。

陈嘉炜老师，2016 年入职，入职四年他就获过市优质课、市信息化教学能手两个一等奖。2019 届高三聘任他，2020 届又被留聘高三，2021 年继续留聘高三！他还被推选为教育集团的团委副书记、负责学生社团等活动，此外，他还被聘为学校物理奥赛的核心教练员。由于李志云老师调任区教研员，陈嘉炜今年就被安排任教高三最好的理科班，而且第一次全面负责这一届高三物理的奥赛辅导，获得了 7 个省级一等奖、2 个国家级一等奖的历史最好成绩。像这样的青年老师还有徐慧、施心恬等。

(二) 以打造课堂教学特色为基础，引领教师发展

随着新课程改革进入“深蓝期”，新课标颁行、新教材使用、新高考变化都给现实的课堂教学带来挑战。提升教学理念，改变教学观念是促进教师发展的重要内容。学校以课堂教学为抓手，引领教师转变观念，不断提升自己的能力素养。

学校以新课标为指针，打造“原味・灵动・高效”的课堂教学特色。教务部门引导教师在课堂上努力突出教学以生为本的教育原味、以学科为本的教学原味，突出生本位，让学生成为主角；找准生活坐标，让教学亲近生活；抓住生成特色，从解构走向建构的“原味”教学理念。从而达到学生积极主动、师生多向互动、课堂氛围生动的“灵动”教学效果。

(三) 以科研课题研究为导向，加强学科统整融合

学校开发“普通高中学生个性化学程设计与实践研究”，集中全学科教师的智慧，开发校本课程，该项目获得省教学成果二等奖，这个研究课题实施过程中教师校本开发能力得到了很大的提高。“十三五”规划期间，我校省级教育规划课题“基于核心素养的普通高中学校课程优化统整的研究”立项，重视情境体验和实践动手，开发多种资源，开展各类综合实践活动，在强化综合素质培养上下功夫，形成了全学科参与研究、全方位育人的统整融合局面。科研课题研究的导向作用显著，收获很大。“十三五”规划期间我校申报结题了省级课题 3 项，市级课题 3 项，区级课题 5 项。在研省级课题 3 项，市级课题 5 项。

(四) 以课程基地建设为抓手，强化学科团队建设

我校现有省级课程基地两个，市级课程基地一个。

在建设课程基地过程中努力从教与学两个方面突破，培养教师的课程研发能力，提升教师综合素养。依托“资源循环技术与环境保护”省级课程基地，整合教学资源，拓展教师视野，打造综合实践课程。建设“诗意姑苏”省级语文课程基地，立足于我校的优势学科，统整大文科阅读资源，走出校园与苏州市枫桥景区签订合作协议，共享地域传统文化成果，挖掘学生潜力，以江枫文学社、朗诵社、演讲社、戏剧社为基础，以“致青春”诗歌朗诵比赛、课本剧展演、实验诗词大会等形式，开展综合学习活动，调动了师生的积极性。市级高中数学课程基地“‘数·感’空间”，变革高中数学教与学方式，引导学生将数学学习与现实生活世界有机融合，增强学生对抽象内容的直观理解和对具象事物的抽象概括能力，促进学生自主学习，提升学生数学核心素养和关键能力。省市课程基地的建设与使用，激发了学生的活动热情，促进了教师的自我提升。

我们立足校本实际，不断创新办学思路，拓宽师资培育渠道，加强师德师风建设，提高教师的师德修养，不断增强专业技能，全面落实立德树人的根本任务，在激励教师努力发展的同时，学校注重人文关怀，严管而厚待，对成长中的老师压担子，讲分寸；严要求，有依凭；下任务，能容错；用长处，不求全；去成见，看成长。

我们在教师队伍发展方面做了大量工作，也收到了一些可喜的成效。2020 年 9 月学校的“雄狮先锋”好教师团队，成功入选苏州市“四有”好教师培育团队。2021 年 10 月，我校被认定为苏州市教师发展示范基地校。学校一直在发展的路上，教师的成长始终贯穿其中，展望未来，我们还有很多事要做，还有更长的路要走。

第二节 促进学生的优雅成长

作为受教育者的学生既是校园文化的营造者，更是校园文化的受益者。因此，学生是校园文化的聚焦点，在真实的教育追求中，必须以学生为聚焦点展开工作。在新课程的实施过程中，学生通过学习优雅文化，提升自身的审美情趣，规范自己的行为使之优雅，从而提高自己的综合素养。

如果我们把“优”理解为争优、优秀的精神品质，优美的学习氛围，健美的体格，健康的心理，和谐的人际氛围，富足而幸福的人生理想；如果我们把“雅”理解为合乎规范的学习行为、高尚的品德修养和审美情趣，那么，学生优雅成长的过程则既是一个认知的学习过程，又是一个技能的实践过程，更是一个修养与情趣的养成过程。

一、春风化雨，德育先行

（一）社团建设

社团活动被正式列入学校课程计划。我校现有 28 个社团，包括科技学术类、文娱艺术类、体育竞技类、公益慈善类，目前全校共计 1 029 人次参加社团活动。经学校研究决定，社团活动正式纳入学校课程表，以课表的严肃性来保障社团活动。

社团活动课采用社长负责制，由社长规划、安排社员参与活动。活动中加强过程性管理，既要做好组织工作，还要进行过程性记录、总结，以及做好向学校申请场地、设备等后勤保障工作。社团活动课由社团负责人计划、统筹，明确每一次的社团活动的主题、活动任务，制定社团发展的两年中期计划，致力于提高活动质量，提升社团品味；让社员人人参与，各社员兴趣、爱好、才干都能得到发挥和提升。

每年 12 月底开展社团活动课汇报展示工作，将社团一学年的活动成果向全校师生展示、汇报、共享。社团汇报形式丰富多样：将平时活动用视频记录做成短片、艺术类社团的现场表演、课本剧与相声等语言节目现场演出，各个社团将一年成果以 PPT 的形式展示出来。社团活动课汇报展示，全校师生感受到社团不仅仅是“玩”的阵地，更是“学”“育”的阵地，社员在社团活动中不仅仅可以找到志同道合的伙伴，还可以以此作为平台发展自己兴趣爱好，展示自身特长，社团内相互学习、共同促进，在筹备、参与过程中发展自身的综合素质。

我校致力于打造社团品牌活动。每年 5 月学校都会举办社团嘉年华，这已经成为了江苏省苏州实验中学最具特色的活动之一。各社团结合自身的发展特点，精心策划、精彩展示。社团嘉年华的主旨是向社团内、外的同学展现社团的活动成果，通过各社团设计的互动游戏，让社团外的同学可以参与进来，加入到社团活动中，体验社团活动的丰富多彩。社团嘉年华的主角是社团和社员，活动全部由学生自主策划、组织实施，以游园会的形式集体亮相，无论是何种爱好的同学，都能在社团嘉年华中找到自己的兴趣所在，零距离的感受社团文化。2019 年开始，我校社团嘉年华由《扬子晚报》全程网络直播，活动期间学校对外开放，受到了社会各方的关注。

我校社团建设成果显现。模拟联合国社团获选 2019 年苏州市“十佳社团”，成为我校继根与芽、模拟政协后第三个获得此项荣誉的社团。模拟联合国社团经过七年的不断发展，已经成为苏州地区颇具规模和影响力的学生社团，多次承办和参与地区性、全国性的模拟联合国大会活动。模拟联合国始终将会议的学术水平和学术质量作为最高追求，在坚持原有学术指导的前提下，不断实践创新，以期达到在传统模式下、以一种更灵活的方式展现代表们对于时政的关注的效果，为参加的同学提供一个学术至上的平台，搭建一个展示风采的舞台。

模拟政协社团获苏州市“十佳社团”称号。社员们在充分调研、细致讨论的基础上，提出了《关于建设露天工作者休息点》的模拟提案，这份提案从 69 所全国知名高中的提案中脱颖而出，获评“优秀提案”。在江苏省政协十二届二次会议召开前夕，模拟政协活动组委会推荐了包括我校提案在内的四份优秀学生提案到省人民政协。在提案提交的新闻说明会现场，致公党中央教育委员会副主任张梧华，省政协常委、副秘书长米其智对我校的提案给予了充分的肯定。会后我校学生代表接受了多家媒体的采访报道。我校模拟政协参加第七届全国青少年模拟政协活动，提出的提案《关于完善落实保障自闭症患者合法权益政策的提案》得到了专家评委们的一致好评，我校提案获“优秀提案”称号，王云起同学获“最佳新闻发言人”奖。我校模拟政协贴近社会、关注民生的脚步从不会停止，牢记习近平总书记嘱托，继续深入基层开展调查研究，为社会进步与和谐贡献自己的一份力量。

由银石艺术社主办，微尘慈善社、行摄人生等社团通力合作的“七月是你的盛夏”音乐会暨慈善义演已经成功举办了 5 届。音乐会全程由学生自主举办，从制票到宣传，从排练曲目和舞蹈到彩排，从售票到会场布置，每一个参与者都各展所长，发光发热。慈善音乐会将所得的收入在扣除成本后全部捐献给红十字会，助力爱心公益，传播正能量。

微尘慈善社在疫情期间筹集社会各界捐赠善款 76 581 元，全部用于购买医疗物资，捐赠给武汉及其周边城市；绿色联盟在校园中扮演“清道夫”“搬运工”的角色，将平时同学所废弃的纸张、塑料管集中整理后贩卖，将所得款项全部捐赠。在参与社团活动的过程中，学生不仅仅能发扬兴趣特长，更能通过自己的学习和劳动培养社会责任意识、奉献精神、集体意识、合作意识。

社团活动让校园充满活力，丰富了学生的课余生活。如2021年1月，线上直播“种一颗心火，待一朝梦圆”优秀毕业生线上大学宣讲活动；3月，举办爱心义卖、猜灯谜活动、第二届“百变金声”英语配音大赛、庆祝中国共产党成立100周年系列活动之“春天的故事，多彩的校园”、“狮山之春”年度文艺汇演、烈士陵园清明祭扫等活动；4月，开展“春风染芳华，红帆谱新章”主题迎春汇演活动；5月，举办第二届社团嘉年华暨校园开放日、庆祝中国共产党成立100周年系列活动之“青春心向党，书绘美高新”文创展示活动，还有高三趣味运动会；7月，举办第六届银石夏季慈善音乐会——孤意的旅路人；9月，开展“请党放心，强国有我”的开学第一课主题活动；10月，开展“请党放心，强国有我”高一军训体验营；11月，团校成立暨“大实验”阳光体育周；12月，举办“青春心向党，共筑中国梦”之高一年级诗歌朗诵节、高二年级歌咏节、校园十佳歌手大赛，还有高三趣味运动会等等……这些活动都由团委组织，社团承办。学生是活动主体，而老师只做多彩校园的鼓舞者、欣赏者！

（二）狮山大讲堂

“狮山大讲堂”是江苏省苏州实验中学校本德育的特色品牌和“狮山文化”内涵发展的有效载体，是学校落实“立德树人”“文化育人”的重要抓手，深受实验学子喜爱。“狮山大讲堂”分为科技、人文、艺术、职业规划等子系列，为实验学生核心素养的提升探索多样途径，成为课堂的有益延伸。

2021年，虽受疫情影响，仍有众多重量级嘉宾来访我校，开设狮山讲堂，开启学术盛宴：南京大学软件学院党委副书记陈琳、副院长邵栋、博士生导师陈振宇、副教授刘嘉，联合国能源部可持续发展战略研究员杨天圣博士，同济大学教授、博士生导师、上海市物理教学媒体研究会理事长张建卫，美国杜克大学教授李彬彬，南京理工大学环境与生物工程学院教授、博士生导师沈锦优，西北工业大学教授、博士生导师张洵颖，北京理工大学教授尹璋琦，苏州大学电子信息学院特聘教授、博士生导师刘宁，国家信息安全测评中心一级讲师、苏州大学副教授杨哲等一大批前沿学科的专家和教授，用他们精湛的学术、精彩的报告，为实验学子开拓视野，铸就科学和人文素养，在学生心中播下梦想的种子。

（三）班级文化

文以载道，以文化人。班级文化蕴藏着强大的教育力量，是一个班级的灵魂所在，是理想人格的缩影，对学生的成长起到重要的作用。各班级围绕校园文化核心“雄狮精神”，主动思考和探索符合班级实际的文化定位。每个班都积极挖掘文化内涵，展示各班在精神文化、物质文化、制度文化、活动文化建设等方面的思考和实践，力求让班级文化成为班级成员的自觉追求，让每一位同学都能成为班级的代言人，用实际行动赋予其内涵。

江苏省苏州实验中学每学年都开展“最美班级”教室文化建设评比活动，致力于打造整洁、和谐、美观、温馨、雅致的班级环境。在班主任的带领下，各个班级围绕主题精心设计，精彩纷呈。“最美班级”教室文化建设评比活动不仅美化了校园学习生活环境，营造了健康向上的氛围，同时也展示了学生多元、活泼的精神风貌，培养了学生的审美情趣，增强了班级的凝聚力和自豪感，为创建和谐校园、文化校园奠定了基础。

二、创新人才培养

（一）中科创新实验班人才实验项目

为贯彻落实习近平新时代中国特色社会主义思想和党的十九大精神，进一步探索适应新时代发展需求的拔尖创新人才培养模式，根据国务院《关于深化考试招生制度改革的实施意见》、教育部《关于全面深化课程改革落实立德树人根本任务的意见》的精神，在苏州市人民政府和苏州市教育局的批准下，江苏省苏州实验中学教育集团于2019年成功创办“中科创新实验班”（简称“中科班”），现已招收三届共250名优秀学生。

项目对接国家人才培养战略计划“强基计划”，为“双一流”大学输送国家重大战略领域的拔尖创新型人才，促进学生全面而有个性的发展，实现“两个最大化”，即学生在校发展能力最大化和终身发展潜力最大化，力争使学生成长为具有未来科学家的发展潜力和核心素养，对科学有着强烈的好奇心和浓厚的兴趣，具备求实的科学探究精神、探究能力、丰富的想象能力、厚实的创造能力和持续的创新能力，具有深切的社会责任感、人文情怀和熟练的外文阅读能力的高素质人才。项目遵循“因材施教、突出个性”原则，旨在发现学生特长、深挖学生潜力、定制培养方案、促成优质生长，让每位学生成为“思想政治靠得住、学业水平高精尖”的拔尖人才。

“中科创新实验班”的课程设置，紧扣高中教育新课标改革思路，贴近中学生学科素养培养目标，体现新高考改革方案的基本思路，在教学内容、学习模式、评价方式等方面进行有效创新。实验中学积极探索高校课程与高中课程相渗透、拓展课程与基础课程相融合的新型课程体系，在授课方式、教学方法和评价形式上改革创新，逐步形成拔尖创新人才培养的“实验模式”。

将苏州实验中学校本课程纳入中科创新实验班课程体系，开展相关社团课程、选修课程、活动课程、生涯规划课程、高校研学课程等，通过校本课程来拓宽学生视野，培养学生的组织协调能力、胜任力和领导力。

中科班学生参加各类竞赛，获得众多奖项：

张嘉烨、张泽鸿、叶泽林、徐之栋在2020年全国高中数学联合竞赛中获省一等奖；

叶泽林、陆鹏睿、吴陈希、徐之栋、吕镱涛、徐上予、朱文启在2020年全国中学生物理竞赛中获省一等奖；

闫盛远、吴一川、徐恺鑫、王伶菲、王皓宇、袁福宏在2020年中国化学奥林匹克竞赛中获省一等奖；

廖泽宇、凌子轩在2020世界机器人大赛——青少年机器人设计大赛中获一等奖，席之涵、唐宇琦获三等奖；

杨昆昊、朱璟烨、陆鹏睿、朱戌亮、沈嘉伟、王道远、李豪、郭季岳洋、钱俊希、支凌宇、龚懿、嵇谈州、方景宜、朱彦成、陈广亮、吴景超、是忻言、鞠禹豪在2021年全国数学奥林匹克竞赛中分别获江苏省一、二、三等奖；

吴陈希、陆鹏睿、凌子轩、江卓轩、陈广亮、黄俊杰、袁唯瀚、俞浩平、严凯扬、马湘雯、席之涵、郑天昊、张田铭、许辰宇、吕澎、曹俊杰、王道远、查宇成、樊皓文、顾天逸、祁符洵、李润哲、是忻言、费明泽、贺耀驹、胡程霄、胡明扬、鞠禹豪、陆仕杰、马鼎天、吴子健、夏成宸、张锐韩、张博晏、王朱雨涵、栾豪、李硕、李逸诚、毛苏旗在2021年全国物理奥林匹克竞赛中分别获国家一等奖，江苏省一、二、三等奖；

沈嘉伟、杨昆昊、邱俊文、李鹏成、尚灿琪、朱子豪、龚懿、沈思锐、顾宇飞、郝程伟、刘宁阳、刘翔宇、马湘雯、潘昊、钱俊希、吴景超、徐佳阳、徐扬奕、薛凌皓、杨凯、姚宇程、周子微、陈勋、李豪、陆梓涵、杨铮、朱徐成、罗启新、是忻言、李翔宇、夏成宸、赵浩然、付昀鑫、柯邦民、刘天允、马明轩、施国华、孙佳峰、张家鸣、张笑阳、曹天昊、朱钰琳、杨硕、谢绮萱、石羽圣、沈旭涛、栾豪、胡诣珩、陈宇潭、鲁明昊、周烨韬、沈豪、闻周敏、周珅申、张博晏、王睿在2021年全国化学奥林匹克竞赛中分别获江苏省一、二、三等奖；

范陈承、王敏瑄、郑好、朱思诚、罗潇隽、濮子彧、杨雨欣、冯嘉雯、姚隽宸、王李威、徐志朴、徐苏阳、王道远、朱天奇、吴景超、徐扬奕、袁梓竣、赵飞扬、沈逸涵、钱吉洋、杨昆昊、薛凌皓、沈依航、陈星宇、夏成宸、徐一腾、张天纯、邵杨哲在2021年全国中学生生物学联赛中分别获江苏省一、二、三等奖；

高远、杨鸣宇、段元熙、刘周宇、钱忆晨、李嘉皓、贺耀驹、王勇刚、邱俊文、王炜程、沈俊辰、丁妍豫、殷祺峰、陈旭、顾梓涵、李张斌、解放、邵启瑞在2021年全国中学生信息学联赛中分别获江苏省三等奖；

李家奕、刘文龙、邵启瑞在苏州市第五届青少年科技节暨“苏州市青少年数字公民培育计划”人工智能普及组竞技活动中获一等奖；

朱珂颖在2020年中学生与社会现场作文大赛中获省一等奖；

朱迪在2021年江苏省领航杯英语口语大赛中获省一等奖；

邢陆、谢绮萱在2021年苏州“童眼看‘廉石’”主题征文活动中分别获特等奖、一等奖；

……

（二）南京大学软件工程实验班项目

为了进一步探索适应新时代发展需求的拔尖创新人才的培养模式，我校与南京大学合作创办“南京大学软件工程实验班”（简称“南大班”），并在苏州大市范围内成功招生，“双高”合作开启新篇章。

项目旨在对接国家人才培养战略计划“强基计划”，为“双一流”大学输送国家重大战略领域特别是软件工程大数据和云计算方向的拔尖创新型人才。促进学生全面而有个性的发展，实现“两个最大化”，即学生在校发展能力最大化和终身发展潜力最大化，成为具备高尚的健全人格、宽厚的科学素养、良好的人文素养、较强的创新能力和宽广视野的高素质拔尖人才。南京大学软件工程实验班的课程设置紧紧围绕创办理念和培养目标，既要紧扣高中新课标方向，体现课程改革基本思路，同时在专业课程的拓展、教学模式的多样性、评价方式的多元性上有创新。

南大班学生参加各类竞赛，获得众多奖项：

谢慧爱、张一诺等 15 人获得全国英语能力竞赛一等奖；

张一诺获得第二十届江苏省中学生与社会现场作文大赛市一等奖；

钱亿瑶、韩静香、黄韵怡在 2021 年苏州市高中学生独唱、独奏、独舞比赛中获市一、二等奖；

邹浩晟、周知鱼、郭慕仪、顾梓涵、王力成在 2021 年第十三届苏州市“普通话、苏州方言、英语口语”比赛中获市一等奖；

魏奕然获评苏州市第十六届“阳光少年”荣誉称号。

(三)“诗意姑苏”省级语文课程基地

依据省基础教育课程基地建设的有关文件精神——“构建以提高学生综合素养能力为目标，以课程重点难点内容物化建设为载体，以生活学习、实践体验、验证探究、潜能发现为指向的教学‘新课堂’”，我校结合自身教学特色和已取得的各项成果，于 2019 年申报建设了江苏省苏州实验中学“诗意姑苏”语文课程基地项目，现已成功申报江苏省级课程基地。该课程基地项目着力建构了“六大学习平台”，打造了“八大主题研习室”和“四大课程功能室”，建造了一个“诗意姑苏”基地主场馆、一个经典教育剧场、一个 24 小时经典图书馆。目前，语文课程基地二期工程正在进行。

该基地建设的核心理念是为人的成长创造最大的空间，提升学生核心素养、促进教师专业发展、形成学校语文课程校本特色，努力打造苏州市品牌语文课程基地。

实验中学教育联盟、枫桥名胜景区共建“诗意姑苏”省级语文课程基地教学成果《春天运河江南——诗歌创作大赛优秀作文集》准备结集出版；江苏省苏州实验中学 2021 级高一年级“青春的纪念”诗歌集《那是》结集出版；语文课程基地校本教材《从诗经开始》等中国古代文化经典选读系列陆续结集出版……

三、以体强身，以美育人

我校历来重视学校体育和艺术工作，是江苏省体育工作先进集体。多年来，体育课实行选项教学实验，还利用课外活动对学生进行专项训练，学生可在篮球、足球、乒乓球、羽毛球等项目中根据兴趣选择一项，通过训练形成体育特长。学校每年都会举行田径运动会、冬季运动会，还积极组织学生参加各级各类体育竞赛。

2021 年 9 月 29 日上午，江苏省苏州实验中学第 25 届田径运动会隆重开幕。班级风采展示环节精彩纷呈：或灵动飘逸，激情四射；或甜美酷炫，燃爆青春。观匠心设计，创意满满；看雄姿烈烈，耀我国强。

2021 年 10 月 16 日，2021 年苏州高新区中学生田径运动会在景山实验初级中学校拉开帷幕。寒风挡不住激荡的热情，赛事精彩，捷报频传，经过激烈的角逐，我校蝉联高中组团体总分第一。本次比赛，集团校高度重视，共派出 12 名运动员参赛，教练组 8 位老师跟踪指导本次比赛。比赛过程中，运动员精诚团结、奋勇拼搏，充分展现了实验学子锐意进取、追求卓越的精神风貌。经过激烈的角逐，此次比赛共荣获 11 枚金牌、6 枚银牌、3 枚铜牌。高二（3）班郑卜文同学荣获 110 米栏第一名；高二（12）班沈秉健同学分别荣获 100 米和 200 米第一名；高二（1）班刘晨曦同学荣获 100 米第一名；高一（8）班初妍洁同学分别荣获铅球、标枪第一名；高二（11）班吴凌伟同学分别荣获 1 500 米和 3 000 米第一名；高一（4）班刁云翔同学荣获跳远第一名和跳高第二名；高二（9）班曹丹琪同学荣获 800 米第一名；郑卜文、刁云翔、张杰、沈秉健四位同学荣获男子 4×100 米接力第一名。男子 1 500 米、男子 3 000 米、男子跳高、男子 4×100 米接力、女子铅球、女子 800 米，共 6 个项目的区纪录被我校运动健儿改写！

2021 年 10 月 30 日苏州市中学生田径运动会在苏州大学东校区正式开幕，经过两天的激烈角逐，我校 12 名运动员奋勇争先，勇创佳绩，充分展示了实验学子顽强拼搏和努力进取的精神。吴凌伟同学勇夺苏州大市高中组男子 3 000 米第一名，并在 1 500 米项目中获得第三名。金开成同学获得 3 000 米第五名。曹丹琪、郑卜文、施先龙、刘晨曦、初妍洁、张牧阳、吴欣然同学全部实现自我超越，闯入参赛项目决赛。

2021 年 12 月 10 日下午，实验中学高三年级在体育组老师的协助下，举办了一场益身益心益学习的趣味运动会。时值冬至，高三师生们在萧萧寒风中依然热情高涨，摩拳擦掌，大展风采。运动会进行了班级投篮比赛、班级长绳比赛、班级拔河比赛。

在区教育局组织的 2021 年苏州高新区中小学“阳光体育”大课间评比活动中，我校荣获特等奖。我校在传统课间操基础上进行革新与改良，为学生量身打造出属于孩子们自己的大课间，提高锻炼身体的实效！阳光体育大课间活动由五个组成部分：指定地点集合、花样跑操、舞动青春广播操、间歇训练（HIIT）、分区域兴趣活动（大绳、呼啦圈、健身操、篮球、武术操、体能训练、力量训练），结束后按序退场。把课间操玩出新花样，让学生爱上运动。

“大课间体育活动”已成为学校体育日常工作的重要组成部分，给孩子们锻炼自我的机会，让孩子们沐浴在阳光下，真正让每个学生“动”了起来，养成良好的体育锻炼习惯和健康的生活方式。

大课间体育活动不仅仅是一项体育运动，同时还是一项德育活动，在大课间活动过程中要求排与排之间对齐，班与班之间交错呼应，这些活动看似简单，实则培养了学生的集体意识与合作精神，展示了学校德育养成的成果。

2021 年，校啦啦操队荣获中国啦啦操俱乐部联赛冠军，校羽毛球队荣获苏州市中小学生羽毛球赛高中组团体第一。

我校艺术教育成果也可圈可点。

2021 年 12 月，我校在“书写经典诗词 传承红色基因”2021 年苏州市中小学生汉字书写大赛中喜获佳绩。我校通过初赛选拔的 15 名学生在“诗意姑苏”语文课程基地进行了现场书写。我校学生荣获软笔书法类特等奖 1 人、一等奖 1 人、二等奖 1 人，规范汉字软笔书写类一等奖 3 人，硬笔类一等奖 2 人、二等奖 1 人。黄广翔老师获“优秀指导教师”，江苏省苏州实验中学教育集团获“优秀组织奖”。

2020 年 11 月，我校学子参演的剧目《苔秀丰碑前》，继斩获高新区“普通话、苏州方言、英语口语”比赛一等奖后，在刚刚结束的第十二届苏州市市区“普通话、苏州方言、英语口语”比赛决赛中，我校学子再次荣获一等奖！《苔秀丰碑前》将苏州话、普通话与英语融入在 7 分钟的表演中，以苏州“五人墓”为背景，加入昆曲等文化元素，展现了周文元、马杰等五人英勇无畏的精神，选材独到。在支珍老师、袁长如老师、严玲玉老师、曾令源老师的精心设计与编排下，在苏州市“三话”决赛中脱颖而出！

2021 年 11 月，第十三届苏州市“普通话、苏州方言、英语口语”比赛在苏州市青少年活动中心举行。我校选送的原创作品《追寻——红色家书背后的故事》以区级决赛特等奖的成绩通过选拔，最终在苏州市决赛中斩获团体一等奖。参演主要选手邹浩晟获个人一等奖。

2021 年 11 月，我校韩静香、朱欣悦、钱亿摇和黄韵怡四位同学在苏州市“独唱、独奏、独舞”比赛中脱颖而出，分别荣获市级一等奖、二等奖。

2021 年 7 月，在江苏省文明办、江苏省教育厅主办，江苏教育报刊总社承办的第十一届江苏省中小学“校园心理剧”创作活动中，我校报送的作品《寻路》荣获一等奖。通过指导学生参与“校园心理剧”创作活动，引导学生们发现自身潜力，收获成长。同时还拓展了学校心理健康教育途径，丰富了心理健康教育形式，为全面提升学生心理素质、培养学生健全人格提供了坚实保障。

2020 年 11 月，在高新区组织开展的苏州市第五届中小学生艺术节朗诵区级预赛中，我校金山路校区选送的朗诵作品《寻李白》（指导老师：李小慧、徐俐文）与科技城校区选送的舞蹈节目《琵琶行》（指导老师：冯润玉）荣获区级特等奖并代表高新区参与大市角逐。历经激烈的市级比赛，我校作品《寻李白》《琵琶行》皆荣获苏州市第五届中小学生艺术节比赛高中组二等奖。

2019 年 4 月 29 日下午四点，高雅艺术进校园拓展项目“放飞少年梦——宫崎骏、久石让动漫视听音乐会”在江苏省苏州实验中学金山路校区狮山大讲堂举行，为师生带来了一场精彩纷呈的视听盛宴。本次音乐会演奏了《魔女宅急便》、《风之谷》、《幽灵公主》、《天空之城》、《千与千寻》、《哈尔的移动城堡》以及《龙猫》7 部宫崎骏经典动漫中的 17 首久石让动画作品主题曲。音乐家们深厚的音乐功底和精湛的演奏技巧，让广大师生在愉快的氛围中领略艺术之美，感受心灵的震撼，也唤醒了心中那份纯真的童年记忆。

2019 年 12 月 24 日下午，“狮山大讲堂”组织高一年级学生来到苏州民族管弦乐团音乐厅，欣赏了一场由苏州民族管弦乐团带来的“天堂姑苏”音乐会。本次表演曲目大多融合了苏州历史文化元素，呈现江南古韵今风，学生们在丝竹中细细品味着音乐，也品味着姑苏江南风韵。整场演出由民乐合奏《将军令》、笛曲《姑苏行》、苏州民歌《姑苏好风光》、二胡独奏《姑苏春晓》、鼓乐《牛斗虎》、古筝曲《茉莉芬芳》、昆曲演唱《牡丹亭・游园》、民乐合奏《金蛇狂舞》组成。吴风雅乐，借古颂今，完美再现了江南地区的风土人情和民间生活韵味。不论是柔美抒情的旋律，抑或是喜庆欢快的节奏，都为学生们奉上了一场听觉盛宴。学生们深深陶醉其间，震撼于民族器乐丰富的表现力。

2020 年 10 月 30 日，苏州民族管弦乐团继为江苏省苏州实验中学科技城校区师生表演后，通过“高雅艺术进校园”活动再次走进我校，再一次为我校师生带来了一场听觉盛宴。苏州民族管弦乐团先后给学生们带来了《我的祖国》《淘金令》《翻身的日子》《喜相逢》《龙船》《滚核桃》《正月十五闹雪灯》《幽远的歌声》《扬州小调》《花好月圆》。

2021 年 3 月 8 日，苏州民族管弦乐团为我校师生带来了一场听觉盛宴。苏州民族管弦乐团先后给学生们演奏了《光明行》《春到湘江》《欢庆锣鼓》《唱支山歌给党听》《鸭子拌嘴》《百鸟朝凤》《蝶恋花・答李淑一》《幽远的歌声》《在灿烂阳光下》。

四、劳动教育与实践课程

劳动技术是一门涉及面广，融知识性、技术性、实践性及教育性于一体的综合学科，在培育人才中发挥着重要作用。学校规定在高中一年级开设“劳动技术课”，高中二年级开设“通用技术课”，贯穿高中三个年级开展劳动实践活动。在劳动技术教育中既要利用传统技术培养学生的基本素质，又要使学生掌握一定的高新科技知识，培养学生的科技意识和创新精神，致力于更好地完成劳动技术教育的教学任务。

学校积极鼓励并组织学生参与各类青年志愿者活动，展现学生的先进性和良好风貌，弘扬青年志愿者精神，创造良好的校园环境，丰富校园内涵，突出“五育并举”的学校特色。

学校建立了学校、家庭、社区、基地等多方结合的教育网络，实现了课内课外、校内校外的结合。学校充分利用家长、学校、成长记录平台、微信群等渠道，加强与家庭的联系，共同培养学生的劳动养成教育；充分发挥实践教育基地的作用，开展劳动实践活动，该活动每月至少安排两次，争取一周一次。另外，实践活动会充分利用双休日或节假日，尽可能不占用教学时间。此外，劳动教育还与校园环境卫生和校园美化相结合，实行楼梯、花圃、大道、停车场等公共区域各班大包干，并明确班级及个人职责。

2021 年 1 月 15 日，我校南大班学生来到科塞尔医疗科技（苏州）有限公司，公司学术部负责人尹成先生结合产品播放了“射频消融导管”“肺栓塞病理”“腔静脉滤器及回收装置产品”“冷冻消融原理”等视频，让同学们对介入治疗、肺栓塞病理有了非常直观、形象的认识。

2021 年 3 月，在学雷锋活动中，我校志愿者参加横山社区学雷锋志愿服务活动，以实际行动践行社会主义核心价值观。对活动现场清理打扫，进行布置，协助社区管理人员组织老人参与活动以及向社区老人发放纪念品。之后，志愿者和老人亲切交谈，详细询问老人的健康状况、生活上的情况等，了解他们的精神状态，有针对性地进行心理咨询和心理疏导并就社区服务情况进行问卷调查。

在“爱春天·爱自己·爱生活”校外课堂研学活动中，我校学生志愿者一起动手，扶正树苗、挥锹铲土、培实浇水……

2021年5月4日，为纪念五四运动102周年，中科班学生志愿者在学校德育处和苏州市旅游咨询中心的协助下，在部分志愿者家长的带领下来到了苏州社会实践基地——苏州博物馆，开展了“志愿服务，青年先行”暨五四青年节主题活动。

2021年1月，我校2021级高一年级部分学生来到江苏医疗器械产业园南园开展社会实践活动。同学们了解了医疗器械的简介、历史、未来发展计划以及各类先进技术，见识到了多种先进的医疗器械，如：雾化机、制氧机、缝合枪、超声内窥镜等等，还聆听了崔峤峣博士的演讲。在演讲中她提到了医学超声原理、医学超声成像技术发展、医学超声硬件系统、超声波看心脏、X射线成像简介、CT成像简介、磁共振成像简介等。不仅如此，崔老师还在我们迫在眉睫的选科问题上提出了一些建设性意见，并对理科方向的学习概况进行介绍。此次社会实践活动极大地丰富了同学们的知识面，开阔了同学们的视野，使同学们对医疗器械的认识不断深入，对发展中国医疗器械的重要性也有了新的认识。

第三节 开阔教育的国际视野

一、成立AP中心，对接国际教育

（一）中心简介

基于教育国际化战略理念，致力于构筑面向世界的开放教育体系，为国家发展培养具有国际竞争力的复合型人才，江苏省苏州实验中学与美国文化教育委员会、狄邦教育管理集团合作，于 2012 年引进美国 AP 课程，并结合 SAT、托福考试培训课程和升学指导三年计划，成立江苏省苏州实验中学 AP 中心。

江苏省苏州实验中学 AP 中心秉承江苏省苏州实验中学“全面发展，突出个性”的办学理念，为优秀的高中学生提供优质的国际教育资源，开启通往世界一流大学，尤其是美国、加拿大等国家名校的通道。

江苏省苏州实验中学 AP 中心的办学宗旨是充分结合中美基础教育的优势，在完成中国高中课程的基础上，为有志于进入美国一流大学的优秀学生提供更具挑战性的高级课程，为其将来成长为具有国际视野、全面发展的精英人才打下良好基础。

国际教育培养学生应对未来的能力，培养具有世界意识的社会公民，这就需要我们的教育融合中国扎实的基础教育与西方显著的创新思维教育，培养学生懂得理解、尊重和包容的重要性。为国家培养更多拥有国际视野、放眼全球未来的人才。最本质的国际教育要始终坚持“引进来”和“走出去”相结合，才能有所作为。AP 中心引进优秀的教学资源和学生评价体系，让孩子们能够顺利走出去，在更广阔的平台学习和成长，以期为国家培养高品质人才，建设更美好的祖国。

（二）AP 课程简介

AP 课程是目前比较主流的三大课程（AP、IB、A-Level）之一。AP 课程全称为 Advanced Placement Program，一般翻译为美国大学先修课程、美国大学预修课程，是美国大学理事会（College Board）为高中学生开发的大学水平课程，素有“美国高中精英课程”之称，得到一定的成绩后可拥有获得大学学分的机会。AP 课程已成为世界范围内最被广泛接受的学术项目之一，AP 课程可以让学生在高中期间有机会学习大学程度的学术课程，已在美国 15 000 多所高中里开设。

目前，已有 50 多个国家的近 5 000 所大学承认 AP 学分为其入学参考标准，其中包括哈佛、耶鲁、牛津、剑桥等世界名牌大学。在美国以外，加拿大、德国和澳大利亚等国的高等院校也普遍接受和承认 AP 课程和学分。

（三）AP 课程的重要性

美国名校申请竞争激烈，大学对入学申请采取整体评估，综合衡量学生的学术能力和综合素养等各种因素。高中学习成绩（GPA）、托福/雅思成绩、SAT/ACT 成绩、课外活动经历等都是衡量一个孩子的标准。GPA 体现的是一个学生的学习态度，你可以不是学霸，但是招生官们希望看到一个孩子的 GPA 经过努力在不断进步；托福/雅思成绩能证明你的语言能力；SAT/ACT 成绩能体现你的思维能力；课外活动，特别是社会公益类活动是申请国外大学必须的要素，因为大学最终要培养的人才是能服务于社会，为祖国做贡献的人才。而 AP 课程是大学先修课程，有一定的难度，这才能向大学招生官充分展示学生的才智、专长以及学习高难度大学课程的潜能。AP 课程的学习因此也成为影响美国名校决定录取的最重要因素之一。AP 课程的优势主要体现在以下几个方面：

1. 抵学分，省学费

AP 考试的满分为 5 分，部分美国高校接受学生考到 3 分就可以换取大学课程学分，大多数美国高校要求达到 4 分，而常春藤院校要求更高，大多要 5 分才能换学分。如果学生在高中阶段能完成一定数目的 AP 课程考试并取得优异成绩，那就意味着可以抵大学的学分。一般美国大学需要 120～180 个学分才能毕业，而我们中心的孩子最多的换到了 32 个学分，也就相当于省去了美国近一年的学习时间，在美国学生修满学分可以提前毕业，而提前一年毕业最直接的优势就是节省学费。美国大学的学费按学分计算，国际学生每个学分需支付 1 000 美元以上，也就是说 32 个学分至少可以省去 32 000 美元。

通常，美国本土学生在申请美国一流名校时会提交 6 门以上的 AP 成绩，而国际学生在申请美国名校时，如有 4 门以上的 AP 成绩，会具有很强的竞争力。

2. 量身定制课程

AP 采用分层教学、因材施教。高一期间，所有的学生集体授课，但是到了高二期间所有的学生可以根据自己的学术能力、兴趣爱好和未来的职业发展方向，与中心学术校长一对一选课，量身定制适合自己的课表，灵活选择多门 AP 课程进行学习，扬长避短，真正实现了“BEST FIT（适合自己的才是最好的）”。

二、开好国际课程，拓宽升学通道

（一）高配比的师资团队，高品质的教学服务

江苏省苏州实验中学 AP 中心拥有雄厚的师资力量，师生比达到 1∶4。

中方课程由苏州实验中学选派优秀的课程教师担纲，他们不仅具备丰富的教学经验，而且洞悉学生心理与学习特点，摆脱了高考应试教学的束缚后，素质教育更加得心应手。外方课程团队由狄邦教育集团协助江苏省苏州实验中学选聘，全体学科教师均具备美国、加拿大等国家海外大学学士、硕士以上学历，并持有国籍所在国教师资格证书，多年从事国际课程教学工作。全体教师均使用全英文进行小班化学科教学，为学生创设良好的语言环境。通过幽默、风趣、学生导向型的授课模式，调动学生自主学习、合作式学习的主动性与积极性。外教团队具有丰富的教学经验，平均教龄在12年以上。

为达到高标准的教学质量，AP中心教学团队不定期、多频率开展丰富的教研活动和教师培训，狄邦教学质量管理团队每学期至少两次对外教的教学进行督导，不断帮助教师提升自身的业务水平和教学能力。

我们的老师不仅专业知识渊博，对学生也热情、友好。高一阶段帮助学生顺利从初中教学过渡到全英文高中教学。高二阶段，逐步引导学生适应具有挑战性的AP课程，鼓励学生积极参与课堂活动和各种话题探讨，激发学生的探索精神，培养学生批判性思维，锻炼学生团队合作能力等。高三阶段，我们的老师更是成为学生的人生导师，在学生对选择大学和专业有疑惑的时候，我们的老师以一个长者的身份给学生提出宝贵的建议，疏导学生心理问题，以此达到全员育人的效果。

（二）多元化课程设置，每个学生得到充分关注

AP中心课程的设计结合了内部自身特点与外部评估要求。既为学生提供课程知识，又重视发展学生未来学习所需要的专业学科技能和核心素养。中方课程、外方AP课程、选修课程等各类课程完美融合，为学生的个性发展提供了一个良好的平台，充分保证每一个进入中心的学生能找到自己的兴趣契合点，发挥特长，扬长避短，培养学生的内驱力，激发学生的创造力。

1. 中方课程

按照中国教育部和各级教育主管部门的要求，完成中国高中相关课程。在高中阶段开设中国语言文学、数学、化学、物理、计算机、历史、政治、生物、地理、美术、心理学、音乐和体育课程。

2. 美国高中课程

学术英语预备课、AP微观经济学预备课、AP物理1预备课、AP物理

2预备课、AP物理C预备课、AP微积分预备课、AP化学预备课、AP计算机、AP英语、AP物理1、AP物理2、AP物理C、AP宏观经济学、AP微观经济学、AP统计学、AP微积分AB、AP微积分BC、AP化学、AP心理学、学术英语及其他人文社科类AP课程。

3. 特色课程

戏剧、辩论、艺术、西班牙语、日语、科创、美国文化课程、升学指导课程、文书工作坊、PBL项目制学习、美国大学学习技能指导课程等。

(三)个性化校园生活，促进学生全面发展

优异的学术成绩固然重要，但是我们对于学生的综合素养更为看重。我们要培养的学生不仅学术能力优异，还需要身心健康、有责任担当和家国情怀。我们培养的学生都要到国外深造，我们希望将来有一天他们学有所成，回到祖国投身于社会主义建设之中。所以每一位进入AP的学生，我们不仅对他们有严谨的学术要求，还鼓励他们挑战与之前学习经历完全不同的各类活动。俱乐部活动、主题节庆活动、学术竞赛活动、公益慈善活动，这些都为学生在未来大学的学习和今后的生活提供全面而充足的准备。通过这些活动，学生不仅能够获得课堂之外的各种技能并培养善始善终的责任感，还能在课堂之外学会合作，发展友谊，锻炼领导力。

1. 俱乐部活动

为了发挥学生的特长、激发学生的潜能、满足学生的兴趣爱好，在国际部，我们的学生可以自行组织创建或者参与各类社团活动，现中心拥有体育、艺术、科技、商业、学术五大类12个社团，包括：篮球俱乐部、艺术俱乐部、音乐俱乐部、舞蹈俱乐部、烹饪俱乐部、脑洞俱乐部、辩论俱乐部、私人订制俱乐部、健身俱乐部、模联俱乐部、魔法俱乐部和桌游俱乐部等。

2. 主题节庆活动

每个学期，国际部的学生都有2～3个属于自己的Festival Day（艺术节）。在这一天，我们将中、西方节日的习俗糅合到活动中，一方面我们要了解西方的文化和习俗，另一方面我们也可以把我们中国的传统文化介绍给我们的外教，实现文化交流。师生欢聚一堂，在轻松、快乐的氛围中体验原汁原味的中、西方文化。西方的万圣节、圣诞节、感恩节，我们的元宵节、端午节、中秋节都有不一样的欢乐。我们还尝试性地把中国的戏曲带进艺术节，在2021年秋季学期的艺术节上，学生的京胡表演赢得了外教的阵阵掌声。

3. 学术/专业竞赛

每年，国际部都会组织学生参加各类竞赛，如AMC、NSDA、ADAC、CTB、FBLA、滑铁卢竞赛等。谭咏熙、王丞同学因为在NSDA中的优秀表现，获得代表中国参加斯坦福商赛的资格，最终进入全球16强，后谭咏熙同学被加州伯克利大学录取，王丞同学被西方学院录取。秦艺雯同学获ADAC全国总冠军，后被加拿大多伦多大学录取。丁一杰同学在全国青年影响力竞赛中，完成了题为"The inheritance and Dissemination of Suzhou Embroidery"（"苏绣的传承和传播"的项目），获得卓越青年影响力传播行动奖，后被纽约大学录取。

同时，我们也组织学生参加职业导向类竞赛，如商赛、科技创智大赛等，挖掘学生的职业兴趣。每年我们都有大批学生在商赛中获得全明星赛入围奖，如：张思祺等同学在商赛中表现优异，后被本特利商学院录取。

4. 公益慈善活动

国际部学生积极参与各类社会公益活动，以爱己之心爱人，以个人之力影响和改变社会。学生们会在节假日前往敬老院看望和陪伴孤寡老人，去灵岩山捡拾垃圾，为山区小朋友捐赠图书、募集善款……当然，这离不开家长对我们的帮助和理解，更离不开学生们的积极参与。三年中，看着中心的孩子慢慢长大，慢慢懂事，慢慢学会承担社会责任，我们教育工作者感到无比的欣慰。

（四）一站式升学指导，为每个学生量身打造

1. 美国大学申请指导课程（ACCP）简介

江苏省苏州实验中学AP课程班采用狄邦教育集团和美国文化委员会共同设计的"美国大学申请指导课程（ACCP）"，为学生提供专业的升学指导服务。

ACCP课程是由美国大学升学顾问委员会根据美国一流名校的录取标准，结合本土顶尖高中的大学入学指导体系而专门设计的课程。美国本土的重点高中，尤其是美国著名大学的生源基地学校，广泛采用该课程作为各自高中课程的配套课程。苏州实验中学AP课程班开设的ACCP课程，贯穿三年学习阶段。课程形式包括：小型升学指导专题讲座、一对一辅导、小组活动、实地参观、美国大学招生官亲临访问等，注重个人全方位成长的同时，使学生充分认识美国名校的申请要求，制定个性化申请方案，在专家的指导下，完成申请文件。同时，采用美国名校广泛认可的申请资料存储传输系统，提高学生申请资料的可信度，从而提高名校申请的成功率。

ACCP课程将为学生安排有影响力的课外活动，充分弥补了中国学生“除了成绩再无亮点”的申请材料中最欠缺的部分。通过三年持续的辅导与教育，实验中学 AP 中心的升学指导团队不仅帮助学生申请到理想的国外大学，更加注重培养学生独立学习、自主学习、全面思考的能力，帮助学生做好知识储备，以实现从国际高中课程班向美国大学生活的完美过渡。

国际部有自己的升学团队，平均有 8 年以上的升学指导经验，深谙世界顶尖大学的申请之道。为学生提供高中三年的连续性规划服务，定期开设“家长讲堂”，为学生和家长申请学校指点迷津。自学生进入 AP 以来，团队教师和孩子们朝夕相处，通过一对一的升学面谈，了解孩子的兴趣爱好和未来的职业发展方向，在学术上督促学生，在活动的选择上指导学生，成功把我们的学生送进一所又一所世界一流名校。

2. AP 中心三年学习规划

AP 中心三年学习规划

时间节点	规划内容		
初三下学期	参加江苏省苏州实验中学 AP 中心招生说明会，了解美国大学及其他海外大学的招生政策与趋势		
	获取江苏省苏州实验中学 AP 中心招生简章		
初三暑假	获得《江苏省苏州实验中学 AP 中心录取通知书》，规划暑期课程		
	学术类	**语言考试类**	**升学指导类**
高一上学期	完成中国高中基础课程	托福语言能力培训	制定 3 年升学相关工作规划
	完成 AP 预备课程	托福考前集训	了解大学录取要素及各项占比，学会 Critical Thinking（批判性思维）
		托福模考	设计个人课外活动发展计划
			基础文书写作
			招生官来访及沟通

（续表）

<table>
<tr><td rowspan="2">寒假</td><td rowspan="2">完成假期
学科作业</td><td rowspan="2">参加首次
托福实考</td><td>完成寒假升学指导作业</td></tr>
<tr><td>利用寒假时间进一步丰富课外活动</td></tr>
<tr><td rowspan="5">高一
下学期</td><td>完成中国
高中基础课程</td><td>托福技能
强化学习</td><td>探索个人性格与兴趣</td></tr>
<tr><td rowspan="4">完成 AP 预备课程</td><td>托福考前集训</td><td>探索个人生涯规划与大学专业抉择</td></tr>
<tr><td rowspan="3">托福模考</td><td>完成 Project Challenge（PBL 项目制学习）</td></tr>
<tr><td>基础文书写作</td></tr>
<tr><td>招生官来访及沟通</td></tr>
<tr><td>暑假</td><td>完成假期
学科作业</td><td>第二次托福实考</td><td>根据个人课外活动发展计划，利用暑假参加课外活动，或参加增加社会阅历的实践活动，或参加拓展国际视野的夏令营活动等</td></tr>
<tr><td rowspan="4">高二
上学期</td><td>完成 AP 基础课程</td><td>SAT 技能
发展课程</td><td rowspan="4">择校因素分析
初步制定大学选校清单
进阶文书写作</td></tr>
<tr><td rowspan="3">完成 AP 选修课程</td><td>SAT 考前强化</td></tr>
<tr><td>SAT 模考</td></tr>
<tr><td>首次 SAT 考试</td></tr>
<tr><td rowspan="4">寒假</td><td rowspan="4">完成假期学科作业</td><td>SAT 冲刺课程</td><td rowspan="4">利用寒假时间进一步丰富课外活动
完成寒假升学指导作业</td></tr>
<tr><td>部分学生
参加托福</td></tr>
<tr><td>第三次考试</td></tr>
<tr><td>SAT 复习备考</td></tr>
<tr><td rowspan="4">高二
下学期</td><td>完成 AP 基础课程</td><td>SAT 技能
发展与强化</td><td>实时更新大学清单</td></tr>
<tr><td>完成 AP 选修课程</td><td>SAT
考前冲刺</td><td>完成大学申请基本文书写作</td></tr>
<tr><td>AP 模考</td><td>SAT 模考</td><td rowspan="2">大学网申流程实操</td></tr>
<tr><td>参加 AP 全球统考</td><td>参加第二次
SAT 考试</td></tr>
<tr><td rowspan="2">暑假</td><td rowspan="2">完成假期学科作业</td><td rowspan="2">托福冲刺考试</td><td>完成暑假升学指导作业</td></tr>
<tr><td>根据自身特点，有选择性地参加课外活动</td></tr>
</table>

（续表）

高三上学期	完成 AP 课程	冲刺 SAT，成绩更新	申请材料完善
			提交托福/SAT/AP 等国际化考试成绩
			美国申请资金准备
寒假	复习 AP 课程		
高三下学期	完成 AP 课程		获取录取结果，完成录取学校后续材料准备和提交
	参加全球 AP 统考		
	取得高中毕业证书		签证文件准备，参加签证培训
			了解未来大学生活
高中毕业	参加毕业典礼		
	获取签证		
	留学生活行前准备		
	掌握一定的独立生活技能		
	开始留学生涯		

3. 升学成果

截至 2022 年 6 月，我校 AP 中心成功培养出九届毕业生，93%的毕业学子就读于美国名校，58%的留美学生进入了美国 Top 50 的大学，98. 57%的留美学生进入了美国 Top 70 的大学，3. 5%的毕业学子进入了加拿大排名前 10 的名校；其余 3. 5%的毕业学子分别进入了英国、法国、瑞士等国家和地区顶尖的大学。其中包括加州大学伯克利分校、埃默里大学、南加州大学、佐治亚理工大学、纽约大学、克莱蒙特麦肯纳学院、史密斯学院、格林内尔学院等美国顶尖大学；帝国理工、杜伦大学、伦敦大学学院等英国顶尖大学；以及多伦多大学和悉尼大学等世界名校。部分学生本科毕业后成功进入哥伦比亚大学、耶鲁大学、斯坦福大学，继续深造。

录取学校	Offer 数量	学校排名
美国综合大学		
加州大学伯克利分校	1	综合大学 21
埃默里大学	3	综合大学 21

（续表）

录取学校	Offer 数量	学校排名
南加州大学	1	综合大学 22
佐治亚理工大学	1	综合大学 29
纽约大学	1	综合大学 29
罗切斯特大学	4	综合大学 34
布兰戴斯大学	1	综合大学 32
加州大学圣芭芭拉分校	9	综合大学 30
加州大学欧文分校	14	综合大学 35
加州大学圣地亚哥分校	9	综合大学 39
加州大学戴维斯分校	20	综合大学 39
东北大学	2	综合大学 39
凯斯西储大学	5	综合大学 42
波士顿大学	4	综合大学 40
得克萨斯大学奥斯汀分校	1	综合大学 42
迈阿密大学	6	综合大学 44
宾州州立大学	39	综合大学 47
华盛顿大学	2	综合大学 48
威斯康辛麦迪逊大学	14	综合大学 42
伊利诺伊大学香槟分校	8	综合大学 47
伦斯勒理工学院	12	综合 53
俄亥俄州立大学	32	综合 53
雪城大学	10	综合 58
匹兹堡大学	8	综合 58
普度大学	9	综合 53
迈阿密大学	7	综合 57
华盛顿大学西雅图校区	5	综合 62
罗格斯大学	53	综合 63
宾夕法尼亚州立大学	18	综合 63
南卫理工大学	1	综合 64
康涅狄格大学	15	综合 63

（续表）

录取学校	Offer 数量	学校排名
麻省大学阿姆赫斯特分校	29	综合 66
洛约拉马利蒙特大学	1	综合 64
明尼苏达大学双城分校	13	综合 66
德州农工大学	1	综合 70
美国文理学院		
克莱蒙特麦肯纳学院	1	文理学院 8
史密斯学院	2	文理学院 11
格林内尔学院	2	文理学院 13
卫斯理安大学	2	文理学院 20
欧柏林学院	2	文理学院 24
里士满大学	2	文理学院 25
肯尼恩学院	1	文理学院 27
玛卡莱斯特学院	1	文理学院 27
布林莫尔学院	3	文理学院 28
曼荷莲学院	1	文理学院 30
圣十字学院	3	文理学院 32
富兰克林马歇尔学院	4	文理学院 36
惠特曼学院	2	文理学院 37
迪金森学院	1	文理学院 37
三一学院	1	文理学院 38
斯基德莫尔学院	2	文理学院 38
联合学院	1	文理学院 38
西方学院	2	文理学院 39
巴德学院	5	文理学院 40
罗德学院	3	文理学院 44
森特学院	2	文理学院 45
丹尼森大学	9	文理学院 44
德堡大学	1	文理学院 47
盖茨堡学院	8	文理学院 48

（续表）

录取学校	Offer 数量	学校排名
康涅狄格学院	3	文理学院 50
帕森斯设计学院	2	QS 艺术世界排名 2
罗斯霍曼理工学院	8	本科工程 1
英国方向		
帝国理工学院	1	泰晤士 3
杜伦大学	1	泰晤士 6
伦敦大学学院	3	泰晤士 8
布里斯托大学	1	泰晤士 13
利兹大学	2	泰晤士 15
爱丁堡大学	3	泰晤士 17
曼彻斯特大学	4	泰晤士 18
伯明翰大学	2	泰晤士 19
格拉斯哥大学	1	泰晤士 16
南安普顿大学	2	泰晤士 20
东安吉利亚大学	1	泰晤士 23
谢菲尔德大学	2	泰晤士 26
利物浦大学	1	泰晤士 27
纽卡斯尔大学	1	泰晤士 28
伦敦国王学院	1	泰晤士 30
加拿大方向		
多伦多大学	4	加拿大综合 1
西蒙菲莎大学	7	加拿大综合 1
滑铁卢大学	1	加拿大综合类 2
维多利亚大学	1	加拿大综合类 3
英属哥伦比亚大学	2	加拿大综合类 2
澳大利亚、新西兰方向		
悉尼大学	9	澳大利亚 2
新南威尔士大学	1	澳大利亚 6
墨尔本皇家理工大学	1	QS 世界排名 238

（续表）

录取学校	Offer 数量	学校排名
奥克兰大学	1	新西兰 1
奥克兰理工大学	1	新西兰 8
其他方向		
（中国）香港理工大学	2	QS 世界排名 75
（爱尔兰）都柏林大学	2	爱尔兰 2
（爱尔兰）都柏林圣三一学院	2	QS 世界排名 104

三、加强中外联谊，开阔教育视野

（一）美国名校体验

国际化视野需要我们主动积极去探索，去学习，去适应。为了开拓学生的视野，国际部积极推动各类中外交流活动，鼓励学生利用寒暑假时间，申请国外大学的夏校活动，主动“走出去”，去亲近世界，去耳听世界，去眼观世界，去踏足这个世界最真实的样貌，去了解他国风情，去体验心仪的学校，去和教授一起做学术项目。这过程中，或有不解与迷惑，但是勇敢跨越，就会发现纵然语言不同，但是人类的感情是存在共鸣点的，只要用心去倾听，便会怦然心动。在每一次中外交流中获得来自于这个世界的正反馈，激励学生走向更大的舞台，展示来自中国的实力。

国际部升学团队每年都指导学生进行夏校申请，成功将学生推荐到康奈尔、加州伯克利、耶鲁等多所美国名校进行暑期学习，让学生提前了解在国外大学学习、生活所需要的技能，锻炼学生独立自主的能力，为今后出国学习做好准备。

不积跬步，无以至千里；不积小流，无以成江海。如果把学业比作是一条波澜浩渺的长河，那么，学校生活是它的干流，夏校是它的条条支流。它不但丰富了学生的假期生活，也让学生体验到了新的文化，拓展了学生的视野。在夏校，学生可以畅游知识的海洋；在夏校，学生可以收获真挚的友谊；在夏校，学生可以磨练自己的技能，勇敢迎接未来的挑战。

（二）接待招生官来访

国际部不仅积极引导学生走出国门参与各项对外交流活动，更是邀请海外名校招生官来访，为学生搭建桥梁，创造与招生官面对面交流的机会。招生官会针对学校是公立还是私立、学校排名怎样、学校优势专业有哪些、学校的申请要求是什么、学校在哪里、周边交通怎样、学校有哪些实习和就业机会等海外大学的一系列问题给学生作准确的回答。通过和招生官的现场交流，学生一方面可以获取来自招生官的第一手资料，另一方面可以锻炼自己的口语表达和提出问题的能力，这也是学生们在招生官面前展示自己实力的一次机会，学生在问答环节的优秀表现，也会给招生官留下深刻的印象，为后期的大学申请和录取奠定良好的基础。每年申请季都有多名国外知名高校招生官来访，如波士顿大学、凯斯西储大学、加州大学欧文分校、罗斯霍曼理工学院、罗切斯特大学、英属哥伦比亚大学等。

（三）开展德国交流项目

为了扩大我校国际交流，拓展学生的国际视野，培养具有创新意识和创新能力的高素质人才，我校于 2017 年与德国卡滕贝格高级文理中学签署备忘录，2018 年 8 月签署姐妹学校协议，达成定期互派师生交流互访的共识。截至 2019 年已进行了 3 次实地交流活动。

2018 年，我校师生一行 23 人，开始了德国之旅。一出机场就受到了德国家长和同学们的热烈欢迎，初次见面更像是老朋友，让师生们感受到了德国学生的热情和直爽。在校期间学生们既走近课堂，也体验了丰富的课外活动。不来梅的“寻宝之旅”更是让学生体验到英语课堂形式的多样性。德国的老师也向我校老师介绍德国的教育，双方围绕中学生德育管理、质量评定、老师的聘任与管理、家校关系等问题进行了深入积极的探讨。交流期间我校师生还与时任布赫霍茨市长罗斯先生亲切会面，他介绍了城市未来改造的愿景，还热情回答学生的提问。回国的飞机上，师生们仍然分享着自己的收获，回味着这场难以忘记的德国之旅。

2019 年，我校又一次迎来了来自德国的 21 名师生。欢迎会上，卡滕贝格高级文理中学 Dabbie 老师那句“之前我们去过了上海、北京，但是来到实验中学，我们才真正感觉回到了家”，感动了在场的每一个人。此次交流期间，学生们走近我校英语课堂，感受不同的教学体验。前往历史悠久且具有丰富文化内涵的苏州地标——枫桥景区和寒山寺，体验苏州风情，感受中华魅力。灵动的评弹、悦耳的吴侬软语，跨越了语言的国界，幻化成一曲曲动听的歌，留驻在心底。

此次活动中，我校师生也受益匪浅，他们的点滴真言也让我们看到了他们的成长。以下是部分接待学生的心得感悟：

来自德国的“另一个自己”

首先，很高兴能与德国交流生们一起度过这个周末。我们一行 12 人体验了溢满热闹温馨氛围的山塘街；参观了富有苏州传统韵味的平江路；浏览了苏博中令人瞩目的中国文物；欣赏了拙政园精美的古典建筑。

在这过程中我们发现他们却好似是我们失散多年的“另一个自己”。

比如张羽青和她的“另一个自己”Kristina。她们有共同的爱好：读书和旅游；她们厌恶共同的事物：螃蟹。比如蔡雨洲和她的“另一个自己”Anna。她们都爱笑，开朗。再比如姚宇程和他的“另一个自己”Tristan。他们都阳光帅气同时又都喜欢 play tricks（捣乱）……

另外，我们总能在他们身上找到我们丢失的“那一个自己”。例如我的“另一个自己”Eric 总是要弄清楚计划，做事极有目的性，这似乎就是我在学习上所欠缺的；张羽青发现 Kristina 将生活安排的充满条理，这好像也是她所欠缺的……

希望我们能取长补短，相互学习，为日后的学习生活做准备，同时也祝德国的“另一个自己”在中国玩得开心。

（高一（10）班张羽青　郭季岳洋　操欣雨　蔡雨洲　姚宇程　唐雨琦）

2020 年，疫情发生了。这或许是一个让所有人都希望可以重新来过的年份，这或许是全世界的 gap year（间隔年），又或许，这是我们携手并进、众志成城、齐心协力的时刻。

当我们得知德国已累计确诊 100 000 多名患者时，实验中学的师生心系德国，在了解到他们最缺的是口罩时，我校微尘慈善社在学校微信公众号上发出了《爱心善款倡议书》，开启爱心捐款通道。在活动期间同学们踊跃参与，积极奉献出自己的爱心。截至 2020 年 4 月 12 日活动结束，我们一共募捐到 5 693. 46 元，购买了 3 000 个口罩，紧急寄往德国。

德国友好学校在收到口罩后，特地发来学生们戴上口罩的照片以及诚挚的感谢信。

我们或许肤色不同，语言不同，文化不同。但这并不妨碍我们伸出援手。让我们献出自己的微薄之力，帮助彼此度过难关。赠人玫瑰，手有余香，身处不同的大陆，心系同一个地球！我相信，这也是国际部的使命担当！

第四节 调动社区的真实资源

教育就是构建和谐社会的基础，学校就是教育的主阵地，拥有充足而又重要的公共资源，所以理应成为和谐社会建设的先行者与承载者，而丰富的社区资源就是实施核心素养教育的有力增长点，也是促进教育改革的力量源泉，更有力地提升教育水平。以学校教育教学为主阵地，以服务社区活动为平台，学校与社区相互融为一体，利用双方共享的丰富资源，积极开展学校、社区的共建活动，有利于维护社会稳定、提高居民生活质量，促进学校与社区的共同发展。共建对学校与社区来说都是双赢的选择。

发挥学校在社区建设中的示范辐射作用。坚持以人为本，以制度创新为抓手，以全面实施核心素养教育为中心，以促进人的全面发展为目标，通过建立健全学校规章制度，建设合作民主的新型师生关系，加强校园文化环境建设。我们积极邀请社区参与创建，形成教育与发展合力，优化学校发展资源，完善学校发展条件，创建学生喜欢、家长放心与社会满意的和谐校园。

利用区域优势，建立突破校园的大教学环境。理论必须联系实际，让学生走向社会，联系实际生产，才能让他们切身感受到学习的真谛。学校充分利用社区资源，将校外教育作为突破口，多渠道、多形式地为学生开辟活动阵地，让学生在实践中磨砺，增强才干，提高能力。

一、依托大院大所，探索人才培养新模式

我校教育集团与中科院医工所、中科院地理所等科研机构达成合作意向，学校定期邀请各行各业的专家教授走进校园，开设专题讲座、亲自指导相关课题组、为学生提供生涯规划指导等。合作的过程中，通过完善的制度设计和课程策划，将基础教育需求和科研院所的发展需求匹配对接，

实现双方共赢是该项特色教育可持续的关键。

（一）依托大院大所，创办“中科创新实验班”

2019年，我校与中科院地理所成功创办“中科创新实验班”（简称“中科班”）。中科班以学科关键能力和未来科技创新素质为基石，以“书院制”育人机制为支撑，融合兴趣、知识、思维、能力、方法、人格等，于高中人才培养机制中，建构未来科技创新人才培养体系，力争培养出具有未来科学家的发展潜力和核心素养的优秀学生。

（二）依托大院大所，加速发展课程基地

2012年，我校“资源循环技术和环境保护”有幸成为江苏省首批31所普通高中课程基地建设项目之一。近几年来，我们依托高新区内的中科院医工所、中科院地理所等，加快发展课程基地建设。

课程基地是以创设新型学习环境为特征，以改进课程内容实施方式为重点，以增强实践认知和学习能力为主线，以提高综合素质为目标，促进学生在自主、合作、探究中提高学习效能，发掘潜能特长的综合性教学平台。显然，课程基地的提出，完全契合了新课程的理念，它是以国家、地方政府为经济后盾，充分利用学校乃至地方特色文化，全新打造的一个突破课堂的综合性平台。它的建立必将给新课程改革带来革命性的飞跃。

在中科院地理所帮助下，在校园中设立多个环保实践点，如：太阳能光伏发电站、噪音分贝测试点、大气监测站，污水处理流程模型等，这些都是能够实实在在运转的设备。学生可以直接参与其中，如大气监测站，学生可以直接从仪器上看到每天$PM_{2.5}$（细颗粒物）数据，二氧化硫、氮氧化物等有害气体的浓度，也可以记录数据做数据分析，理解这些数据与我们的环境的关系。

（三）依托大院大所，从软、硬件上给学生自主学习提供保障

学校应充分利用现代信息技术，搭建网上互动平台。信息技术的高速发展，为自主学习提供了技术保障，但网上海量的信息，良莠不齐，学生并不能做到高效的自主学习。我校建立了“资源循环技术和环境保护”专题网站，由大院大所选派指导教师遴选信息，网站内容丰富，学生不仅可以浏览相关内容，同时还能与老师互动，及时地解决问题。此外，我校还购置了一批触摸屏互动平台，学生可以方便的调阅指导教师上课的课件，

并留下自己的问题等待解答。这样一个平台的建立为学生高效的自主学习提供了保障。

学校应开放并充实硬件资源，鼓励学生自主参与。我校课程基地在建设中专门为课程主题设立独立的图书角，购置了一批优质的图书，学生可以自由查阅。同时还开放了实验室资源，鼓励学生动手实验，学生只要有明确的实验方案，老师审核后就可以自己实际动手操作。

学校应建立多元化的实物模型及动态模型展示。我校建立了专门的模型展示厅，目前有资源循环经济动态展示模型、污水处理模型、静电除尘装置等等。这些模型直观地展示了资源循环、污染治理的基本原理。如资源循环经济动态展示模型，它结合了苏州高新区企业间资源的整合循环利用，通过动态的展示使学生直观、深刻地理解了资源循环利用技术和资源循环经济基本概念。有效地突破了学生自主学习的难点，同时激发了他们学习的兴趣。

（四）依托大院大所，共同开发校本课程

在中科院医工所、中科院地理所的帮助下，我校开发了一批校本课程，例如，水污染已成为现代城市的通病，该课程主要从专业的角度对水污染的指标进行分析，并介绍污水处理的一般方法。由于高中化学实验室并不能进行精密的定量分析，我校在中科院地理所的帮助下，在省级课程基地特地设立了专业的污染检控实验室，并购置了分光光度计、超纯水制备仪、数字式 pH 计、溶解氧分析仪、电子天平等设备，目前可以对水的常规指标，如：酸度、溶解氧、氨氮含量、磷酸盐含量进行检测。以下是我校几个校本课程的介绍：

1. 大气污染的检测及防治

雾霾已经成为一个热门的话题，该课程主要从专业角度介绍大气污染及防治的知识。学校购置了大气采样机，并开设了 PM_{10}（通过称重）测定实验、氮氧化物含量的测定（滴定）实验、二氧化硫含量的测定（滴定）实验等。在此基础上开发了相关的研究性课题，通过课程的学习，有兴趣的学生专业知识得到深化，技能得到提高。

2. 小型生态系统的研究

小型生态系统硬件由沙石、喷泉、灯光、水体过滤杀菌系统构成。水生植物和小鱼构成简单的生态系统。学生主要通过该课程对小型生态系统进行研究，通过定期测定鱼池水温、pH 值、溶解氧含量、氨氮含量对鱼池进行数据分析，同时还能对生态系统进行更深层次的理解。

3. 新能源的研究与探索

我校设立新能源探究实验室，通过对各种新能源的研究，如光能、风能、潮汐能等的研究，找到各种新能源的转换特性，研究转换效率，同时探索新能源的开发和利用。

4. 创客空间平台

学校配备现代化的 3D 打印机、激光雕刻机、智能电子硬件等设备，基于 STEM 教育理念，设立相关的基础课程和研究性课题，提高学生各方面综合素养，同时进行学科融合教育，比如，我校的基于实验创新的研究性学习课题，依托课程基地创客空间平台，以传统学科的实验改进为目标，通过学科间融合，实现学生学习方式成功转型。

二、充分挖掘社区资源，探索学校社团与社区沉浸式发展模式

学生社团活动对于提升高中生的综合素养能力有着积极的现实意义，对于培养学生的实践能力、创新精神、发散思维有着显著的促进作用，从而有效帮助学生适应新时代对于人才的要求。

我校“江枫文学社”是我们众多社团中一张响亮的名片。由于我校临近苏州寒山寺，依傍大运河，于是我们便取用古诗中的“江枫”二字作为我校文学社的社名。江枫文学社于 1995 年成立，先后聘请了作家、新闻工作部门领导徐卓人女士、张筠女士等人担任社团文学顾问。1997 年，邵燕祥老师为我校江枫文学社题写社名。2006 年 3 月，江枫文学社社刊《江枫》正式问世（后更名为《江枫文学》）。十几年来，《江枫文学》已经出版了近 50 期，发表了三千多篇文章，几百篇文章被省、市报刊录用、发表或获奖。《江枫文学》杂志获评“全国第四届年会优秀校办报刊一等奖”“江苏省首届中学优秀校报校刊特等奖”。江枫文学社曾获“全国优秀文学社团”的称号。

在刚刚结束的 2021 年，我校“江枫文学社”获评苏州市第十六届“阳光团队”，2021 年苏州市“十佳高中生社团提名奖”，江枫文学社社长高二（12）班周乐天获评 2021 年苏州市中小学生社团“优秀社长”，江枫文学社指导老师徐梅获评 2021 年苏州市中小学生社团“优秀辅导员”。

三、牵头四大教育集团强强联合，组建学段贯通教育联盟

江苏省苏州实验中学教育集团、苏州高新区实验初级中学教育集团、苏州高新区实验小学教育集团、苏州科技城实验小学教育集团四大教育集团强强联合。我校引领联盟学校在“学校、教师、学生”三个核心要素上，发挥引领作用；把“强基计划”对早期拔尖创新人才的培养理念贯通到联盟的其他学段中去。通过制定切实可行的教育联盟发展规划，在尊重和发挥成员学校特色传统和创造性的基础上，积极探索推进联盟合作机制创新。在联盟共建下，通过合作与交流，构建横向交流合作、纵向学习沟通的立体教研体系，形成校际合作、校区联动、优势互补、师生共赢的教研新常态，以前瞻性的培养理念和模式促进学生成长，实现人才培养体系优化和进步。

四、共享资源，成立区内学校发展共同体

2021 年 5 月，“江苏省苏州实验中学、吴县中学教育发展共同体”正式成立，我校在深化高中学校紧密型集团化办学的同时，在“质”的需求上做出进一步努力与探索。我校积极探索学校发展共同体合作模式，在学校管理、教育教学、创新人才培养、办学特色等方面深度交流，实现学校在互助协作中高位优质均衡发展。共同体将以“进一步提升管理水平、加强学科建设能力、统筹校本课程建设”为发展目标，不断提高教师教育教学和管理水平，提升学校发展内涵。

五、发挥党建引领，打造共建新力量

我校充分利用区域优势，与区内高精尖创新企业、垃圾处理厂、污水处理厂、环保产业园等企业建立了良好的合作关系，将企业也作为我们的实践基地，定期带学生参观，并由工程师讲解工厂生产流程、原理。这充分体现了新课程加强与学生生活以及现代社会、科技发展的联系，重视学生的学习兴趣和经验，精选终身学习必备的基础知识和技能的要求。

通过校企共建，发挥地域优势，让企业走进校园，让学生走出学校，帮助青少年学生进一步开阔视野和思维，激发创新活力，培养兴趣爱好，专注专业特长，走出一条校企联合培育的新路子，切实提高他们的实践能

力和综合素质。下面简单介绍几家共建军民企事业单位：

（一）苏州长风航空电子有限公司

苏州长风航空电子有限公司始建于1966年，是中国航空工业集团公司成员单位，主要从事航空电子综合显示与控制技术、飞机进气道控制系统核心处理技术以及发动机测量控制与显示技术的研究与应用开发，承担众多国家重点型号配套任务，通过不断的技术创新，使我国在航空电子综合显示领域的技术水平已接近并局部超越了西方发达国家，多项科技创新成果已成功推广应用到航天、兵器、船舶、轨道交通、汽车等多个领域。公司还设有国家博士后科研工作站，省级技术中心，创建了中航工业第一个以专业技术专家名字命名的“李子君劳模创新工作室”，形成了专业技术人才创新成长的新平台。

与苏州长风航空电子有限公司共建的过程中，“长风公司推崇的‘根植于内心的修养、不需要提醒的自觉、为他人着想的善良、约束为前提的自由’的企业文化值得我校借鉴与学习。

（二）苏州东菱振动试验仪器有限公司

在与苏州东菱振动试验仪器有限公司共建的过程中，师生们感受了企业在科技创新、军民融合、产学研用、国际开拓等方面的发展特色。

（三）苏州知识产权法庭

学校于2019年3月19日，与苏州知识产权法庭签订“法庭与学校共建”签约暨“苏法青讲团”法制辅导员聘任仪式。“庭校共建”正是教育所需、时代所需，激励学校要充分用好知识产权法庭这个大平台，在法院的指导下，开展好法律知识讲座、庭审观摩、法律咨询、法律援助等形式多样的法治宣传教育活动，构建立体多维的课堂，鼓励学生多实践多思考，培养学生的创新意识和实践能力，促进学生个性的健康发展。

（四）中国人民解放军驻苏部队

国家的和平发展离不开解放军强军力量的保障，国防教育要真正走进学校、走近学生，让学校师生了解部队，走近军人，培养学生的爱国爱军情怀，真正做到“军爱民，民拥军，军民一家鱼水情”。

第五节 营造校园的优雅氛围

江苏省苏州实验中学，建校二十多年来，一直秉承张弛有度、融合共生的办学精神，切实从学生和教师的实际出发，注重优雅校园的营造，切实给广大师生提供一个舒心、雅致、融合的环境，让师生在融洽、和谐、奋进的氛围中工作和学习，促进学校的可持续发展。

学校建校初，充分考虑师生的实际使用需要。学校创办于 1994 年，在高新区建区之际，开发区领导高瞻远瞩，在大运河河畔，狮子山山麓，选址筹建一所开发区高中，时间紧，任务重，工程在紧锣密鼓中开展，但是一切井然有序。从北侧金山河浜向南，建筑有学生宿舍、食堂、操场，东西两侧分别有篮球场、足球场。篮球场和足球场的设置符合学生的运动需求，也将生活区和教学区有机的分割和串联了起来，向南是两幢教学楼，东南方是科技楼和行政楼，正南的大门，和教学楼由一条长长的通道连通，通道两侧绿荫环绕，美景不断，给人以赏心悦目之感，整个校园，功能区区分明显又有机互联，徜徉其中，在不知不觉中感受浓郁书香，心境自然宁静，美不胜收。

2014 年，在高新区领导的关心支持下，学校在原址上重建。新学校由同济大学建筑设计研究院（集团）有限公司设计。

实验中学位于苏州古城西畔，属苏州高新技术开发区狮山片区，是江苏省重点高中的原拆原建工程，项目规划为 16 轨 48 班高中（含国际部 4 轨 12 班），按照苏州市教育现代化达标学校一类标准建设。

一、校园设计理念

根据项目所处的区位及定位，设计应既体现文化名城苏州的地域性特征，又充分展现高新区现代城市精神；既尊重学校的历史传承与文化积淀，又体现现代校园建筑应有的前瞻性。据此提出三大设计策略：从建筑布局形态上，汲取传统书院围合式布局特点，并采用连续坡屋面呼应江南地区曲折连续的民居聚落形态；从建筑空间上，将苏州园林中的“庭”“廊”“园”等空间进行合理调整，从而形成多层次的校园空间体系；从校园活动上，利用地面庭院、屋顶平台、连廊、天桥等不同高度的公共空间，塑造丰富多彩的师生学习及课余活动场所。

二、校园整体布局

根据校园动静分区、沿街面塑造、公共空间、景观条件等方面进行综合考虑，确定了“一轴双廊五区”的整体布局。

“一轴”，以校园中心场地与建筑形成南北轴线，依次布置校门、礼仪广场、行政楼、图书馆、活动广场、食堂及生活区；“双廊”，在主轴两侧辅以“观书廊”“体艺廊”两条步行廊道，有机地串接起校园各功能分区，加强了校园的整体性并提高了校园的使用效率；“五区”，根据校园功能要求及场地条件，我们将主要教学用房置于基地东侧，活动场地置于校园西侧，将校园分为五大功能区：行政办公区、教学区、运动区、生活区及休闲区，五个区域既互相独立又彼此紧密相连，动静结合、虚实对应。

三、校园交通设计

校园以“安全、高效、便利、灵活”为原则合理组织车行及人行交通，采用“人车分行”的交通模式，车行道沿建筑外侧环通，教工车辆可从校园车行入口进入后便捷到达地下车库；人行区域则布置于校园中部区域，与车行区域完全隔离，保障了校园交通安全。

四、校园景观设计

环境景观设计注重表现景观与建筑空间的整体性、共享性与渗透性。整体性，依据建筑主轴及双廊合理布置建筑庭院，强化了校园对外的整体形象及对内朝气蓬勃的校园氛围；共享性，通过合理布置保证各个功能建筑内的学生及教职工都能获得良好的景观视野，突出景观的共享性和均好性；渗透性，体现空间动线中景观的连通和良好的可达性，强调带状景观、庭院景观和屋顶绿化景观平台三种景观空间的相互融合渗透。

在具体的景观空间设计上，则根据校园不同庭院空间特性，结合传统苏州园林常见的“园”“庭”“台”等特色空间，塑造出饱含深厚历史底蕴同时富有活力的校园公共活动空间，构成富有特色的校园景观。

在景观材料选择上，注重美观、耐久与经济性，绿化植物也尽量选取本地适合的品种，通过合理搭配达到四季各具特色的景观效果。

五、校园立面设计

立面注重体现苏州地域性特征，旨在打造传统书院浓浓的文化气息。

主要墙面采用浅白色手抄漆，屋面采用深灰色瓦屋面，与苏州传统建筑青瓦白墙的意象相呼应；同时手抄漆也是对苏州传统精良建筑工艺的反映，与学校突出文化积淀的要求不谋而合。

公共廊道采用木格栅，从传统花窗尺度及形式出发，通过合理的抽象简化，既保留了传统木构的韵味同时又具有现代建筑的气息。

在体艺楼、图书馆及庭院局部采用预制混凝土空心砌块层层错叠，形成镂空墙体，营造隔而不断的园林空间效果。

六、校园绿色设计

校园优先采用“被动”绿色设计策略，通过合理的布局及形态选择，产生合理的压力分布，达到自然通风的效果。除此之外，还因地制宜地采用了雨水回收系统、屋顶绿化、立面遮阳、绿色材料等节能技术。

学校注重“优雅”的文化建设，如果建筑是学校的硬环境的话，那么文化就是学校的软环境。不论是 1994 年筹建的老校区，还是 2014 年新建的新校区，学校都注重校园文化的建设。

校园精神文化建设是校园文化建设的核心内容，也是校园文化的最高层次。学校文化是一所学校经过长期发展积淀而形成共识的一种价值体系，即价值观念、办学思想、群体意识、行为规范等，也是一所学校办学精神与环境氛围的集中体现。校园文化建设主要分为三个部分，包括物质文化建设、精神文化建设和制度文化建设，这三个方面的全面、协调发展，将为学校树立起完整的文化形象。

（一）学校物质文化建设

完善的校园设施将为师生员工开展丰富多彩的寓教于文、寓教于乐的教育活动提供重要的阵地，使师生员工教有其所、学有其所、乐有其所，在求知、求美、求乐中受到潜移默化的启迪和教育。完善的设施、合理的布局、各具特色的建筑和场所，将使人心旷神怡、赏心悦目，将有助于陶冶校园人的情操，将塑造校园人的美好心灵，将激发校园人的开拓进取精神，将约束校园人的不良风气和行为，将促进校园人的身心健康发展。在校园文化建设中，精神文化是目的，物质文化是实现目的的途径和载体，是推进学校文化建设的必要前提。物质文化建设是校园文化建设的重要组成部分和重要的支撑。校园物质文化，属于校园文化的硬件，是看得见、摸得着的东西。校园物质文化的每一个实体，以及各实体之间结构的关系，无不反映了某种教育价值观。

（二）学校精神文化建设

学校着力于打造狮山文化，以“狮山精神”为主题，重点打造。它主要包括校园历史传统和被全体师生员工认同的共同文化观念、价值观念、生活观念等意识形态，是一个学校本质、个性、精神面貌的集中反映。校园精神文化又被称为“学校精神”，具体体现在校风、教风、学风、班风和学校人际关系上，展示于校园生活各个角落，包括学生们在路上的行走及行为规范等。

校风建设。校风建设实际上就是校园精神的塑造，校风作为构成教育环境的独特因素，体现着一个学校的精神风貌。在体现形式上，校风主要表现在校训、校歌、校徽和校旗上。好的校风具有深刻“强制性”的感染力，使不符合环境气氛要求的心理和行为时刻感受到一种无形的压力，使每一位校园人的集体感受日趋巩固，形成集体成员心理特性最协调的心理相容状态；好的校风具有对学校成员内在动力的激发作用，催人奋进；好的校风对学校成员的心理发展具有保护作用，对不良的心理倾向和行为具有强大的抵御力量，有效地排除各种不良心理和行为的侵蚀和干扰。学校秉承“唯真唯实”的校训，努力打造讲事实、办真事的校风建设。践行“和谐、求实、创新、奋进”的校风，全校上下，以务实的态度，投身于教学和办学实际中，获得了教学成绩和群众口碑的双丰收。

学风建设。学风是指学生集体在学习过程中表现出来的治学态度和方法，是学生在长期学习过程中形成的学习习惯、生活习惯、卫生习惯、行为习惯等方面的表现。优良学风像校风、教风一样，对学校教育教学质量的提高，对学生人格品质的发展和完善，对培养学生成为德智体美劳全面发展的接班人，都有重要意义。学校确立了“勤学、善思、进取”的学风，每一届实验的学子，勤奋刻苦，勤学善思，在求学的道路上孜孜以求，勇攀学业高峰，涌现了一大批品学兼优的好学生，为祖国输送了大量的人才。

教风建设。教风是教师在长期教育实践活动中形成的教育教学的特点、作风和风格，是教师道德品质、文化知识水平、教育理论、技能等素质的综合表现。要抓好校风建设首先必须抓好教风建设（包括工作作风建设），因为，学校是育人的场所，是人才的摇篮，而教师是人才的培养者，理应在“三育人”（即管理育人、教书育人、服务育人）的过程中发挥主力军的作用，只有在干部职工中树立起实事求是、艰苦奋斗、勤政廉政、团结协作、高效严谨、服务周到、细心耐心的工作作风和在教师中树立起为人师表、教书育人、治学严谨、认真负责、耐心细致、开拓进取的教风，才能引导和促进勤奋学习、积极向上、严谨求实、尊师重教、遵纪守法、举止文明的优良学风的形成。总之，没有良好的工作作风和教风就难以形成良好的学风。学校秉承“博学、严谨、求精”的教风，广大一线教师埋头苦干、精益求精，努力提高自己的教育教研水平，积极撰写论文，在参加的各级各类比赛中，均取得了不错的成绩，有力的支撑了实验中学高水平的发展。在日常的教学实践中，研究教学教法，研究学生实际，探索出了一条实验特色的育才路径，真实地实践了因材施教、教学相长。

学校人际关系建设。学校人际关系包括学校领导之间的关系、学校领导与教职工之间的关系、教师之间的关系、教师与学生之间的关系、学生与学生之间的关系。良好的学校人际关系有助于广大师生员工密切合作，形成一个团结统一的集体，更好的发挥整体效应。

（三）学校制度文化建设

校园制度文化作为校园文化的内在机制，包括学校的传统、仪式和规章制度，是维系学校正常秩序必不可少的保障机制，是校园文化建设的保障系统。“没有规矩，不成方圆”，只有建立起完整的规章制度、规范了师生的行为，才有可能建立起良好的校风，才能保证校园各方面工作和活动的开展与落实。但仅有完整的规章制度是远远不够的，还必须有负责将各项规章制度予以执行和落实的组织机构和队伍，因此，还必须加强相应的组织机构建设和队伍建设。也就是说，制度文化建设实际上包括制度建设、组织机构建设和队伍建设三个方面，组织机构建设和队伍建设是确保制度建设落到实处，并使其真正起到规范校园人言行的关键环节，校园文化组织机构的健全和完善，校园文化队伍成员的勤奋与能干，对正常开展校园文化活动，加强校园文化建设，具有十分重要的、决定性的作用。

校园是每个孩子学习生活的地方，是他们成长的摇篮，也是实现他们理想，放飞梦想的地方！对于每一位学生来说，良好的校园环境给他们带来的是温馨、舒适的学习和生活状态。你可以想象一下，漫步林荫大道，与同学们一起端坐在草地上，仰望苍天，激扬文字那种豪迈之情；走进古香古色而又富有现代气息的图书馆内，那种宁谧、神圣的氛围让你融入到书海的世界里，享受那五千年的人文情怀；一方池塘，芬芳的花香，让我们感受那花园般的清新。对校园文化进行改造就是对校园的整体布局进行调整，以及对校园环境进行升华，让学子们有更好的学习生活环境。

环境孕育希望，理念放飞未来，教学楼走廊墙面文化是学校校园文化建设的重要一环。正如陶行知先生所讲：要把教育和知识变成空气一样，弥漫于宇宙。

校园文化作为一种文化形态，它所包含的内容是十分广泛的，它通过丰富多彩的内容和各种各样的形式对学生价值观念、道德情操、思想内涵和行为模式的形成和发展起着较深的影响。校园文化多种多样，其主要形式：一是宣传教育，即以形势政策、爱国主义主旋律教育为主要内容的各种报告、讲座、媒体宣传等；二是社会实践，即社会调查、社会服务等；三是社团活动，即有根据学生兴趣爱好自愿组成的社团组织，在学校有关部门指导下开展活动；四是社区文化活动，即以社区为单位组织的各种文化活动，包括宿舍文化活动等；五是心理辅导，即心理测试、心理咨询等。校园文化的推行除了对内加强宣传，也要加强对外的宣传，这样才能达到将校园文化的精神传递到每个人的脑海里的效果。

站在新的时期，面向未来。学校将一如既往，努力向前，在抓教育教学质量的同时，不断提升学校自身的层次和品位，以更广大的胸怀，更远见的规划，优雅地努力着。

七、校园环境的后期提升

（一）构建人性化的物理环境

学校由同济大学设计院设计，设计之初，几经易稿，在平衡各大功能区的同时，充分考虑到广大师生员工使用的便捷性。学校东侧由南到北依次分布科技楼 A、B，教学楼 A、B、C，各栋楼之间由连廊相连，方便师生的教学活动和实验活动的开展。北侧是宿舍区域，与教学楼之间也有连廊相连，在保证静谧性的同时方便学生的生活。校园南北中轴线上为行政楼、图书馆、食堂。西侧为体育馆和运动场。校园东侧和北侧是小河浜。校园临水而建，安静悠然。学校规划科学、布局合理，教学区、运动区、生活区三区分明，教学楼、实验楼、宿舍楼、体育馆等校园建筑独具特色，无论从外观风格、外墙色调还是楼梯走廊、墙室布置，都很好地体现了校园三区分布的和谐与统一。

学校在注重建筑布局的同时，也充分考虑了建筑的美观。整体以灰色为主色调，能很好地与其他色系相协调，营造出温馨、淡雅的校园环境，学生置身其中，能得到美的熏陶。通过多层次、淡色系环境的布局，让学生的身心得到放松，在紧张的学习之余，心情得到舒缓。校园绿化同样是校园环境的重要一面。在两栋教学楼之间，分别栽种了香樟树、茶花和小片草坪，通过高中低错落有致的营造，增加了绿化的空间感和层次感。学生课余时间，可以走出教室，亲近绿色，稍作休憩，舒适自在。学校与绿化公司签订长期协议，由花匠驻点负责。除了常规的维护外，在特定时间点（重要会议或者节假日）、在恰当的位置布置盆栽，营造美好的外部环境，使师生置身于和谐温馨的环境中。

（二）打造现代化的校园网络环境

集功能性和美观性于一体的校园建筑，给师生员工提供美好的外部环境。错落分层，缤纷多样的绿植，装点了春意盎然的校园环境。但是如果仅仅有这两种环境，学校还谈不上是现代化和互联式的校园。现代化的校园网络系统，也是不可缺少的一部分。

1. 构建完善的校园网络系统

学校网络，是基于开放性、互联性和低维护性的要求组建的。学校配备有中心机房、中央控制室。由交换机与千兆以太网链路构成核心体系支持无线网络互连，满足图片和视频的播放要求，全校的高速宽带网络，即千兆以太网的主干、百兆到桌面，提高了传输能力和效率。学校采用最先进设备使全网交换机支持 VLAN、第二层交换、IP 广播分离等以保证全网良好的性能与安全性。整个网络系统，在保证高速运行的同时，也具有易维护、低成本维护的特点。学校除了在教室门口增加发射点，在办公室门口、图书馆内等常用位置，也普遍安装了网络发射点，便于师生及时的接入网络。学校还配备三个多媒体未来教室，方便教师开展多媒体教学，多媒体教室是集合实时录音录像、可回访式的载体，方便教师教学研讨和组织学科竞赛。

2. 创建完善的校园文化网站

校园网是学校的另一个身份，从某种意义上说，是学校的“灵魂”。对外作为学校在互联网上开展形象宣传与校园文化宣传的窗口，对内作为系统基础平台，提供校内多种资源的整合，是实现教育现代化、信息化、网络化管理的主要通道，也是校园网络文化建设的重要基地。校园网由学校信息组负责维护，由学校简介、名师风采、学校事务等各板块组成，每个板块内容由对应科室的负责人负责。学校近期的重要事务、重要活动，都会通过校园网发布公告。对内，校园网是师生信息的重要载体，学生每次考试的成绩等，也都会发布在校园网上，供广大师生查询。

（三）塑造高尚优雅的校园人文环境

人文环境是指蕴藏深刻意义的景观、建筑，能体现文化传统、人文精神等，它赋予学校生命的活力，从而体现了一所学校的精神面貌和文化底蕴，提高人的人文素质。苏霍姆林斯基说过：让校园的每一块墙壁都“说话”，让每处环境都育人。学校在努力营造美好环境的同时，积极营造美好人文环境。让环境说话，让学生的心灵受到美的启迪和浸润。

1. 营造氛围浓郁的标语文化

校园标语文化是一种潜在的、持续的、而又相对稳定的教育因素和文化现象。它能影响师生的观念和行为，提升师生的人格魅力和生命价值。从建校初期，我校就有计划地进行校园环境的布置。在教学楼通向食堂的走廊上，张贴着“说话轻轻，勿扰他人”“做文明事，讲文明话”等标语。提醒学生在公共场合，注意自己的言行举止，学会换位思考。在食堂，张贴有“一丝一缕当思来之不易”等标语，提倡学生文明就餐，杜绝浪费。在图书馆阅读区，张贴“安静，就是美好”等标语。通过这些标语的张贴，营造了安静和谐的环境，起到了很好的教育功能。在教学楼，你可以看到这样两幅标语：“草在结它的子、风在摇它的叶，我们、不说话站着就十分美好”“跫音不响，三月的春帷不揭，你的心是小小的窗扉紧掩”以诗情画意的语言，让路过的学生得到启迪，获得教育。

2. 形成丰富多彩的橱窗文化

校园橱窗文化是一所学校展示精神风貌、交流思想文化的重要窗口。

和校园标语相比，更具有正式性和系统性。校园的橱窗文化，由专业的文化公司设计，体现“形散而神不散”的特征。在教学楼区域，主要体现“学术氛围”。在科技楼一楼的大厅墙壁上，张贴了古今中外的大文学家和大科学家的图片及介绍，譬如爱因斯坦、华罗庚等伟大的科学家。学生短暂停留，就可以接受伟人的熏陶，精神得到升华。在教学楼走道，张贴了孔子、老子等人的名人名句，有出自教科书中的语句，也有大家耳熟能详的警句，引人深思。在二楼文化长廊，则展示了本校的优秀教师，展示了优秀教师的教学理念和取得的荣誉称号。在文化柱的另一侧，展示的是优秀的毕业生，他们已经成长为各行各科的中流砥柱，给学生以榜样的力量，催人奋进。

3. 开辟主题鲜明的楼层文化

学校的楼层与走廊作为学生活动的主要场所之一，也是校园人文文化建设的大场。学校有机整合走廊文化与楼层文化，充分利用教学楼每一楼层走廊的各种元素，如橱窗、墙壁、方柱、活动平台等。各个楼层围绕相关的教育主题进行合理布置，分别建成“艺术走廊”“文化走廊”“名人走廊”等主题鲜明的楼层文化。

如果物质的优雅是一时的，那么校园师生员工的优雅，则是我们一直追求的目标，在各级各类的培训中，学校秉承以人为本，师生优先的原则，践行优雅诺言，每一位在实验中学的老师、同学、工作人员，都是学校的一张靓丽名片。让广大的实验中学的学子，在这样的大环境下，努力学习，早日成为祖国的栋梁。